KB211448

# 누가 우리를 속이는가

**위험한 상술과 현명한 소비**

위험한 상술과 현명한 소비

# 누가 우리를
# 속이는가

안석호 지음

북레시피

시장은 전쟁터다. 생산자와 판매자는 이익을 더 많이 남기려 머리를 짜내고, 소비자는 조금이라도 더 싸게 손해를 보지 않고 구매하려 주판알을 튕긴다. 둘은 끊임없이 경쟁하는 관계다. 소비자가 서비스나 재화를 구매하지 않고 살 수 있으면 모르겠으나 일단 구매를 결정하는 순간부터 약자인 '을'의 위치에 서게 된다. 상품에 대한 정보가 제한되기 때문이다. 정보를 독점한 생산자와 판매자는 '갑'이 되어 갖가지 꼼수와 반칙을 동원해 소비자를 속이고 더 많은 이익을 챙기기 위해 머리를 싸맨다. 그렇다고 비난할 일만도 아니다. 어차피 비즈니스의 지상과제는 이윤 창출이니까.

이 책은 생산자와 공급자가 더 많은 이익을 얻기 위해 어떤 일을 벌이는지, 을의 눈으로 고발한다. 그들은 편법과 꼼수는 물론, 불법 수단과 방법까지 동원해 소비자를 속이고 부당한 이득을 취한다. 기만과 속임수는 다양한 시장에서 벌어진다. 상품을 판매하는 도소매점은 물론, 호텔과 같은 서비스업, 심지어 보건 의료 현장도 예외가 아니다. 필자는 공급자의 이런 행태를 '속임 수'라 부르고, 누가 어떻게 소비자를 속이는지 파헤친다.

공급자 갑의 꼼수는 탈법의 경계까지 넘나든다. 때로는 믿을 수 없이 불결한 방법으로 상품과 서비스를 생산해 소비자에게 공급하고, 원가를 줄인다는 명목으로 해선 안 될 재활용도 한다. 가짜 식재료로 소비자를 속이기도 한다. 엉터리 판촉과 할인, 가격 속임수는 다른 심대한 꼼수와 비교하면 애교 수준으로까지 보인다. 은행과 유통, 호텔 업계에서는 당연히 보호받아야 할 소비자 권익이 어처구니없이 짓밟히는 사례가 부지기수다.

문제는 소비 현장 곳곳에 만연한 이 같은 꼼수가 관행이라는 핑계로, 또 규제가 미비하다는 이유로 사각지대에 방치돼 있고, 많은 소비자가 그런 실태를 모른다는 것이다. 모르면 당할 수밖에 없다. 이 책을 통해 많은 꼼수를 공개하고 어떻게 눈속임이 이뤄지는지 수법을 공개하는 것도 그 때문이다.

같은 이유로, 좋은 제품을 제값에 현명하게 선택하는 방법과 불공정한 엉터리 계약 관계에 속지 않는 법, 정당한 가격으로 거래하는 요령 등 소비자의 권익을 제대로 누리는 방법도 알아본다.

어디나 악당만 있는 것은 아니다. 시장엔 누구보다 정직하고 깨끗하게 소비자에게 최고의 상품을 판매하려는 공급자도 많다. 한 중소기업은 가격이 백만 원대에 달하는 이탈리아 장인의 명품 수제구두를 국내 고객에게 저렴하게 공급하겠다며 백방으로 뛰어다닌다. 어떤 농부는 농약과 화학비료를 쓰지 않는 유기 농법으로 채소와 과일을 키워 소비자 밥상에 올리기 위해 갖은 고생을 감수하고, 또 누구는 자연을 훼손하지 않은 채 작물과 산나물을 가꾸며 자연과 공생하는 법을 연구한다. 자연에서 풀만 먹고 사는 건강한 돼지를 키워 공급하려는 축산 농가의 숨은 노력도 눈물겹다.

이들 생산자는 힘든 과정과 꾸준한 노력을 마다하지 않는다. 누군가는 건강하게 키운 작물을 소비자에게 공급해야 하기 때문이다. 돈과 수익이 전부가 아니고 생산자와 소비자 모두에게 이득이 되는 거래가 가능하다는 걸 믿고 실천하기 때문이다.

이 책은 누가 어떻게 소비자를 속이는지 알아보고 어떻게 대응할지 다각적인 고민을 담았다. 소비자를 속이고 꼼수를 써 부당한 이익을 챙겨온 이들을 고발하고, 생산자와 소비자가 상생할 수 있는 '착한 상품'을 내놓는 이들은 장려하고 고무한다. 2017년부터 지금까지 《TV조선》이 단독 프로그램으로 또 뉴스 아이템으로 제작해온 〈CSI: 소비자탐사대〉에서 수많은 기자와 피디, 작가가 이를 위해 현장을 뛰고 전문가를 만나고 실험으로 검증했다. 그들은 오랜 기간 소비자를 대신해 부조리를 고발하며 악덕 업자, 대기업과 맞섰다. 이런 동료들의 번뜩이는 아이디어와 피땀 어린 노력이 없었다면 이 책의 집필은 불가능했을 것이다.

아울러 이 책은 관훈클럽정신영기금의 도움을 받아 저술 출판되었음을 밝히고, 고마운 마음도 전한다.

고발한 내용 상당수는 일부 비양심적인 업자와 기업인에게만 해당하는 얘기일 수 있다. 기실 대다수 기업과 업체는 정직하고 투명하게 양심에 거리끼지 않는 바른길을 걷는다. 그런 이들은 이 책에서 말하는, 우리를 속이는 그 '누구'가 아니다. 정직하게 영업해온 분들은 이 책의 고발 내용을 무시하면 되겠고, 그렇지 않고 소비자를 속여온 이들은 조금이나마 부끄러움을 느끼고 개선하는 계기가 되길 바란다.

마지막으로 이 책이 출간되기까지 많은 관심과 격려를 아끼지 않은 가족에게 감사한다. 항상 가족을 통해 많이 배우고 영감을 얻고 감동한다.

2024년 가을
안석호

# 목차

# 3장: 위험한 서비스

# 4장: 기막힌 눈속임

# 5장: 현명한 소비자의 현명한 선택

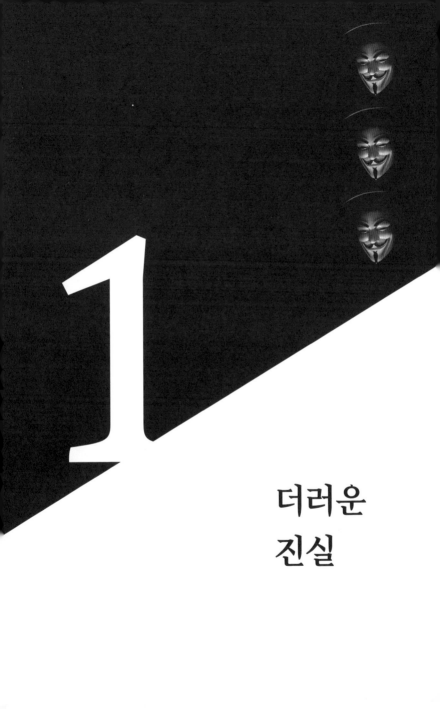

# 1

더러운
진실

# 1

# '터치' 시대의
# 경고

서울 도심 즐거운 점심시간. 직장인 남녀 네 명이 식탁에 자리를 잡고 앉는다. 가장 어린 후배 한 명이 수저통에서 수저를 꺼내 연장자부터 나눠준다. 컵에 물도 따라 하나씩 돌린다. 우리 사회에서 흔히 볼 수 있는 직장인 점심 식사 장면이다. 잠시 뒤 떡볶이와 어묵, 튀김 등이 식탁에 놓이면서 상차림이 마무리된다.

"잘 먹겠습니다!"

각자 좋아하는 음식을 젓가락 가득 집어 입에 넣으려는 순간.

"잠깐!"

외침과 함께 모두 동작을 멈추고, 조명이 꺼진다. 주변이 어두워지자 놀라운 것이 보인다. 각자 손은 물론, 식기와 식탁, 냅킨 등 여기저기 형광 물질이 덕지덕지 묻어 있다. 여러 사람이 한 식당에서 식사하는 상황을 가정해 세팅한 세균 확산 실험이었다. 공용 식탁과 식기에서 세균이 어떻게 퍼지는지 확인하려는 것이었다.

일행 네 명 가운데 한 명에게 직장 막내 역할을 맡기고, 그

한 사람 손에만 인조 세균을 발랐다. 인조 세균은 무색무취한 젤 형태 형광 물질로, 밝은 곳에서는 눈에 보이지 않지만 어두운 상태에서 자외선(UV) 랜턴을 비추면 밝게 빛난다. 손에 인조 세균을 묻힌 막내가 같은 식탁에 앉은 나머지 동료를 위해 수저를 놓고 컵에 물도 따랐다. 상차림이 완료되고 음식이 입에 들어가기 직전까지 한 사람 손에만 묻혀둔 세균은 얼마나 퍼졌을까.

자외선 랜턴을 비췄더니 놀랍게도 일행 네 명 모두의 손에 세균이 지저분하게 퍼져 있었다. 물컵과 수저 등 식기는 물론 이를 만진 손과 얼굴, 식탁 여기저기에 세균 자국이 보였다. 수저를 나눠주느라 막내가 손을 집어넣었던 수저통 속에도 온통 세균이 번져 있었다.

수저와 물을 준비하고 음식을 차리기까지 걸린 시간은 2~3분 남짓이었다. 세균 젤을 묻힌 채 식탁을 차린 막내 외에 다른 세 사람은 가만히 앉아만 있는 것처럼 보였는데, 그게 아니었다. 모두 부지불식중에 이것저것 만지고 얼굴에까지 손을 댔던 것이다. 세균과 바이러스는 우리가 생각하지도 못한 순간 이렇게 쉽게 퍼지고 있었다.

이처럼 세균이 빨리 퍼진 건 우리 사회의 독특한 식당 문화, 구조와도 관련 있다.

외국인이 처음 한국 식당에 가면 가장 신기하게 여긴다는 것 중 하나가 식탁 옆 서랍처럼 붙어 있는 수저통이다. 간단히 서랍만 열면 수저와 물티슈, 병따개, 냅킨, 이쑤시개까지 모두 준비돼 있어 그 편리함에 감탄한다. 포크나 냅킨 등 필요한 게 있을 때 종업원이 오도록 기다리거나 눈을 맞추려 애를 써야 하는 외국과 달리 즉석에서 필요한 걸 직접 꺼내 쓸 수 있으니 편의성 면에선 획기적이라는 것이다.

그런데 이런 편리함 속에 위생 사각지대가 숨어 있다. 식당의 서랍형 수저통은 종업원 도움이 필요 없게 해주지만, 대신 그만큼 수시로 많은 사람의 손이 닿게 만들어져 있다. 더욱이 다른 걸 건드리지 않고 수저 하나만 꺼내기도 힘들다. 특히 젓가락은 여러 개를 한꺼번에 집어 짝을 맞추고 남은 걸 다시 넣기도 한다. 다음 수저통을 이용하는 사람도 마찬가지다. 먼저 이용한 사람이 화장실을 다녀온 뒤 손을 닦았는지 안 닦았는지, 기침할 때 옷소매로 입을 가렸는지 손으로 입을 가렸는지, 그런 건 알 길도 없는 상태에서 수저통 속을 뒤적인다.

요즘 많은 식당에서 운영하는 셀프서비스 반찬 코너도 상

황이 비슷하다. 반찬 집게는 여러 사람이 돌려써야 하고 통에 담긴 이쑤시개와 빨대 등은 다른 걸 건드리지 않고 꺼내기가 힘들다. 인조 세균을 바른 손으로 빨대와 이쑤시개를 딱 하나씩만 뽑고 자외선 랜턴을 비춰보면 그 짧은 순간 옆에 있던 빨대와 이쑤시개 예닐곱 개에 세균이 퍼진 걸 확인할 수 있다. 입이 닿는 부분에 세균 자국이 있는 건 물론이다.

내가 아무리 손을 씻고 마스크를 쓰더라도 식당에서 음식을 먹는 동안 다른 사람 손에 세균과 바이러스가 있다면 그대로 확산할 가능성이 구조적으로 큰 것이다.

뿐만 아니라 요즘 식당과 커피숍 등에 가면 쉽게 접할 수 있는 무인주문기도 위생 상태에 문제가 있다.

터치스크린을 통해 주문하고 계산하는 키오스크는 최근 수년간 급속도로 확산했다. 초기엔 인건비 절감 차원에서 도입됐지만, 2021년 코로나19 바이러스 확산으로 비접촉·비대면 문화가 급속도로 퍼지면서 더욱 빨리 보급됐다. 요즘은 아예 키오스크를 식당 입구나 문밖에 설치해 외부에서 주문하는 곳도 많아졌다. 식당뿐 아니라 마트나 편의점 등에서도 무인 계산대를 이용해 종업원과 일체 접촉 없이 물건을 구매하고 값을 치를 수 있게 됐다.

이제 터치스크린 없는 일상은 상상하기가 힘들 정도다. 당장 주머니 속의 스마트폰부터 은행 현금지급기, 패스트푸드 음식점 무인주문기, 극장 매표소, 커피숍 주문기, 기차역 승차권 자동발매기, 공항 무인 출입국 신고기, 엘리베이터, 병원 진료기록 자동 발급기와 주차장 정산기기 등 터치스크린 기기를 한 번도 이용하지 않고 하루를 보내는 것조차 불가능할 지경이다.

그런데 역설적이게도 이런 비대면 서비스를 이용하는 동안 생각지 않은 접촉은 많아졌다. 고객과 종업원 간 접촉은 줄었지만, 터치스크린을 매개로 다른 사람과의 간접 접촉은 더 늘어난 것이다. 터치스크린을 기반으로 하는 키오스크는 말 그대로 누군가의 '터치' 없이는 작동하지 않기 때문이다.

스마트폰처럼 지극히 개인적인 소유물을 제외하면 대부분 터치스크린 기기는 이전 사용자가 누구인지 모른 채 손을 댄다. 한 번 사용한 모니터를 바로 소독하면 다행이겠지만 그렇지 않은 경우가 대부분이다. 주문할 걸 고민하며 턱과 뺨, 코 등을 만지고, 그 손으로 터치 기기를 눌러 계산한다. 음식이 나오면 다시 같은 손으로 감자튀김을 집어 먹고 커피도 마신다. 터치 기기에 묻어 있을지 모르는 각종 세균과 바이러스로부터 사용자가 안전할 리 없다.

터치 기기의 위생 상태는 맨눈에 봐도 지저분한 걸 확인할 수 있다. 놀이공원 무인 입장권 발매기와 패스트푸드 음식점 주문기, 영화관 매표기 등 여러 사람이 사용하는 기기들을 자세히 관찰하면 모니터 곳곳에 얼룩과 손때가 덕지덕지 묻어 있는 게 보인다. 때로는 정체 모를 이물질이 딱딱하게 말라붙어 있는 경우도 있다.

눈에 보이는 게 전부가 아니다. 세균 오염도 RLU(Relative Light Unit)를 측정해봤더니 놀라운 결과가 나왔다. RLU는 오염도를 나타내는 단위로, 물체에 묻은 유기화합물의 농도를 측정하는데 수치가 클수록 오염도가 높다. 정부 권고 공중위생 기준치는 400RLU다. 그런데 은행 현금지급기 ATM에선 1,888RLU로 기준치의 4배가 넘게 측정됐다. 버스터미널 무인 발매기는 1,394RLU, 주차장 발권기는 1,251RLU, 놀이공원 터치스크린은 1,061RLU가 각각 측정됐다. 모두 세균 오염도가 기준치의 2~3배를 웃돌았다. 다중이용 건물 출입문 손잡이에서는 499RLU, 서울역 승차권 발매기에선 942RLU가 각각 나왔다.

세균 오염도가 이렇다 보니 터치스크린 위생에 대한 경고가 곳곳에서 터져 나온다. 그 가운데 하나인 2018년 영국 런던 메트로폴리탄대학의 실험 결과는 충격적이다.

이 대학 연구팀은 런던과 버밍햄에 있는 유명 패스트푸드 음식점 맥도날드 9곳의 무인주문기에서 어떤 세균이 검출되는지 실험했다. 그런데 실험 대상 음식점 무인주문기 모두에서 장염을 일으키는 대장균이 검출됐다. 3곳에서는 폐

렴을 유발하는 클렙시엘라 균이 발견됐고 사람 대변에서 나오는 프로테우스 균이 검출된 곳도 6군데나 됐다.

영국 메트로 신문은 이 실험 결과를 인용해 "실험한 모든 맥도날드 터치스크린에서 대변이 발견됐다(Poo found on every McDonald's touchscreen tested)"라는 제목으로 관련 기사를 보도할 정도였다.

음식점 터치스크린에서 어떻게 대변 속 균까지 검출된 걸까. 연구진은 그 검출 경로까지는 밝혀내지 못했다. 하지만 화장실을 이용한 고객이 용변을 처리한 뒤 손을 제대로 씻지 않고 그대로 터치스크린을 만졌을 가능성 등을 생각해볼 수 있다.

터치스크린 세균 검출 실험을 진행한 폴 매트웰리 교수에게 직접 실험의 의미를 물었다. 폴 교수는 여러 터치스크린에서 예상치 못한 균이 쏟아져 나와 본인도 놀랐다며 심각한 오염 상태를 경고했다.

"피부에 서식하는 박테리아 정도가 검출될 것으로 생각했는데 내장에서나 볼 수 있는 박테리아가 발견돼 놀랐습니다. 우리 주변 무인주문기의 세균 오염은 생각보다 심각한 수준입니다."

일상 속 터치 기기는 계속 증가하고 있다. 인건비가 높아지고 정보통신 기술이 발달하는 상황에서 어찌 보면 당연한 결과다. 무인주문기 시장 규모도 2006년 600억 원에서 2017년 2,500억 원까지 4배 이상 커졌고 2023년 4,000억 원 규모에 육박할 정도로 빠른 속도로 확장되고 있다.

그런데도 터치 기기에 대한 업주들의 위생 인식은 여전히 낮은 수준이다. 하루에 수백수천 명 고객이 이용하는데도 위생 관리는 크게 신경 쓰지 않는다. 매 이용 시 소독하기는 힘들더라도 한 시간에 한 번이라도 관리해주면 좋겠지만, 실상은 하루에 한 번도 청소하지 않는 곳이 많다.

별다른 경계심 없이 이들 기기를 사용하긴 소비자도 마찬가지다. 터치스크린을 이용하기 전 살균하거나 자기 손을 닦는 사람은 거의 없고 터치스크린을 만진 뒤 그 손 그대로 음식을 집어 먹기는 다반사다.

인제대학교 가정의학과 강재헌 교수는 "무인주문기나 터치스크린을 만진 사람들은 그 세균을 손가락을 통해서 자기 몸에 옮겨올 수 있다. 급성 위장염을 비롯한 여러 가지 감염성 질환에 노출될 우려가 있다"고 지적했다.

우리 사회와 생활을 통째로 바꿨던 코로나19 바이러스 역시 일부는 일상 속 터치스크린 기기로도 전파됐을 가능성을 배제할 수 없다. 코로나 바이러스는 금속이나 유리, 플라스틱 등과 같은 딱딱한 표면에서 몇 시간에서 며칠씩 살 수 있는 것으로 알려졌다. 최대 9일까지 생존할 수 있다는 연구 결과도 보고됐다.

코로나 바이러스는 대부분 감염자의 비말, 즉 침방울이 코나 눈 등의 점막을 통해 인체에 침투하는 것으로 밝혀졌다. 사람은 보통 한 시간에 23회, 즉 3분에 한 번꼴로 얼굴에 손을 댄다. 만약 무인주문기를 이용한 시간이 3분이 넘었다면 그동안에 이미 오염된 손으로 코나 눈 등 세균 침투 취약 부위를 한 번은 만졌을 가능성이 크다는 얘기다. 그리고 바로 직전 이용자는 화장실에서 용변을 보고 손을 안 닦고 나왔을 수 있고 전염병 확진자일 수도 있다.

무인주문기는 소비자 입장에선 불편한 기기다. 업소마다 제각각이고 처음 보는 기기는 다루기도 쉽지 않다. 특히 고령자와 어린이 등 터치 기기에 익숙하지 않은 사람은 음식을 주문하는 것조차 곤혹스러운 일이다. 업주로선 종업원 대신 기계가 주문받으니 인건비가 줄어들고 고객과 직접 마주치지 않아도 되니 불필요한 대면 접촉 스트레스를 받을 일 또한 줄어 좋다. 반면 고객 처지에선 불편함에 더해 위생상 불이익까지 감수해야 하니 이래저래 불만일 수밖에 없다. 그런데도 무인주문기, 터치스크린은 더 늘어만 간다.

상호 접촉을 줄이려고 생겨난 터치 기기가 홍수를 이루면서 세균과 바이러스로부터 자신을 보호하기란 점점 힘들어지는 게 현실이다. 비대면 시대 터치 기기의 역설이 아닐 수 없다.

# 2

# 소변주머니를
# 씻어 말린 까닭은

쉽게 믿기지 않았다. 서울 강남의 한 유명 산부인과 전직 간호사 권민영(가명) 씨의 고발이었다. 얼마 전까지 자신이 일한 산부인과 병원에서 임산부들이 사용하는 카테터*와 소변주머니를 재사용하는 현장을 목격했다고 했다. 그것도 한두 번이 아니라고 했다.

임산부나 중환자처럼 혼자 소변 문제를 해결하기 힘든 환자는 병상에서 소변주머니를 이용해 용변을 처리한다. 요도에 삽입관 카테터를 넣고 이를 통해 방광에 고여 있던 소변이 배출돼 외부에 있는 주머니에 모이도록 한다. 주머니에 소변이 차면 이를 분리해 처리한다. 질환과 환자 상태에 따라 하루 또는 며칠씩 착용해야 하는데, 환자 거동이 심각하게 불편한 상태일 때는 평생을 의존하기도 하는 의료용품이다. 요도에 삽입하는 카테터와 주머니가 소변과 직접 닿기 때문에 일회용이다.

---

* 체강 또는 구멍이 있는 장기로부터 액체를 빼내거나 그곳에 액체를 넣기 위한, 관상의 유연한 외과 기구.

권 씨는 해당 산부인과 병원에서 일할 당시 사용한 카테터와 소변주머니를 그날그날 바로 폐기 처리했다. 그런데 그때마다 선배 간호사로부터 야단을 맞았다. "씻어서 보관했다 다시 쓰면 되는데 왜 버리느냐"며 나무랐다는 것이다. 이전에 근무했던 병원에서는 없던 일이다.

카테터는 한 번 사용하면 버리는 것이었다. 자신은 양심상 재사용할 수 없었다. 그래서 이후에도 사용한 제품을 계속 폐기했고 그때마다 고참 간호사와 갈등이 반복됐다. 그런 상황에서는 더 이상 근무할 수가 없었다. 결국 해당 병원을 그만둬야 했다.

이 병원 간호사들은 환자가 사용한 카테터와 소변주머니를 수거한 뒤 간호사 전용 화장실에 따로 모아놓는다고 했다. 그러면 당번 간호사가 퇴근하기 전 물로 헹궈 벽에 걸어놓은 채 말려두고, 건조가 끝나면 간단히 소독한 다음 분만실이나 수술실로 가져가 재사용한다는 것이었다. 반투명 비닐 소재 소변주머니에 분명히 '일회용'이라고 적혀 있는데도 몇 번을 재사용했던지 누렇게 착색된 게 한두 개가 아니라고 했다.

산부인과 병원은 제왕절개나 부인과 수술, 요실금 치료 등이 많이 이뤄지고, 이런 치료를 받은 환자 상당수가 카테터와 소변주머니를 사용한다. 그런데 카테터를 환자 요도에 삽입하고 소변주머니를 연결하는 과정은 주로 수술실에서 마취한 상태에서 이뤄지기 때문에 환자는 신제품인지 재사용 제품인지 확인하기 힘들다고 했다. 권 씨는 문제의 병원에서 한 달 분만 환자가 100명에 달하는데 이들 90%는 재사용 소변주머니와 카테터를 쓰는 것으로 보인다고 주장했다.

소변 등 체액이 묻을 수밖에 없는 카테터는 감염 우려 등을 이유로 일회 사용이 원칙이다. 만약 이 병원에서 다른 환자가 사용한 카테터와 소변주머니를 세척해 돌려쓴다면 문제가 작지 않은 것이다. 설령 세척과 소독을 했다 하더라도 재사용은 안 된다.

은병욱 대한의료관련감염학회 이사는 "카테터와 소변주머니는 환자의 체액이 닿기 때문에 오염의 우려가 있고 멸균이 충분히 되지 않으면 다른 환자에게 전염을 일으킬 수 있기 때문에 재활용하지 못하도록 돼 있다"고 설명했다.

카테터가 재사용된다는 현장 확인에 나섰다. 문제의 병원은 서울 강남에 자리하고 있었다. 지역에서는 꽤 이름이 난 병원이다. 권 씨가 카테터, 소변주머니 세척이 이뤄진다고 알려준 병원 6층 간호사 전용 화장실을 찾아갔다. 출입문에는 '관계자 외 출입금지 구역'이란 표시가 붙어 있었다. 노크를 했지만 대답이 없었다. 조심스럽게 문손잡이를 돌렸더니 잠겨 있지 않았다. 그대로 문을 열고 들어갔다. 마침 아무도 없었다.

간호사 전용 화장실에는 어른 허리 높이 싱크대가 설치돼 있었고 그 모서리에는 빨간 고무장갑 한 켤레가 걸쳐져 있었다. 장갑 손등 부분엔 검정색 매직으로 큼직하게 '소변'이라고 적혀 있었다. 벽에 붙은 수건걸이에는 아직 물기가 남은 일회용 소변주머니 두 개와 카테터 한 개가 걸려 있었다. 세

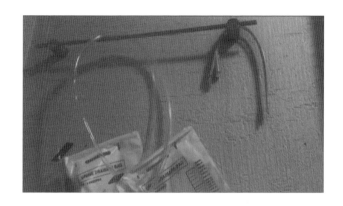

척해 걸어놓은 지 얼마 안 된 것 같았다. 고무장갑을 끼고 싱크대에서 카테터와 소변주머니를 세척한 뒤 건조 중인 것으로 추정됐다. 그게 아니라면 장갑에 '소변'이라고 적어둘 이유도, 젖은 카테터를 널어 말릴 이유도 짐작하기 힘들었다. 일단 재활용 의심 현장은 확인됐다.

며칠 뒤 다시 병원을 방문해 같은 곳을 찾아갔다. 그때도 카테터와 소변주머니 한 개가 벽에 걸린 채 건조되고 있었다. 벽에 걸린 소변주머니는 해당 병원 병실에서 실제 사용하는 제품과 상표, 재질, 모양이 일치했다. 화장실에서 말리고 있는 카테터는 이 병원에서 쓰는 제품이었다.

해당 제품 제조 수입 업체에 연락해 물어봤더니 자사 제품이고 일회용 의료기기라고 했다. 자신들이 판매하는 카테터와 소변주머니는 식약처 허가 자체가 일회용으로 나온다고 밝혔다. 만약 자신들의 제품을 구매해 간 병원이 이를 재사용한다면 불법이라고 했다. 그러니 세척한다든지 하는 방

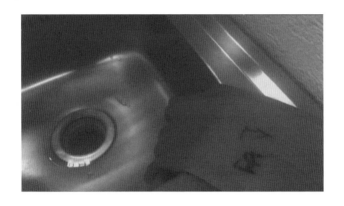

법으로 재사용해도 안 된다고 강조했다.

문제는 생각보다 심각하게 다가왔다. 합법, 불법의 문제를 떠나 위생과 환자의 건강을 심대하게 위협할 수도 있는 사안이었다. 일단 '소변' 고무장갑과 건조 중인 카테터, 소변주머니 등 간호사 화장실 내부에서 벌어지는 일을 꼼꼼히 카메라에 담았다.

왜 이런 일이 벌어지는 건지 병원 측의 해명을 들어봤다. 병원 관계자를 찾아가, '소변주머니와 카테터를 재사용한다'는 제보가 있는데 어떻게 된 일인지 입장을 물었다. 그는 대답하기 전 펄쩍 뛰며 손사래부터 쳤다.

"무슨 얘기입니까. 우리는 일회용품을 다시 쓰지 않습니다. 우리 병원을 뭐로 보고 이러시는 건지 화도 좀 나네요."

몹시 불쾌하다는 표정을 짓더니, 병원에서 사용한다는 카테터와 소변주머니 제품을 들고 와 보여줬다. 간호사 전용 화장실과 병실에서 봤던 바로 그 제품이었다.

"보세요. 이들 제품엔 재사용 금지된 일회용품이라고 명기돼 있잖습니까!"

스스로 재사용 금지 제품이라고 강조하며 의혹을 부인했다. 제보자가 누구든 그런 말을 했다는 것 자체가 믿을 수 없고 자신들은 억울하다고 항변했다.

분명히 재사용 의심 현장을 포착했는데도, 병원 측 입장은 너무 완강했다.

간호사 전용 화장실에서 직접 촬영한 영상을 보여줘야 했다. '소변'이라고 적힌 고무장갑이 등장하고 물에 젖은 카테터와 소변주머니가 벽에 걸려 있었고, 그것도 하나가 아니었다. 다른 날 다시 찍은 영상에도 재활용으로 의심되는 장면이 고스란히 포착돼 있었다.

영상을 확인하던 병원 관계자의 눈이 커졌다. 목소리도 떨리고 있었다.

"아, 아니, 이걸 왜 닦아놨지? 이걸 왜 말렸는지 간호사들에게 물어볼게요."

당황한 관계자는 상황을 파악해봐야겠다며 간호사실 등 이곳저곳에 다급하게 연락을 돌렸다.

한참 뒤 해명을 내놓았다. 간호사 화장실에 있던 카테터와 소변주머니는 재사용하려고 닦은 게 아니고 폐기하기 전 냄새를 없애려고 세척해뒀다는 것이었다.

"용품을 재사용하려고 한 게 아니고요. 소변 냄새가 나니까 닦아서 버리는 경우는 있다고 하네요. 사용한 카테터와 소변주머니를 쌓아놨다가 한꺼번에 의료용품 폐기물로 처리합니다. 그런데 수거 업체가 일주일에 한 번 와요. 그냥 두면 그동안 냄새가 나니까 물로 닦아서 건조해 폐기하려고 했던 것 같습니다."

카테터와 소변주머니는 의료폐기물로 분류해 전문업체가 수거해 폐기하도록 맡긴다고 했다. 그런데 처리 비용은 무게 단위로 계산하기 때문에 내용물(소변)을 빼고 물로 씻은 다음 말려서 배출해 비용을 절감한다는 설명이었다.

과연 그렇게 처리하는 건지 다른 병원 몇 곳을 통해 확인해봤다. 하지만 하나같이 소변주머니를 세척해 버리기는커녕, 속 내용물조차 있는 그대로 폐기한다고 했다. "소변주머니 카테터 구멍이 얼마나 작은데요. 그 구멍으로 물을 넣는 것 자체가 힘들어요."

소변주머니 입구는 어린아이 새끼손가락 굵기도 안 되는 카테터를 끼워 넣어야 하기 때문에 실제로 구멍이 작다. 다른 병원들의 설명을 듣고 보니, 문제의 병원 해명은 납득이 가지 않았다. 세척한 것은 인정하지만 폐기하기 위해서 그런 것일 뿐 재사용하지는 않았다는 얘긴데, 왜 그렇게 힘들게 작업한 건지 이해할 수 없었다.

관할 보건소를 찾아가 해당 병원에서 일회용 카테터와 소변주머니를 재사용하는 것 같다는 의혹을 제보했다. '소변' 고무장갑과 벽에 걸린 소변주머니를 찍은 영상을 증거로 보여줬다.

하지만 보건소는 움직이지 않았다. 심증만 가지고는 단속을 나갈 수 없다는 것이었다. 건강보험공단에 첨부한 해당 제품 입고 수량과 실제 사용량, 재고량 등을 다 계산해서 착오가 생겨야 적발할 수 있다고 했다. 즉, 병원이 이를 재사용했음을 객관적으로 입증해 보여줄 자료가 없으면 단속이 안 된다는 것이었다.

보건소 담당자는 세척한 카테터를 환자에게 재사용하는 걸 직접 현장에서 포착하지 않는 한 병원을 상대로 행정조치를 하기는 사실상 어렵다고 말했다.

"아무리 병원을 급습한다 해도 재사용품으로 처치하는 행위를 바로 그 자리에서 포착하지 않는 이상 재활용을 적발하기는 힘듭니다."

동행 취재라도 해보자고 제안했지만, 그마저 거부했다.

"해당 병원 불법행위가 확인된 것도 아닌데 병원 가서 터는 방식일 뿐입니다. 다만 제보가 들어왔으니 차후에 자체 조사는 해보겠습니다."

관할 지역 내 유명 병원 환자의 위생과 건강에 관련된 문제임에도 관청의 대응은 너무 사무적이고 형식적이었다. 재사용 현장을 직접 봤다는 전직 직원의 제보가 있고 의심 현장을 담은 영상이 있음에도 단속은커녕 실체 파악 의지도 찾아볼 수 없었다.

결국 문제의 병원을 몇 번 더 찾아가 보건소가 말한 '그 순간'을 직접 포착하려 시도했지만 끝내 실패했다. 카테터 착용 등 처치는 병실과 수술실 등 통제된 공간에서 일어나기 때문에 접근 자체가 제한됐다. 의료진이 아닌 마당에 재사용 카테터 소독이 이뤄지는 수술실에 들어갈 수도 없었다.

몰카를 설치할 여건은 더더욱 안 됐다. 이미 한바탕 소란을 피운 때문인지 소변 장갑도 벽에 걸린 카테터도 더 이상 보이지 않았다.

카테터, 소변주머니 재활용 현장 취재는 여기까지였다. 취재된 범위 내에서 보도를 했다. 신중해야 했다. 이 병원이 카테터와 소변주머니를 재사용하고 있다고 단정적으로 얘기할 수는 없었다. 전직 간호사의 육성 고백 내용과 카테터를 재사용한 것으로 의심되는 정황, 병원 측의 해명, 그리고 관할 관청의 입장까지 리포트에 담았다. 해당 병원이 소변주머니를 재사용하는 것인지 아닌지, 판단은 시청자의 몫이었다.

반응은 즉각적이었다. 어떻게 서울 강남의 유명 산부인과에서 그런 일이 벌어지는 건지 믿기지 않는다며 분개했고, 해당 병원 실명을 공개하라는 요구도 쏟아졌다. 방송 화면에 등장한 병실을 보고 자신이 입원한 병원임을 알아차린 환자들은 병원 측에 사실 여부를 확인하며 거칠게 항의했다. 병원 측 해명을 받아들이기 힘들다며 다른 병원으로 옮기겠다거나 조기 퇴원을 서두르는 환자가 줄을 이었다.

방송이 나가고 며칠 뒤 해당 병원장이 연락해왔다. 보도 이후 병원 업무가 엉망이 됐다며 방송 내용 삭제 등 조치를 요구했다. 직접 만나서 얘기하겠다며 막무가내로 사무실로 찾아오겠다고 했다. 회사 고위층 임원과 잘 아는 사이라고도 했다. 협박을 하는 건지 읍소를 하는 건지 알 수 없었다. 보도 내용과 관련해 명백한 오류가 있다면 병원 측 반론과 해명은 얼마든지 들어줄 수 있었다. 결국 약속을 정해 사무실에서 보기로 했다.

약속된 날, 병원장은 변호사를 대동하고 사무실로 찾아왔다. 그가 요구한 것은 방송 내용이 사실과 다르니 정정 보도를 해달라는 것이었다. 너무나 당당한 태도에 당황스러울 정도였다.

"저희가 한 보도 중 뭐가 오보였다는 거죠?"

"우리 병원이 마치 카테터와 소변주머니를 재사용한 것처럼 보도가 나갔습니다. 영상을 내리고 정정 보도를 해주십시오."

"우리는 일회용 의료기기를 재사용했다고 단정적으로 보도하지 않았습니다. 충분히 그렇게 의심할 만한 정황이 확인됐고 제보도 있었습니다. 병원 입장과 해명도 담아줬습니다. 취재하고 영상으로 포착한 그만큼만 보도했습니다. 뭘 정정해달라는 거죠?"

원장은 취재 과정에서 병원 관계자가 내놓았던 해명을 되풀이했다.

"어떻게 된 일인지 간호사와 관계자들에게 자세히 알아봤습니다. 카테터와 소변주머니를 그냥 버리면 냄새가 많이 나고 무게도 더 나가 처리 비용이 많이 들기 때문에 그런 일이 벌어진 것 같습니다. 제가 시키지도 않았는데, 직원들이 왜 그랬는지 모르겠습니다."

한참 비슷한 대화가 이뤄졌고 원장은 중간중간 변호사 쪽도 쳐다봤다.

말 한마디라도 잘못하면 꼬투리를 잡으려는 것 같았다.

"원장님, 해명 잘 들었습니다. 그런데 이상한 점이 있어요. 만약 냄새와 비용 때문에 소변주머니 속의 내용물을 없애려 했다면 그냥 소변주머니 가운데 부분을 가위로 잘라서 버려도 되지 않았을까요? 그렇게 반을 자르면 물로 세척하기도 쉬울 텐데요. 그게 훨씬 간단하고 위생적인 거 아닙니까. 간호사들이 왜 굳이 새끼손가락 크기도 안 되는 그 작고 복잡한 카테터 구멍으로 소변을 빼고 다시 힘들게 그 구멍으로 물을 넣어 세척하려 했을까요?"

원장은 대답할 말을 찾지 못했다.

"음, 그게……."

"원장님, 그렇게 수고스럽게 세척하려 한 건 카테터도 주머니도 모두 손상되지 않도록 하려 했던 거 아닙니까? 폐기하려는 소변주머니를 왜 손상되지 않게 하려 했을까요? 깨끗이 세척해서 버리려 했다고요? 지금 저보고 그 해명을 믿으란 겁니까? 시청자들은 또 그 말을 그대로 믿을 것 같습니까? 정정 보도는 해드릴 수가 없습니다."

"그게 아니라……."

"대신 지금 말씀하신 것처럼 방송을 통해 해명하실 기회를 드리겠습니다. 그대로 카메라 앞에서 해명해주십시오. 주머니를 잘라서 쉽게 소변을 버리지 않고 굳이 수고스럽게 작은 구멍으로 물을 넣어 헹군 다음 말려서 버린 이유를 설명해주세요. 피디를 불러서 당장 카메라 촬영 준비시키겠습니다. 해명하시는 그대로 추가 방송해드릴 테니, 말씀하십시오. 원장님 해명을 어떻게 받아들일지는 시청자들이 판단하도록 하겠습니다."

의자에서 몸을 반쯤 일으켜 접견실 창문 밖 피디를 부르는 시늉을 했다. 원장이 다급하게 따라 일어나더니 멋쩍은 표정으로 말했다.

"아닙니다, 아닙니다. 그렇게까지 안 하셔도 되겠습니다. 추가 해명 방송은 필요 없고, 정정 보도도 필요 없습니다. 그냥 인터넷 홈페이지 게시판에 저희들 입장만이라도 좀 반영해주십시오. 저희는 소변주머니와 카테터를 재사용하지 않고 있고 이를 입증할 재고 조사 자료도 있습니다. 그것만 실어주시면 되겠습니다."

입장과 반론을 실어달라는 건 불가능한 요구가 아니었다. 온라인 게시판에 병원 측이 제공한 자료를 공개하고 입장도 실어줬다. 그런 다음에서야 병원 측으로부터 더 이상 연락이 없었다.

만약 병원장이 말한 그대로 방송을 통해 해명했다면, 시청자들은 그 해명을 어떻게 받아들였을까.

# 3

# '세균 범벅'
# 테스터 화장품

서울 강남역과 신촌 등 도심 거리 곳곳에 화장품매장이 있다. 매장엔 테스트용 화장품도 빠지지 않고 비치된다. 톡톡 찍어 바르는 콤팩트부터 립스틱과 아이섀도까지 다양한 테스터 화장품이 고객의 손길을 기다린다. 신제품을 구매하려는 손님은 물론, 잠깐 화장을 고치려고 들른 여성까지, 누구나 테스터 화장품을 발라볼 수 있다.

그런데 테스터 화장품을 써보려다 비위생적인 관리 상태에 망설인 경험이 한 번쯤은 있을 것이다. 화장품매장 가운데 위생 상태가 심각한 수준인 곳이 한둘이 아니다.

콤팩트 제품은 투명 덮개 안쪽에 습기가 차 있고, 속눈썹을 위로 말아 올려주는 뷰어에는 누군가의 속눈썹이 덕지덕지 달라붙어 있다. 원래 분홍색인 립스틱엔 웬 빨간색 립스틱이 묻어 있다. 진열대엔 언제 죽었는지 모를 날벌레가 허옇게 말라붙어 있고, 개봉한 지 2년 가까이 된 제품도 진열돼 있다. 화장품인데 고약한 냄새가 나는 것도 있다.

많은 화장품매장에서 테스터 화장품이 엉터리로 관리되고 고객도 제대로 된 사용법을 지키지 않는다. 테스터 화장

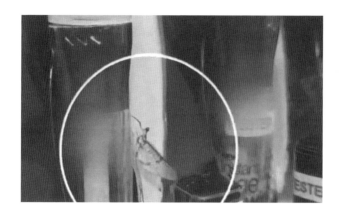

품은 여러 사람의 손이 닿는 탓에 면봉이나 화장용 솜에 묻혀 피부에 발라야 한다. 화장품 색깔이 자신의 피부 톤과 잘 맞는지, 질감이나 향은 어떤지 등을 말 그대로 테스트해보는 것이다. 그런데 제품을 직접 피부에 갖다 대는 이용자가 많다. 마치 자기 것인 양 립스틱을 그대로 입술에 바르고 마스카라와 아이섀도도 직접 눈에 대고 그린다. 불특정 다수가 제약 없이 사용하고 나면 쓴 상태 그대로 둔다. 매장 직원은 별다른 제지를 하지도 않는다.

테스터 화장품 위생과 관련해 관리 규정은 있다. 문제는 대부분 매장에서 그 규정이 잘 지켜지지 않는다는 것. 립스틱이나 아이섀도 등은 뚜껑을 닫아놓은 상태를 유지해야 하고 테스터 제품마다 개봉 일자와 유통기한을 표시해둬야 한다. 하지만 실제로 그런 조치를 해놓은 매장은 찾아보기 힘들다. 그런 규정이 있는지 알고 있는 고객이나 종업원도 많지 않다.

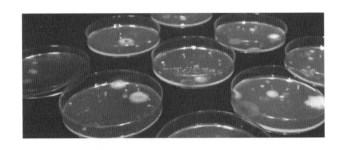

　유독 테스터 화장품 상태가 안 좋아 보이는 한 매장 직원에게 관리가 어떻게 이뤄지는지 물었다. 직원의 솔직한 답변이 돌아온다.

　"저희가 제품 소독은 못 하고 주변 청소만 하고 있어요."

　이용객도 테스터 화장품의 위생 실태는 미덥지 않다. 찜찜한 마음은 있지만 다른 사람도 그렇게 쓰니 다들 그러려니 하고 사용한다.

　"신경이 쓰이긴 해요. 그런데 어쩔 수 없이 발라봐야 아니까. 그대로 사용합니다."

　이용자 가운데는 감기 등 전염병 환자도 있을 수 있는데, 테스터 제품이 이렇게 공유돼도 괜찮은 걸까. 소비자가 많이 찾는 유명 상표 매장에서 시료를 채취해 세균 오염도를 측정해봤다.

　먼저 유명 매장 세 곳을 돌며 립스틱과 파운데이션, 마스카라 등에서 샘플 9개를 채취해 세균 배양을 했다. 세균 배양 실험 세트에 샘플을 넣고 하루가 지나자 배양 접시 바닥 이곳저곳에 세균이 피어났다. 이틀째 색깔과 모양이 서로

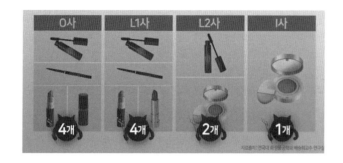

다른 세균이 접시 바닥에 생겨났고, 전날 생겼던 건 더욱 넓게 퍼져 있었다. 사흘이 되자, 정도의 차이는 있지만 9개 배양 접시에서 다양한 세균이 번식한 것을 확인할 수 있었다. 준비한 화장품 샘플 모두 세균이 검출된 것이다.

도대체 이들 세균의 정체가 뭔지 전문기관에 분석을 의뢰했다. 유명 매장 4곳에서 립스틱과 아이섀도 등 화장품 16개의 시료를 채취해 맡겼다. 16개 제품 가운데 10개에서 호기성 세균이 나왔다. 호기성 세균은 산소가 있어야 살 수 있는 세균으로 대장균과 결핵균 등이 대표적이다. 4개에선 식중독이나 염증을 일으킬 수 있는 황색포도상구균도 검출됐다.

업체별로는 O사와 L사가 마스카라와 립스틱 등 각 4개 제품에서 세균이 있는 것으로 나타났다. 또 다른 L사는 2개, I사는 1개 제품에서 각각 세균이 나왔다. 실험 대상 가운데 세균이 나오지 않은 업체는 없었다.

실험을 도와준 건국대학교 화장품공학과 배승희 교수는 테스터 화장품 세균 오염 결과를 놓고 염증과 피부질환 등

감염 위험성을 경고했다.

"세균에 오염된 테스터 화장품을 잘못 쓸 경우 아토피가 있는 사람이라면 증상이 더 심해질 수 있어요. 특히 마스카라 같은 경우는 결막염이 더 심해진다든가 원인 모를 피부염증을 발생시킨다든가 할 수 있습니다."

식품의약품안전처와 한국소비자원도 공인 실험 결과를 통해 테스터 화장품 위생 문제를 지적한 바 있다. 2018년 두 기관이 공동으로 16개 화장품매장의 42개 테스터 화장품을 대상으로 위생 상태를 조사했더니 42개 화장품 가운데 14개 제품, 즉 3분의 1에서 기준치를 넘는 미생물이 나왔다.

립 제품은 16개 가운데 4개에서 총 호기성 세균이 1,530~214만cfu/g 검출됐다. CFU(Colony Forming Unit)는 세균을 배지에서 배양해 생긴 집단의 수로 100cfu/g는 g당 100개를 뜻하며 위생 안전 기준은 1,000 미만이다. 호기성 세균 수는 살아 있는 세균과 진균 수를 측정한 것인데, 세균과 진균에 오염된 화장품을 잘못 바르면 피부질환이 생길 수 있고 상처 등에 들어가면 염증을 유발할 수 있다. 더욱이 실험 대상 3개 제품 가운데 3개에서는 황색포도상구균까지 나왔다. 황색포도상구균은 구토와 설사, 복통, 피부질환을 일으킬 수 있다.

아이섀도는 16개 중 2개 제품에서 총 호기성 세균이 510~2,300cfu/g 검출돼 기준치를 초과했고 황색포도상구균이 있는 것도 있었다. 마스카라는 10개 중 절반이 기준치를 넘었다.

테스터 제품에서 세균이 나온 화장품 제조사에 입장을 듣기 위해 인터뷰를 요청했지만, 대면 인터뷰는 모든 업체가 거부했다. O사와 I사는 이메일로 해명 글을 보내와 위생 관리 강화를 약속했다. 유일하게 전화로 입장을 밝힌 L사 관계자는 "테스터 화장품은 바로바로 교체해야 하는데 실수를 했다. 매장 내에 안내문을 추가 고지하고 위생 뷰티 도구와 소독제 등을 추가 배치, 직원 교육 강화를 통해 테스터 관리에 더욱 만전을 기하겠다"고 밝혔다.

테스터 화장품 관리 실태가 이렇다 보니, 잘못 사용한 소비자는 각종 감염 질환에 노출될 수 있다. 실제로 미국에서는 테스터 화장품 위생 관련 소송이 제기됐다. 한 여성이 대형 화장품 업체 '세포라' 매장에서 립스틱을 바른 뒤 바이러스성 염증이 생겼다며 손해배상을 청구했다. 세포라 측은 2년여 소송 끝에 상당한 금액을 주고 이 여성과 치료비 등 배상에 합의했다. 하지만 합의금 액수는 공개하지 않았다.

국내에서도 테스터 화장품 사용으로 세균 감염 등 문제가 생기면 손해배상 청구를 할 수 있다. 소비자보호법 제19조 1항에 따르면 사업자는 물품을 사용한 소비자의 신체에 대해 위해가 발생한 경우 물품을 사용한 소비자에게 손해배상을 해줘야 한다. 하지만 테스터 화장품과 소비자 피해 사이 인과관계를 밝혀내는 건 쉽지 않은 문제가 될 수 있다.

업계에서는 코로나19 창궐 이후 테스터 화장품 위생 관리를 대대적으로 강화했다. 제품 소독을 자주 하고 테스터 제품을 직접 피부에 적용하지 못하도록 했다. 국내 대형 화장품 회사는 테스터 화장품 관리 지침을 따로 마련해 매장 관리를 하고 있다. 테스터 제품 사용 기한을 지키고 개봉 일자를 표시 또는 부착해 소비자가 직접 확인할 수 있도록 했다.

관리주체인 식약처도 정기적으로 화장품 업체 생산, 판매 시설에 대한 현장 점검을 통해 관리 감독에 나서고 있다. 위생 문제 등에 제보가 있으면 현장 단속도 나간다.

이 때문에 업계에서는 테스터 위생 상태가 이전보다 많이 나아졌다는 얘기가 나온다. 그럼에도 여전히 사용 기한이 지난 테스터 화장품이 곳곳에서 포착되는 등 문제는 사라지지 않고 있다. 사용 기한 미표시 제품 판매에 대한 처벌 규정이 없는 등 법적 정비도 미진한 실정이다. 2016년 관련 처벌을 규정하는 법안이 발의됐지만 처벌 수위가 과하다는 논란 속에 그대로 폐기됐다.

소비자들이여, 지금 바로 거리의 화장품 테스터 매장을 방문해 확인해보라. 얼마나 바뀐 게 있는지.

# 4

# 특급호텔의
# 더러운 비밀

"부장님, 잡았습니다!"

휴대전화 수화기 저편에서 흥분한 피디의 목소리가 들려왔다. 국내 특급호텔의 위생 실태를 현장에서 취재하던 중이었다. 피디가 흥분한 건 잠입한 호텔에서 '엉터리' 객실 청소 실태를 카메라에 담는 데 성공했다는 뜻이었다.

얼마 뒤, 현장에 나갔던 30대 두 피디가 양팔 가득 카메라와 취재 장비를 든 채 자신만만한 표정으로 사무실을 들어섰다. 이들이 주말까지 반납하고 며칠 동안 모텔과 호텔을 돌며 찍어온 영상 속엔 믿기 힘든, 아니 믿고 싶지 않은 현장이 포착돼 있었다. 은은한 조명과 정결한 리넨 침대, 반짝이는 유리컵, 그리고 그 뒤에 가려져 있던 특급호텔의 비위생적 민낯이 적나라하게 담겨 있었다.

객실 위생 상태 점검 대상은 서울의 유명 특급호텔이었다. 먼저, 외곽에 위치한 5성급 호텔을 찾아갔다. 작은 객실을 기준으로 숙박비가 평일 20~30만 원대, 주말은 40~50만 원대에 달하는 국내 최고 특급호텔 가운데 하나였다. 객실은 고급스러움 그 자체였다. 원목 책상과 의자는 먼지 하나

없이 정갈하게 정돈돼 있었고 백합같이 새하얀 침대 시트는 순결해 보이기까지 했다. 직원들 유니폼은 세련됐고 청소 직원 메이드까지 단정해 보였다.

특급호텔 객실 청소가 어떻게 이뤄지는지 확인하는 건 쉬운 일이 아니었다. 직원이 청소하는 상황을 보여줄 CCTV가 설치된 객실은 당연히 없고, 그렇다고 객실에 앉아 청소하는 동안 지켜볼 수도 없는 노릇이었다. 카메라를 설치해 직접 포착해야만 했다. 방법이 문제였다. 소위 '몰래카메라'를 숨겨놓은 뒤 직원이 방 청소를 하는 모습을 잡기로 했다.

주요 확인 지점은 화장실 세면대와 변기, 그리고 객실 식탁, 침대였다. 화장실 천장과 화장대 옆 세면도구 가방, 캐리어 속에 몰래카메라를 설치했다. 매일같이 객실을 들락거리며 청소하는 직원인 만큼 조금이라도 낯선 장비가 보이면 바로 눈치챌 수 있었다. 최대한 은밀하게 카메라를 숨긴 뒤 각도까지 꼼꼼히 점검했다. 몰카 설치는 밤늦게야 끝났다.

이튿날 아침. 몰래카메라가 정상 작동하는지, 배터리는 충분한지 다시 확인하고 프런트에 연락했다. 예정대로 하루 더 묵을 테니 청소를 해달라고 한 뒤 밖으로 나갔다.

두 시간여 외출한 뒤 다시 객실로 돌아와 카메라를 살폈다. 직원에게 들킨 건 아닌지 가슴이 두근거렸다. 다행히 카메라는 놔둔 위치에 그대로 있었고 누군가 손댄 흔적도 없었다. 배터리가 소진돼 전원만 꺼져 있었다. 이제 무엇이 찍혔는지 확인만 하면 끝이었다. 카메라에서 메모리 카드를 꺼내 노트북 컴퓨터에 넣은 뒤 긴장된 마음으로 비디오를 재생

했다. 카메라에 담긴 모습은 충격 그 자체였다.

일행이 나가고 30분쯤 지나자 유니폼을 깨끗이 차려입은 여성 청소 직원 메이드가 객실 문을 열고 들어왔다. 청소 용구와 침대 시트, 비품 등이 담긴 카트를 문 앞에 세워뒀다. 가장 먼저 한 일은 사용한 컵을 모아 화장실 세면대로 가져가는 것이었다. 세면대에 물을 틀어놓고 컵을 집어넣은 뒤 좌변기 청소를 시작했다. 손에 고무장갑을 끼고 노란색 스펀지 수세미를 집어 들더니 스펀지를 좌변기 속에 집어넣고는 주물럭거렸다. 스펀지를 들어올리자 흠뻑 적셔진 변기 물이 뚝뚝 떨어졌다.

메이드는 그렇게 변기 물에 적신 스펀지로 좌변기 안팎을 닦았다. 중간중간 스펀지에 청소 세제를 짜기도 했지만 헹굴 땐 스펀지를 다시 변기 물 속으로 집어넣었다. 이해할 수 없는 행동이었다. 아무리 변기 물 속에 용변이 없는 상태라 하더라도 비위생적일 것임이 분명했다. 더욱이 손만 뻗으면 닿는 거리에 세면대와 수도꼭지가 있었다.

더 충격적인 장면은 그다음 연출됐다.

좌변기 청소를 마친 메이드는 세면대로 옮겨갔다. 그러고는 세면대에 둔 컵을 같은 스펀지로 닦기 시작했다. 조금 전 변기 물을 찍어 좌변기를 청소한 그 수세미였다!

컵은 한 개도 남기지 않고 모두 그 수세미로 문질렀다. 중간중간 세면대를 훔치고 거울도 닦았다. 그런 다음 수세미는 다시 욕조 바닥으로 향했다. 좌변기부터 시작해 세면대와 물컵, 거울을 거쳐 욕조 바닥까지 같은 수세미로 닦는 것

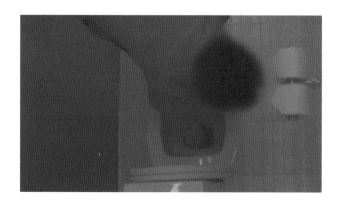

이었다. 욕조 구석구석 낀 물때를 '정성껏' 제거했다. 변기 물 적신 수세미가 닿지 않는 곳은 화장실 어디에도 없었다.

그게 끝이 아니었다. 청소 직원은 객실 바닥에 있던 수건을 집어 들고 조금 전 수세미로 닦은 컵의 물기를 훔쳤다. 투숙객이 샤워하고 얼굴과 몸을 닦은 수건으로, 심지어 바닥에 떨어져 있었는데도 양치용 컵과 객실 물컵의 물기를 닦아 내는 것이었다.

이렇게 마무리한 컵과 잔은 객실 테이블과 세면대, 각각 원래 있던 제자리에 놓았다. 변기 물로 세척하고 바닥에 떨어져 있던 수건으로 마무리를 했지만, 컵은 깨끗하고 반짝거렸다. 겉모양만 보고는 어떻게 닦은 것인지 상상도 못 할 상태였다.

"아! 어젯밤 우리가 음료수를 따라 마신 컵은 저렇게 변기 물로 닦은 것이었단 말인가!"

속이 메슥거렸다. 여전히 반짝이고 정갈해 보이지만 손을

대기조차 싫었다. 그동안 이 방에 묵었던 수많은 투숙객 또한 컵이 어떻게 닦인 줄 모른 채 맥주도 물도 따라 마셨을 것이다.

내친김에 서울 도심 특급호텔 두 곳을 더 취재했다. 모두 서울 강남과 강북을 대표한다고 해도 좋을 만큼 유명한 호텔들이었다. 매년 실시하는 국내 호텔 고객 만족도 조사에서 거의 빠지지 않고 상위 5위 안에 들 정도였다.

결과는 마찬가지였다. 정갈한 객실에 화장실, 아늑하게 정돈된 침구는 외양상 나무랄 데가 없어 보였지만 몰카에 찍힌 모습은 믿고 싶지 않은 현실을 일깨워주었다. 역시 수세미를 변기 물에 적셔 변기 안팎을 청소하고 같은 수세미로 컵과 세면대를 닦았다. 컵의 물기는, 이번에도 투숙객이 쓴 수건으로 마무리했다. 마치 호텔 객실 청소 매뉴얼에 이렇게 청소하라고 돼 있는 건가, 하는 생각이 들 정도였다.

어떻게 닦는지 알기에 더 이상 호텔 객실 컵에 물을 따라 마실 수 없었다. 아니나 다를까 변기 물로 청소한 컵에 물을 따랐더니 고약한 냄새가 났다. 컵을 프런트에 가지고 가 직원에게 항의했다.

"컵에서 이상한 냄새가 나는데 이거 어떻게 된 거예요?"

당황한 여직원은 "네? 그럴 리가 없는데요." 하며 컵을 코에 대고 냄새를 맡고는 고개를 갸우뚱했다. 그러고는 어디론가 다급하게 연락했다. 뒤이어 나타난 매니저, 무슨 일이냐며 수습에 나섰다. 여직원에게서 컵을 받아 두어 번 킁킁, 하더니 애매한 표정을 지어 보였다.

"냄새가 조금 나는 것 같긴 하지만 큰 문제는 아닐 겁니다."

"분명히 냄새가 나는데, 이 물을 마실 수 있겠어요?"

그러자 매니저가 직접 맛을 봤다. 그리고 동료에게 말했다.

"음? 달달한 맛이 나는 거 같은데, 뭐지?"

컵에서는 역한 냄새가 나고 물에서는 단맛이 나다니, "도대체 컵을 어떻게 닦는 거냐"고 따져 물었다. 매니저는 "따로 설거지하는 세척장에서 씻어 불순물은 없을 겁니다."라며 세척장을 보여주겠다고 했다.

따라가 보니 과연 싱크대와 세척기가 따로 마련된 공간이 있었다. 하지만 세척기는 단 한 대뿐이었다. 각 층마다 객실이 20~30여 개에 달하고 방마다 컵과 잔이 5~6개나 되는데 달랑 한 대로 모두 처리하기엔 역부족으로 보였지만, 매니저는 의기양양한 표정이었다.

매니저에게 몰카 영상을 보여줬다. 변기 물 적신 수세미로 컵을 닦는 장면이 담겨 있었고, 매니저의 얼굴은 금세 사색이 됐다.

"아니, 이게 어떻게 된 일입니까?"

"우리가 묻고 싶은 말입니다."

"고객님, 정말 죄송합니다. 단단히 조치하겠습니다."

이해할 수 없었다. 왜 내로라하는 특급호텔들에서 이런 청소 행태가 벌어지는 건지. 더 어처구니가 없는 건 객실 메이드의 청소 순서였다. 수세미로 왜 변기를 먼저 청소하고 그다음 컵과 세면대를 닦는지 납득할 수 없었다. 같은 수세미라도 변기를 제일 마지막에 청소한다면 그나마 나을 것이었다. 더욱이 메이드들은 깨끗이 한답시고 스펀지로 구석구석 꼼꼼하게도 문질러댔다. 그런 비위생적인 스펀지라면 차라리 대충 닦는 게 낫지 않을까, 싶을 정도였다.

특급호텔의 비위생 실태는 화장실 청소와 컵 세척에서만 드러난 게 아니었다.

또 다른 특급호텔에서는 침대 시트와 베갯잇 위생 상태를 점검했다. 전날 투숙객이 쓴 침구류를 재사용하는지 여부를 확인한 것이다. 하루를 묵은 다음 날 아침, 객실 침대 시트와 베개에 형광색 잉크로 커다랗게 글씨와 도형 등을 표시해뒀다. 형광 잉크는 인체에 무해한 성분으로, 밝을 땐 안 보이지만 어두운 상태에서 자외선 랜턴을 비추면 형광색으로 드러나는 제품이었다. 수용성이어서 세탁만 한번 하면 사라지는 특수 잉크다.

실험 대상 객실에는 침대가 두 개 있고 그 위에 크고 작은 베개가 세 개씩 있었다. 형광 잉크로 모든 침구에 다 표시를 해놓고 일부러 헝클어놓았다. 담요와 베개 일부는 아예 바닥에 떨어뜨려놨다. 그런 다음 객실 문에 '청소해주세요' 표식을 걸어놓고 외출했다.

다시 돌아왔을 땐 방이 깨끗이 정돈돼 있었다. 시트와 베개 모두 팽팽하게 당겨져 있었다. 침구는 모두 새것처럼 보였다.

과연 보이는 그대로 깨끗한 것일까. 진실을 확인할 시간이었다. 암막 커튼을 치고 실내등 스위치를 내리자 방 안은 컴컴해졌다. 자외선 랜턴을 켜는 순간, 밝을 때와는 전혀 다른 실내 모습이 나타났다. 침대 곳곳에 형광색 글씨가 선명하게 보였다. 시트에 적어둔 글자와 도형이 자외선 불빛을 받아 어둠 속에서 밝게 빛나고 있었다.

침대 두 개에 덮여 있는 시트 가운데 하나는 아무 표시도 보이지 않았다. 새것으로 교환했다는 의미였다. 하지만 다른 하나는 형광색 글씨가 선명했다. 어젯밤 사용했던 걸 다시 깔고 각만 잡은 것이었다. 심지어 바닥에 던져놓았던 베개마저 다시 침대 머리맡에 놓인 채 형광 글씨를 발산하고 있었다. 겉보기엔 새것처럼 보이는 침구 절반은 지난밤 쓴 게 재사용돼 있었다. 어처구니가 없었다.

프런트에 연락해 객실 매니저를 불러올렸다. 어리둥절한 표정으로 객실에 들어온 매니저가 물었다.

"무슨 문제라도 있으신가요?"

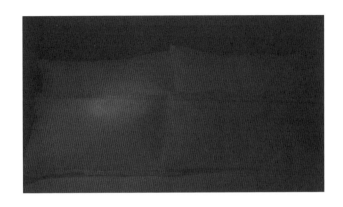

"방이 좀 지저분한 것 같아서 그러는데 이 방 침대 시트를 교체했나요?"

매니저 얼굴에 잠시 당황한 표정이 지나간다.

"당연히 새걸로 교체했죠. 보시다시피 깨끗한 것이니 마음 놓으셔도 됩니다."

확실하냐고 한 번 더 물어도 틀림없다고 했다.

"그럼 이것 좀 보시죠!"

객실 조명을 끄고 다시 자외선 랜턴을 침대 쪽에 비췄다. 매니저 입에선 작은 비명이 새어 나왔다.

"어, 어! 저게 뭐지?"

자외선 불빛이 닿는 곳마다 여기저기 형광 잉크로 적은 글자와 표식이 드러났다. 침대 시트와 베개 위에 동그라미가 있고 글씨도 적혀 있었다.

"우리가 어제 표시해놓은 것들이에요. 분명히 교체하셨다고 했는데, 어떻게 된 거죠?"

매니저는 제대로 말을 잇지 못했다.

"아, 죄송합니다. 드릴 말씀이 없습니다. 살려주십시오."

바로 잘못을 시인하며 살려달라는 소리는, 마치 침대 시트 재사용을 알고 있었지만 내버려뒀으니 용서해달라는 자백처럼 들렸다.

3주 가까이 점검한 특급호텔의 객실 위생 실태는 이랬다. 깨끗하고 위생적으로 청소하는 게 아니라 '깨끗하게 보이도록' 만드는 것이었다. 화장실도 객실도 믿을 수 없었다. 변기를 청소한 수세미로는 화장실과 객실 구석구석, 심지어 컵까지 닦았고, 전날 누가 어떻게 잤는지 알 수도 없는 침대 시트는 교체하지 않은 채 놓여 있었다. 바닥에 떨어진 베개는 툭툭 먼지만 털어낸 뒤 다시 침대 머리맡에 놓아두는 게 우리나라 특급호텔의 수준이었다.

숙박비가 저렴한 모텔과 비즈니스호텔의 위생 상태는 더 끔찍했다. 수도권의 한 모텔에선 투숙객용 칫솔로 컵을 닦고 변기 속 찌든 때까지 긁어내는 모습이 잡혔다. 고객이 사용한 수건으로 화장실 바닥의 오물과 물기를 훔치고 변기를 닦았다. 객실 청소를 할 때 수세미조차 준비하지 않고 객실 내 수건과 비품만으로 하는 업소도 있었다.

한 모텔 객실 커피포트 안에선 정체를 알 수 없는 섬유 조직도 나왔다. 일부 몰지각한 투숙객이 커피포트에 팬티와 양말 등을 넣고 삶는다고 업계에 소문이 돌았는데 충분히 그랬을 것으로 의심 가는 정황이었다. 해당 모텔 직원은 "실제로 그런 장면을 목격한 적이 있다"고 증언도 했다. 수많은 숙박

업소가 이 정도 위생 상태로 투숙객을 맞이하는 것이었다.

호텔과 모텔 객실의 비위생적인 실태는 세균 측정값에서 그대로 나타난다. 체크인한 직후 세균 오염도를 측정해보니, 투숙객이 사용하기 전인데도 실망스러운 수치가 나왔다.

객실 소파에서는 3,051RLU가 나왔다. 측정기 제조사가 제시한 '위생 안전' 수준의 세균 기준치는 200RLU 이하다. 300 이상이면 '오염'이고 200~300 사이는 '주의'다. 해당 호텔 소파에서 나온 세균 오염도 3,051은 안전 기준치 200의 15배가 넘는 수준이다. 컵에서는 768이 각각 나왔다. 주방 도구 위생 부적합 기준은 400이고, 세균측정기 제조사 측은 측정값이 300이 넘으면 '소독이 필요한 수준'이라고 안내한다. 세균이 가장 많이 나온 것은 TV 리모컨으로 8,240RLU가 측정됐다.

호텔 객실 비품 곳곳에서 적게는 기준치의 2~3배에서 많게는 20배 이상에 달하는 세균이 검출됐다. 객실 테이블과 빗, 리모컨 등의 세균 수는 공중화장실 변기와 비슷하거나 더 높은 수준이었다.

깨끗해 보이는 특급호텔의 위생 실태 성적표는 참으로 초라했다. 하룻밤 숙박비가 수십만 원에 달하는 호텔의 위생 관리 수준이 왜 이 정도인지 놀라울 따름이었다.

호텔 측 해명은 궁색하기 그지없었다. 취재한 모든 호텔 측에 몰카 영상을 보여주고 해명을 요구했을 때 반응은 비슷했다. 처음엔 객실과 화장실이 이렇게 청소되는 줄 몰랐다고 발뺌했고, 나중엔 객실 청소를 일일이 따라다니며 점검할 수도 없고 객실에 카메라를 설치할 수도 없는 노릇 아니냐며 항변했다.

실태를 제대로 파악하지 못하고 있는 건 호텔 위생 관리 감독 주체인 지방자치단체도 마찬가지였다. 서울시 담당 공무원은 호텔에서 어떤 일이 벌어지는지 상상도 못 하고 있었다. 막상 변기 물 청소 영상을 보고도 대책은 내놓지 못했다.

"세탁을 잘했는지 못했는지 이런 정확한 규정과, 이를 지키지 않았을 때 어떤 처벌을 해야 할지 등에 대한 규정이 자세히 마련돼 있지 않아요. 호텔이 지저분하거나 하면 오히려 손님이 떨어져서 호텔들이 스스로 잘할 거라고 우리는 믿고 있는 상태입니다."

인력 부족을 호소하고 호텔의 양심에 의지할 뿐이었다.

"지자체에는 이를 관리할 인력이 절대 부족합니다. 호텔 측의 양심에 맡기는 수밖에 없습니다. 특급호텔이지 않습니까."

그렇다, 특급호텔이었다. 그만큼 관리도 특별할 거라고 많은 소비자는 믿고 있지만 그렇게 특급으로 소비자를 배신하고 있었다.


호텔과 서울시에 객실 청소 몰카 취재 사실이 알려지자 금세 업계에 소문이 퍼지고 비상이 걸렸다. 엉터리 청소 현장이 포착된 호텔들은 당장 영상이 공개되지 않게 하려고 안간힘을 썼다. 해당 호텔 관계자로부터 전화가 빗발쳤다. 사무실 전화는 물론, 개인 휴대전화로도 끊임없이 전화가 걸려왔다. "어디까지 찍었냐", "방송 안 하면 안 되느냐", "인정할 건 인정한다. 하지만 어쩔 수 없다", "호텔 이름 나가느냐", "객실은 공개하더라도 호텔 외경은 비공개로 하면 안되겠느냐" 등등 문의가 이어졌다. 심지어 "당신 회사 최고위층과 잘 아는 사이다. 그러니 우리 호텔은 방송에서 빼달라"는 협박 아닌 협박까지 해댔다.

도둑이 제 발 저리다고 취재 대상이 아니었던 호텔까지 노심초사했다. 몰카 특성상 어느 호텔이 취재 대상이고 어디가 적발된 건지 알 수 없기 때문이다. 호텔과 모텔 관계자들이 다양한 여러 경로를 통해 연락해왔다. 혹시 자기네 호텔도 몰카에 찍혔는지, 뭔가가 걸린 게 있는지 알아봐달라는 문의였다.

오래도록 연락이 끊겼던 지인까지 전화해왔다. 아는 사람이 어디서 호텔을 경영하는데 그 호텔도 적발됐는지 알려줄 수 없겠냐는 것이었다. 주변에 숙박업계와 직간접 연결된 사람이 이렇게도 많았는지 처음 알았다.

엄청난 압박과 회유가 있었지만 진실을 묻어둘 수는 없었다. 특급호텔을 포함해 거의 10여 곳의 호텔과 모텔에서 대동소이하게 엉터리 청소 실태가 포착됐다는 건 사실상 우리나라 대부분의 호텔에서 비슷한 일이 벌어지고 있다는 얘기였다. 이제 진실을 공개할 시간이었다.

메인 뉴스를 시작으로 한 시간짜리 〈CSI: 소비자탐사대〉 프로그램 본 방송까지 호텔 청소 실태 고발이 시작됐다.

## '변기 물 적신 수세미로 물컵을 닦다니… 국내 특급호텔 청소 실태'

특급호텔 객실 청소 실태가 적나라하게 까발려졌다. 호텔 메이드가 수세미를 변기 물에 넣어 적신 뒤 변기와 세면대, 컵을 닦고 거울을 훔치는 모습이 가감 없이 방송으로 공개됐다. 분명히 국내 특급호텔에서 벌어진 일이고, 그런 호텔은 한둘이 아니었다.

시청자들은 경악했다. 방송이 나간 뒤 포털 사이트 실시간 검색어에 '호텔 청소'가 바로 올라왔다. 인터넷에 올라온 첫 기사에 공감과 분노를 표시하는 댓글이 1만 개 이상 달릴 정도였다.

이튿날에도 보도가 이어졌다. 아침 뉴스는 물론, 낮시간 시사 프로그램까지 기획 보도가 계속됐다. 거의 하루 종일 변기 물에 수세미를 담그는 장면과 그 수세미로 컵을 닦는 장면이 반복됐다. 시청자들로부터 해당 호텔 이름을 공개하라는 댓글과 전화가 빗발쳤다. '청와대 국민청원' 게시판에는 해당 호텔 처벌을 요구하는 청원도 올라왔다.

국내 매체뿐만 아니라 중국 포털 '바이두'와 신화통신, 일본 '야후 재팬' 등 해외 매체까지 우리 취재를 인용한 한국 특급호텔 청소의 민낯이 전해졌다. 방송에 나간 호텔 관계자는 자신의 목이 달아나게 생겼으니 기사를 내려달라, 영상을 삭제해달라고 매달렸다.

보도가 나가고 사회적 반향이 커지자 다른 언론사도 취재에 뛰어들었다. 특급호텔의 청소 관리가 이처럼 엉망인 이유도 속속 드러났다. 구조적인 문제였다.

대형 호텔들은 인건비 부담을 줄이려고 하도급 업체를 통해 객실 청소 직원을 고용한다. 상당수 호텔은 변기와 식기를 닦을 때 전용 장갑과 수세미 등을 따로 쓰도록 하는 등 제대로 된 청소 매뉴얼도 갖추고 있다. 호텔 측은 하도급 업체 관리자에게 매뉴얼을 주고 청소 직원도 교육한다.

문제는 매뉴얼대로 하면 하도급 업체가 타산을 맞추기 힘들다는 것이다. 그대로 정확하게 따르면 객실 하나를 청소하는 데 한 시간이 걸릴 수도 있다. 특급호텔의 경우 객실 청소 직원은 하루에 방 8개에서 12개 정도를 치우고 기본급을 받는데, 지침대로라면 업무시간 내 일을 마치기조차 버겁다. 시간을 단축해 하루 네다섯 객실을 더 처리하고 받는 추가 수당도 포기해야 한다. 층마다 식기세척기를 갖춘 호텔도 있지만 제대로 활용하지 못하는 경우가 다반사다. 세척기를 한번 가동하면 30분 가까이 돌려야 해 객실에서 바로 닦는다는 것이다.

한 달 가까이 관련 보도가 이어졌고, 여론은 들끓었다. 특급호텔들은 잘못을 시인하고 공개 사과를 했다. 정확한 실태를 파악하고 대대적인 객실 위생 개선도 약속했다. 업계에서는 "대형 호텔 대부분이 객실 청소를 용역업체에 맡겨왔고, 그동안 간과됐던 용역업체 청소 실태가 이번 보도로 처음 확인됐다"고 잘못된 관행을 인정했다. 업계 차원의 실태 파악과 대책 마련도 약속했다.

한국호텔협회는 회원사 자정 작업을 당장 실시해 이런 일이 재발하지 않도록 하겠다고 다짐했다. 해당 특급호텔들은 화장실과 객실은 별도의 팀이 따로 청소하고 관리하도록 하겠다고 대책을 내놨다.

방송되지 않은 다른 특급호텔들은 내심 안도하며 가슴을 쓸어내렸다. 일부 호텔은 방송 영상을 사내 교육용 자료로 만들어 직원들에게 시청하도록 하겠다고 했다. 객실 청소 또한 용역업체에 맡기지 않고 직고용한 직원에게 맡기겠다고 했다.

호텔은 3년마다 문화체육관광부로부터 등급 심사를 받아야 한다. 등급 심사는 의무 사항으로 이를 따르지 않으면 행정처분을 받는다. 실태 보도가 나간 뒤 주무장관인 도종환 당시 문화체육관광부 장관은 심사 강화를 약속했다.

"보도를 보면서 '이건 정말, 이렇게 위생 관리를 허술하고 불결하게 하는 건 있을 수 없는 일이다, 관리를 좀 더 철저히 해야겠다'는 생각이 들었어요. 등급 심사를 더욱 철저하게 할 계획입니다. 취재 잘하셨어요."

정부와 기관이 이렇게 움직였다. 호텔 객실 위생 관리에 대한 감독관청이 그동안 이 문제에 얼마나 손을 놓고 있었는지 만천하에 드러난 마당이었다. 규제가 미비하고 인력이 부족한 것도 공개됐다. 서울시 등 지자체도 담당 인력 확충 등 관리 감독을 강화할 계획을 잇따라 내놨다.

이후 정부는 '호텔업 등급결정업무 위탁 및 등급결정에 관한 요령(문체부 고시)' 개정 작업을 마치고, 호텔 등급 평가에서 객실과 욕실 등의 위생, 청결 관리 상태 배점을 늘렸다. 그동안 없었던 객실 내 오염도 측정기 평가를 도입할 계획도 밝혔다. 평가요원이 사전 통지 없이 위생을 점검하는 '암행 평가' 또한 시작할 계획 등도 공개했다. 호텔 위생 관리를 개선할 다각적인 새 지침이 마련된 것이다.

실제로 상당수 호텔이 기존 청소 시스템을 바꿔 화장실과 객실 청소 팀을 따로 두고 역할을 분담시켰다. 또한, 턱없이 부족한 컵 세척기를 각층에 배치하고, 전문 청소, 소독 업체와의 계약을 통해 청결 관리를 강화했다. 당장 일부 호텔은 기존의 물컵 외에 일회용 컵을 별도로 객실에 비치했다. 호텔 업계에 거대한 변화의 바람이 분 것이다.

호텔 취재 내내 머릿속을 맴돌던 궁금증 하나. 변기 수세미로 닦은 물컵에 생수를 부어 마셨을 때 나던 그 알 수 없는 '단맛'의 정체는 도대체 무엇이었을까.

# 5

# 반짝이는 건
# 스타 아닌 미세먼지

불 꺼진 영화관 어둠 속 반짝반짝 빛을 내는 건 열연하는 스타 배우만이 아니다. 유심히 보면 영사기 불빛에 비친 미세먼지가 질세라 반짝이며 날아다닌다. 그리고 팝콘과 콜라에 섞여 관객 코와 입으로 슬며시 들어간다. 영화를 본 뒤 목이 칼칼해진 적이 있다면 이 미세먼지 때문일 수 있다. 서울 도심의 유명 영화관 미세먼지 실태를 확인해봤다.

미세먼지는 대기 중 떠돌아다니는 먼지 가운데 입자가 작은 먼지를 말한다. 입자 크기가 10㎛보다 작은 PM10 미세먼지와 2.5㎛보다 작은 PM2.5 초미세먼지로 나뉜다. 초미세먼지는 머리카락의 약 1/20~1/30에 불과할 정도로 작다. 대기 중을 떠돌다 호흡기를 통해 인체로 들어가 폐에 침투하거나 혈관을 따라 체내에서 옮겨 다니며 건강에 악영향을 줄 수 있다. 세계보건기구 WHO 산하 국제암연구소(IARC)는 미세먼지를 1군 발암물질로 지정했다.

미세먼지는 입자가 너무 작아 맨눈으로는 보기 힘들다. 극장에서도 역광을 받아 비칠 때나 눈에 보이지, 그렇지 않으면 눈에 잘 띄지도 않는다.

PVS(Particle Visualization System)라는 특수촬영 장비를 이용하면 미세먼지의 움직임까지 촬영할 수 있다. 공기 중에 인체에 무해한 레이저 빛을 쏘고 여기에 미세먼지가 부딪힐 때 나오는 빛을 영상화하여 미세먼지를 가시화하는 장비다. PM10 크기의 미세먼지까지 촬영해 영상으로 담을 수 있다.

PVS를 통해 본 극장 속 미세먼지는 초현실적인 느낌까지 든다. 영화 관람을 하는 동안 가장 많은 시간을 보내는 좌석을 PVS로 촬영하면, 의자에 앉는 건지 미세먼지 더미 위에 앉는 건지 헷갈릴 정도다. 상영관 좌석은 관객이 앉는 순간부터 먼지를 뿜어대기 시작한다. 천으로 만들어진 좌석 시트와 팔걸이는 손으로 툭 치기만 해도 미세먼지가 일어난다.

관객이 모두 착석하고 영화 상영이 시작돼도 공기에 날아오른 미세먼지는 좀처럼 가라앉지 않는다. 관객이 영화를 보며 식음료를 섭취하는 동안 그대로 코와 입으로 흡입된다. 영화가 상영되는 내내 미세먼지는 쉬지 않고 관객들 머리와 몸 주변을 감싸고 돌아다닌다.

상영관 내 대기 중 미세먼지 농도를 측정해보면 심각성을 확인할 수 있다. 환경부가 지정한 영화관 미세먼지 기준은 $0.150\,mg/㎥$ 이하다. 대기업이 체인으로 운영하는 A 영화관은 미세먼지 농도가 0.253으로 기준치를 1.6배 초과했고, 또 다른 대기업 멀티플렉스 B 영화관 역시 0.188로 기준치를 넘었다.

미세먼지가 이렇게 많은 이유는 막간 이뤄지는 부실한 위생 관리에서 원인을 찾을 수 있다. 보통 상영시간 간격은 20

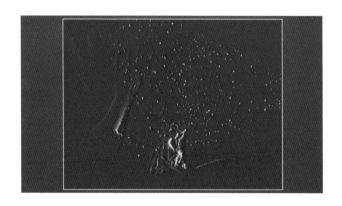

분 정도 되고 그사이 청소가 이뤄진다. 요즘 대세인 멀티플렉스 상영관 좌석 수는 100석에서 200석 정도 되는데 이를 청소하는 직원은 한두 명이다.

상영 직후 관람객이 떠난 좌석을 둘러보면 팝콘과 음료수, 음식 부스러기 등이 좌석과 팔걸이, 바닥 곳곳에 어지럽게 널브러져 있다. 청소 직원 한 명이 좌석 100개 정도를 담당해야 하는데, 제대로 쓸고 닦는다면 도저히 시간 내 처리할 수 있는 양이 아니다. 이렇다 보니 큰 쓰레기와 눈에 보이는 곳만 서둘러 치운다. '청소'가 끝난 뒤에도 당연히 의자 밑 보이지 않는 구석구석 식음료 쓰레기가 가득할 수밖에 없다. 직원도 "그냥 의자 위 눈에 보이는 것만 청소한다"고 털어놨다.

1인 관람료가 4~5만 원에 달하는 이른바 프리미엄 상영관도 사정이 크게 다르지 않다. 침대처럼 누울 수 있는 좌석에 베개와 시트까지 준비돼 누워서도 영화를 즐길 수 있다. 하

지만 높은 가격에 비해 청소 위생 상태는 실망스러운 수준이다. 청소 직후 입장했는데도 바닥엔 언제 버렸는지 알 수 없는 음식물 등 쓰레기가 지저분하게 남아 있고, 좌석 시트는 정체 모를 이물질이 여기저기 붙어 있다.

더욱이 침대 좌석 시트는 하루가 지나도 교체하지 않았다. 위생 실태를 점검하려고 전날 좌석 시트에 형광 잉크로 글씨를 써두고 이튿날 다시 방문했더니, 형광 글씨가 모두 그대로 남아 있었다. 물로만 닦아도 쉽게 지워지는 형광 잉크였다.

고객을 위해 침대 시트를 매일 교체한다던 프리미엄관 직원은 자외선 랜턴에 형광 글씨가 밝게 반사되자 말을 제대로 잇지 못했다.

"시트는 매일 간다고 아까 말씀하셨잖아요? 그런데 이건 저희가 어제 표시해둔 건데 아직 그대로입니다. 어떻게 된 건지 설명이 좀 필요한데요?"

"어…… 죄송합니다. 좀 더 꼼꼼하게 확인하고 점검했어야 하는데, 관련된 부분에서 미흡했던 것 같습니다."

4인 1실 공간에서 특별한 영화 관람을 즐길 수 있다는 다른 프리미엄 영화관도 마찬가지였다. 테이블과 좌석이 고급스러워 보이는 가죽 시트로 구비돼 있지만, 물티슈로 슬쩍만 문질러도 시커멓게 때가 묻어 나온다. 바닥에 과자 부스러기 등 각종 쓰레기가 있는 건 물론이다. 현미경 카메라로 보면 의자 틈새에선 먼지와 쓰레기, 음식 부스러기가 뒤섞여 역겨운 모습을 드러낸다.

극장 좌석에 달라붙은 먼지를 채취해 유해물질 성분을 분석해본 결과, B 영화관에서 10ppb의 중금속이 검출됐다. 중금속 성분은 카드뮴과 아연, 구리, 니켈이 검출됐다. 프리미엄 영화관은 비슷한 성분의 중금속이 50~100ppb로 더 많이 검출됐다. 이 가운데 카드뮴은 장기간 반복 흡입하면 기침과 숨 가쁨, 폐 기능 저하, 폐 섬유화, 피부염 등을 유발할 수 있는 유해성분이기도 하다.

미세먼지 성분은 발생 지역이나 계절, 기상 상태 등에 따라 달라진다. 흙먼지나 식물 꽃가루 등 자연적으로 발생하는 것도 있고 매연과 자동차 배기가스, 소각장 연기와 분진 등 인위적으로 생겨나기도 한다. 국내에서는 대체로 황산염과 질산염 등 오염물질이 공기 중 화학반응을 일으켜 만들어진 성분과 화석연료로 인해 발생하는 탄소류, 지표 흙먼지 등에서 발생하는 광물 성분 등이 많다. 그런데 취재한 영화관 미세먼지 속에서는 중금속이 빠지지 않고 검출됐다.

실내 환기를 잘하면 미세먼지 농도를 낮추는 데 도움이 된다. 창문이 많지 않은 영화관은 강제로 공기를 순환시켜 줘야 한다. 순환된 공기의 질은 실내 이산화탄소 농도를 측정해 알아볼 수 있는데, 이들 영화관 내 이산화탄소 농도는 환경부 영화관 기준치 100ppm 이하를 크게 웃돌았다.

A 영화관은 1,390ppm이 나와 기준치를 초과했고, B 영화관은 영화가 상영되는 동안 1,792ppm까지도 올라갔다. 실내 환기가 제대로 이뤄지지 않기 때문이다. 실제로 스크린 아래쪽에 만들어놓은 대형 환기구를 확인해보니 마지막으로 청소한 게 언제인지 알 수 없을 정도로 먼지가 두껍게 쌓여 있었다.

오랜 시간 먼지가 쌓이는 좌석이라도 주기적으로 교체해 주면 미세먼지 감소에 도움이 되겠지만 이마저 요원한 게 현실이다. 2019년 조사 결과, 일부 복합 상영관의 좌석 교체 주기가 평균 10년에 달하는 것으로 드러났다. 대기업 멀티플렉스 서울 지점 20여 곳 가운데 좌석을 교체한 적 있는 영화관은 15곳뿐이었고 그나마 교체 주기는 평균 10년에 달했다. 20년 만에 좌석을 바꾼 곳도 있었다. 좌석 시트 청소는 1년에 2~3회 정도 하는 것으로 나타났다.

영화관 좌석과 바닥 카펫에 켜켜이 쌓인 먼지와 쓰레기는 시간이 지나면 부식돼 공기 중으로 부양된다. 공기 중을 떠돌다 사람의 코와 입으로 들어가고, 떠돌다 남은 미세먼지는 다시 가라앉아 이들과 섞인다. 그리고 사람이 움직이면 다시 활동을 시작한다.

상영관은 한번 들어가면 영화가 상영되는 두 시간 가까이 거의 밀폐된 공간에서, 이들이 날아다니는 공기를 계속 들이마셔야 한다. 말 그대로 악순환이다.

# 못생긴 감귤의
# 반전 매력

중년의 여성 농부 Y씨는 2003년부터 제주도 서귀포 농장에서 유기농 감귤 농사를 짓고 있다. 농약과 비료, 동물성 거름 등은 일절 쓰지 않는다. 직접 풀을 베고 친환경 비료를 만들고 벌레 퇴치제도 친환경 소재로 만든다. 일은 힘들고 소출량은 떨어지지만 좋은 먹거리를 만들어 공급하겠다는 일념으로 굳고 힘든 길을 뚜벅뚜벅 걸어왔다.

그러던 그가 이제 유기농 농사는 마지막이라는 글을 농장 홈페이지에 올렸다.

'유기농 감귤 대신 방부제를 듬뿍 뿌려 키운 감귤로 부자 농가가 되고 싶어요. 감귤을 오래오래 저장해서 비싸게 팔기 위해 방부제도 팍팍 뿌려서 재배할 겁니다. 농약은 농사에 쓰라고 만들었고 이름도 농약인데 그동안 왜 안 쳤는지 모르겠네요. 잘 가라, 유기농!'

냉소에 분노까지 느껴지는 이런 글을 올리게 된 사연은 한 해 동안 힘들게 재배한 감귤 80톤을 절반 이상 헐값에 처분해야 할 상황이 됐기 때문이다. Y씨는 15년 이상 유기농 감귤 농사를 지어왔지만 출하만 했다 하면 절반 이상 반품

됐다. Y씨의 상하고 못생긴 유기농 감귤은 찾는 사람이 적다나? 뭐가 상하고 뭐가 못생겼다는 것인가.

널찍한 서귀포 농장에서 만난 Y씨. 올해도 한 해 농사를 다 날리게 됐다며 쓴웃음을 지어 보인다.

"유기농은 여차하면, 조금만 관리를 소홀히 해도 잎사귀까지 말라비틀어져요. 그래서 유기농은 힘들죠."

Y씨는 6만㎡ 부지에 감귤밭을 가꾸며 한 해 10톤 정도 유기농 감귤을 생산, 판매한다고 했다. 하지만 농약과 화학비료를 쓰는 비슷한 규모의 감귤 농장에서는 80톤은 너끈히 생산할 거라고 했다. Y씨 농장도 총생산량만 보면 비슷하지만 그중 과반이 출하도 못 하고 버려진다. '못생겼다'는 이유로 사가겠다는 도매업자가 없기 때문이다. 그나마 겉모양이 예쁜 놈을 고르고 골라 출하해도 반품되기 일쑤다.

함께 둘러본 농장 마당 한쪽엔 반품된 유기농 귤이 대형 상자마다 가득 쌓여 있었다. 반품 처리돼 유통 시기를 놓친 감귤은 2,000상자에 달하는데, 어떻게 손을 쓸 수가 없어 그대로 방치돼 있는 것이다. 상자 속 감귤에서 과즙이 흘러나와 마당을 흥건히 적시고 있다. 못생긴 감귤들, 찾는 사람은 없고 달콤한 향을 맡은 벌만 잔뜩 붙어 과즙을 빨고 있다.

일부 감귤은 군데군데 삭아 들어가기 시작했다. 껍질은 이미 거무튀튀하고 곳곳에 반점도 보인다. 그런데 감귤을 반으로 쪼개보니 놀랍게도 속살은 거의 새것 같은 모습이다. 과육은 탱탱하고 색상도 신선한 주황색 그대로다. 손으로 누르자 알맹이가 툭툭 터지며 과즙을 쏟아낸다.

Y씨가 웃으며 설명한다. 유기농 감귤은 껍질이 상해가도 자체 저항력이 강해 알맹이는 멀쩡하다고.

"보셨죠? 이게 겉으론 다 썩은 것처럼 보이잖아요. 사실 속은 이렇게 멀쩡하답니다. 이게 다 자연이 주는 생명력이 에요."

밭 여기저기 보이는 귤나무에도 아직 수확하지 않은 감귤이 곳곳에 남아 있다. 팔리지 않은 감귤은 다음 농사를 위해 잘라낸다. 그대로 땅에 떨궈놓으면 썩어 이듬해 농사를 위한 거름이 된다. 땅에 떨어진 감귤 일부 역시 거무스름하게 변해 있다.

그런데 여기서도 반전! 땅에 떨어져 껍질이 변색한 감귤도 반으로 갈라보자 속은 싱싱하다. 탱글탱글한 귤이 그대로 보존돼 살짝만 눌러도 과즙이 줄줄 흘러내린다. 상태가 이렇게 좋은데도 상품으로는 판매할 수가 없다. 겉모습이 예쁘지 않아 찾는 사람이 없기 때문이다.

Y씨는 반으로 자른 감귤을 보란 듯이 입에 넣으며 억울하다는 표정으로 말한다.

"소비자들이 껍질을 갖고 품질을 결정하려고 하니까 이걸 판매할 수가 없어요. 옛말에 칼집 보고 칼을 산다고, 안에 든 칼이 어떤 상태인지 상관없이 칼집만 화려하면 사는 것 같아요."

일반 농약과 화학비료를 쓰는 관행농법으로 농사를 지은 감귤은 한눈에 봐도 겉모양이 다르다. 관행농 감귤은 밝은 주황색에 겉표면에 상처가 없고 매끄럽다. 또 모양이 동그랗고 반짝거린다. 말 그대로 잘생겼다.

반면 유기농 감귤은 크기가 좀 작고 짙은 주황색에 껍질 군데군데 거무튀튀한 얼룩이 있다. 크고 작은 점도 생겨서 한마디로 못생겼다. 그렇다고 상하거나 벌레 먹은 게 아니다. 원래 생긴 게 그렇다. 자연 그대로 키우면 이런 모양이 나올 수밖에 없다고 한다.

시중 마트 등에서 흔히 보이는 흠집 없고 예쁜 감귤은 농약과 화학비료가 없으면 불가능하다고 했다. 하지만 소비자들의 손이 더 쉽게 가는 건 예쁜 감귤이다. 이 때문에 Y씨 감귤은 애써 키우고도 파는 것보다 버리는 것이 더 많다.

땅에 떨어진 못생긴 감귤 하나를 집어 껍질째 베어 무니, 상큼한 향과 과즙이 입안 가득 퍼진다. 겉모양만 보고는 상상할 수 없는 신선함이 살아 있다. 농약을 치지 않으니 껍질째 먹을 수 있고 귤 특유의 향도 훨씬 강하다.

유기농 감귤은 껍질째 잘 보관되기 때문에 달고 과즙이

풍부하다고 했다. 실제 당도를 측정해보니 Y씨 농장 유기농 감귤의 당도는 15.4Brix로 일반 감귤 평균 10Brix보다 50% 이상 높게 나왔다.

어떻게 이런 일이 가능한 것일까. 고려대 식품공학과연구소 박태균 교수의 설명에 따르면 유기농 농산물에 생리활성물질이 많기 때문이다. 과일 등 식물의 껍질 부위에는 자기 자신을 곰팡이나 해충, 세균과 같은 외적으로부터 보호하는 장치가 있다. 이를 식물성 생리활성물질 피토케미컬이라고 부르는데, 실제 유기농 감귤 같은 유기농 식품에 피토케미컬이 훨씬 많다는 연구 결과가 있다는 것이다.

유기농 감귤은 소비자에게 인기가 없을 뿐 장점이 많다. 인위적인 방제 작업 없이 스스로 해충의 공격을 이겨내고 자라 저항력과 생명력이 강하다. 이 때문에 일반 감귤보다 저장 기간이 길다. 영국영약학저널(BJN)에 실린 논문에 따르면 유기농 작물은 일반 작물에 비해 항산화제를 포함해 유익한 성분도 훨씬 많은 것으로 나타났다.

하지만 농약이나 화학비료 없이 자연의 힘만으로 키우는 유기농 농사는 베테랑 농부에게도 쉽지 않은 일이다. 제초제를 못 쓰니 때마다 직접 예초를 해야 하고 진드기 등 벌레 퇴치도 친환경 회피제를 따로 만들어야 한다. 그런들 풀이 덜 자라고 벌레가 안 달려들랴. 잡초와 벌레에 시달린 감귤 나무는 마르기 일쑤고 열매는 벌레 먹는 게 부지기수다. 이렇게 비바람을 견딘 유기농 감귤은 건강하지만, 모양이 삐뚤빼뚤하고 껍질은 거칠다. 그만큼 상품성이 떨어져 보인다.

상품성이 떨어지는 유기농 감귤은 일반 유통망으로는 판매도 여의치 않다. 잘생긴 관행농 감귤은 농협 등을 통해 유통하면 이삼일 내로 팔리고 판매 대금도 입금된다. 하지만 못생긴 유기농은 판매가 저조해 유통 기간이 길어지고 그만큼 대금 입금도 늦어 자금을 원활하게 돌리기가 힘든 게 현실이다.

그렇다 보니 직접 판로를 찾아 나서야 한다. 홈페이지를 만들어 택배로 부치고 틈만 나면 서울과 지방의 시장과 장터로 싣고 가 헐값에라도 내놓는다. 그래도 남은 건 가공해서 판다. 반품 규모가 클 땐 주스로 갈고 잼도 만들어 판다. 뿐만 아니라 수분을 제거한 감귤 칩 등 다양한 가공식품도 개발하고 있다.

Y씨 농가 유기농 감귤은 거의 매년 3분의 1만 출하하고 나머지는 폐기한다. 해마다 있는 일이어서 이제는 그러려니 한다. 처음에는 속상했다. 기술이 부족하고 농사를 못 지어서 그런 줄 알았다. 하지만 한번 먹어본 사람은 너무 맛있다고 하며 또 찾으니 이제 더는 자기 잘못이라고 생각하지 않는다. 언젠가는 소비자들이 진짜 감귤의 가치를 지금보다 훨씬 더 많이 알아줄 거란 기대도 버리지 않는다.

유기농을 하느라 온몸에 진드기와 싸운 상처가 훈장처럼 남은 Y씨. 이젠 유기농 농사를 접겠노라고 공개 선언까지 했지만, 여전히 유기농 감귤을 손에서 놓지 못한다. 생태계를 생각하는 농사가 사람에게도 가장 건강한 먹거리를 생산해낸다는 믿음 때문에 유기농을 포기할 수 없다고 했다.

"유기농이 힘들고 어려워도 수확해서 고객들이 맛있게 먹는 걸 보고 또 이로 인해 치유받는 사람들을 보면 그만둘수가 없어요. 모양과 형태만 가지고 상품 가치가 판단되거나 가격이 결정되고 호불호가 결정되는 시스템이 개선됐으면 좋겠어요. 농부의 참가치, 참 가슴이 전달될 수 있는 농산물이 우리 사회에 건강하게 자리 잡아 모든 국민이 그런 농산물을 드실 수 있으면 좋겠습니다."

못생긴 감귤을 두 손에 꼭 쥔 Y씨 얼굴에 선한 웃음이 피어난다.

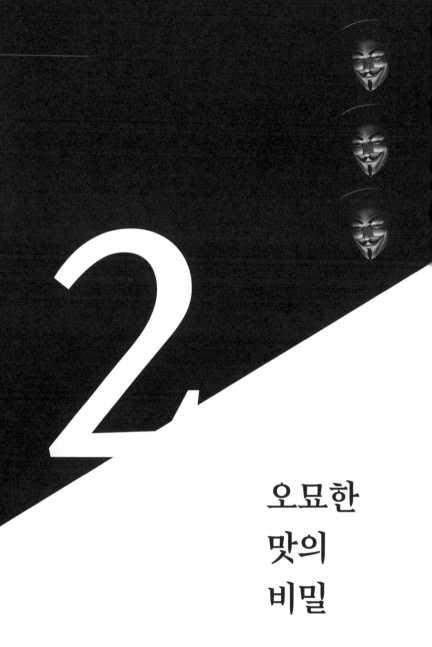

# 2

오묘한
맛의
비밀

# 1

# '고름 범벅'
# 돼지목살의 변신

고깃덩어리를 두 손으로 힘껏 움켜쥐자 켜켜이 쌓인 근육 사이로 누런 액체가 비집고 나온다. 고름이다. 육가공 업자가 돼지고기를 쥔 손에 힘을 줄 때마다 고름은 살을 타고 흘러내린다. 어른 주먹 크기의 고깃덩이 안에 고름이 얼마나 더 들어 있는지 가늠하기도 힘들다. 놀라운 건 이런 고기가 버젓이 가공돼 식탁에 올라오고 소비자는 멋모르고 먹는다는 것이다.

고름이 찬 이 고기는 돼지목살로, 육가공 업계에서 이른바 'B목'이라 불리는 부위다. 이상이 있는 부위를 제거한 'B급 목살'이란 뜻이다. B목은 일반 목살보다 가격이 20~30% 저렴하다. 15년 경력의 한 육가공 업자가 이런 B목이 왕갈비로 둔갑한다며 업계 내부고발을 해왔다. 자신도 과거 직접 만들어봤지만, B목이 정상 왕갈비 고기인 것처럼 판매돼선 안 된다며 그 가공 과정을 폭로했다.

B목이 왕갈비로 둔갑하는 건 국내 수요에 비해 왕갈비 공급량 자체가 절대 부족하기 때문이다. 돼지 한 마리를 잡으면 갈비뼈에 붙어 있는 고기, 소위 갈비 부위는 한정된다. 왕

갈비는 더욱 그렇다. 돼지 갈비뼈는 좌우 각 14개씩인데, 보통 앞에서 네다섯 번째까지만 '갈비'로 분류된다. 돼지 한 마리당 이 정도가 나와서는 갈비를 찾는 그 많은 수요를 따라잡기 힘들다.

더욱이 돼지 왕갈비는 가공하는 데 품이 많이 들고 시간도 오래 걸린다. 갈빗대 사이 두툼하게 붙은 살코기를 먹음직스러운 왕갈비로 공급하려면 여러 번 손질을 거쳐야 한다. 고기를 얇고 넓게 만들기 위해 빗겨 썰고 다시 앞뒤로 포를 떠야 한다. 그다음 양념이 잘 배고 먹기도 좋도록 다시 일일이 칼집을 낸다. 칼집 내는 기계가 있지만, 왕갈비는 뼈가 붙어 있으므로 그냥 기계에 밀어 넣어 만들 수도 없다. 이런저런 과정을 거치면 왕갈비 한 대를 장만하는 데만 5분 가까이 걸린다.

이렇게 정석대로 만들어진 왕갈비는 모양이 삐뚤빼뚤하고 군데군데 찢어지거나 구멍이 보이는 경우가 많다. 갈빗대에 붙어 있는 살코기의 양과 모양이 제각각이기 때문이다. 돼지갈비 식당에서 흔히 나오는 반듯한 직사각형 모양의 갈비와는 거리가 있다. 네모반듯한 모양으로 만들려면 옷감을 재단하듯 튀어나온 부분은 잘라내고 모자라는 부분은 이어 붙여야 한다는 얘기다. 그런데도 갈빗집에 가면 일정한 크기로 장만돼 나오는 돼지갈비를 흔히 볼 수 있다. 어떻게 가능한 걸까. 내부 고발자가 비밀을 털어놨다.

"왕갈비 업체 상당수가 갈빗대에 다른 부위 고기를 붙여 만듭니다. 특히 많이 이용되는 부위가 목살인데, 그 가운데 적잖은 양이 소위 B목이라 불리는 저질 부위를 잘라서 붙이는 겁니다."

B목의 실체도 공개했다. 대형 냉장고에서 돼지 도체屠體*를 꺼내왔다. 대가리와 발목 등을 제거한 상태로 겉모습은 멀쩡해 보였다. 문제의 고기를 보여주겠다며, 먼저 목 부위를 베개만 한 크기로 잘라내고 이를 다시 손바닥만 한 크기로 썰었다.

언뜻 보기엔 별문제가 없어 보인다. 그런데 칼로 잘린 단면을 자세히 보니 살코기에 스며든 지방 마블링과는 달리 누르스름한 부위가 군데군데 눈에 들어온다. 그 부위를 손가락으로 꾸욱 누르자 누런 액체가 밀려 나온다. 농(고름)이다.

"이건 고름입니다. 겉으로 보기엔 멀쩡해 보이지만 잘라 보면 농이 보이는 거죠. 이것 보세요. 짜니까 계속 나오죠."

농은 목살 주위에 상당히 폭넓게 뻗쳐 있었다. 껍질과 두꺼운 지방층을 지나 살코기 깊숙한 곳 여기저기까지 고름이 퍼져 있다. 보이는 대로 짜내고 5~6cm 두께로 잘라내도 여전히 고름이 침투한 부위가 보인다. 다시 세 번을 더 썰어내도 여전히 고기엔 고름이 섞여 있었다. 절단된 고기 단면을 손으로 누를 때마다 치약을 짜듯 고름이 쭉쭉 밀려 나온다.

이런 부위가 가공돼 식용으로 공급된다. 내부 고발자는 이처럼 고름이 잔뜩 낀 고기가 가공돼 식당에 제공되고 식탁에도 오르는 게 엄연한 현실이라고 했다.

---

* 도살한 가축의 가죽과 내장 등을 제거한 몸뚱이.

돼지목살 부위에 이렇게 고름이 생기는 건, 염증성 종양 즉, 육아종肉芽腫 때문이다. 세균 감염 등의 원인으로 인해 생기는 육아종은 고름이 생기는 화농성과 고름이 없는 비화농성으로 나뉜다. 특히 문제가 되는 건 화농성 육아종이다. 돼지가 구제역이나 돼지 설사병 등 전염병 예방 백신을 접종할 때 주삿바늘로 상처가 생기거나 주사한 부위가 오염되는 경우, 백신 면역 반응 등 때문에 생긴다.

보통 백신 주사를 맞힌 다음 약이 골고루 퍼지고 상처가 낫도록 기다렸다가 돼지를 출하하면 염증이 생기지 않는다고 한다. 하지만 농가 입장에선 전염병이 돌기 전에 백신 놓은 돼지를 서둘러 출하시켜야 한다. 자칫 때를 놓쳤다가 전염병이 창궐하면 출하는커녕 전부 살殺처분해야 해서 큰 손해가 생길 수 있기 때문이다. 그렇기에 현금이 급한 많은 농가에서는 백신 맞은 돼지를 서둘러 출하하고 그 때문에 염증이 곪아 농이 퍼진 돼지가 공급된다는 것이다.

여러 가지 이유로 돼지목살에서 고름이 발견되는 게 드문

일은 아니다. 고름이 낀 목살은 먹을 수 있고 판매도 가능하다. 목살에 퍼진 고름을 제거하고 오염된 부위, 소위 이상육異常肉을 제거하면 B목으로 판매할 수 있다. 단, 염증 부위를 잘라내면 여기저기 구멍이 숭숭 나고 모양이 망가져 상품 가치는 떨어지고 당연히 제값을 받기도 힘들다.

어쨌든 B목임을 분명히 밝히고 정상육보다 싸게 판매한다면 문제될 게 없다. 하지만 상당량의 B목이 왕갈비로 둔갑해 판매된다. 치밀하고 감쪽같은 성형으로 신분 세탁을 하고 아예 다른 부위인 양 팔려나간다. 가장 대표적인 게 B목으로 만든 왕갈비이다. 부족한 돼지 왕갈비 공급분을 저렴한 이들 B목이 채우는 것이다.

B목을 왕갈비로 둔갑시키려면 성형 작업이 필요하다. 직육면체 모양의 성형 틀과 식용접착제, 일명 '푸드 바인더Food binder'만 있으면 못생긴 B목을 먹음직스러운 왕갈비로 재탄생시킬 수 있다.

우선 고름을 제거하면서 곳곳에 구멍이 나고 모양이 흐트러진 B목 고기에 푸드 바인더를 골고루 묻힌다. 밀가루처럼 보이는 식용접착제의 주성분은 달걀흰자와 전분으로, 고기 조각을 서로 붙여주는 역할을 한다. B목 고기에 식용접착제를 바르지 않으면 해동하고 조리하는 과정에서 고기가 조각조각 해체돼버린다.

식용접착제를 바른 B목을 성형 틀 한쪽 끝에서부터 차곡차곡 채운다. 40~50cm 길이의 직육면체 틀 하나에는 B목 조각이 거의 10kg 들어간다. 빈 곳 없이 틀에 고기가 가득 차

면 뚜껑을 닫아 밀폐한 뒤 냉동실에서 약 8시간 동안 넣어 숙성시켜준다.

숙성 과정이 끝나면 틀을 꺼내 분해한다. 이제 B목 조각들은 커다란 직육면체 모양의 고깃덩어리가 돼 있다. 숙성 과정에서 식용접착제가 작용해 고기 조각 사이 틈은 메워지고 한 덩어리로 엉겨 붙는다. 틀에서 꺼냈을 때 모양이 네모반듯하기 때문에 업계에선 '벽돌 고기'라고도 부른다. 벽돌 고기를 갈빗살과 비슷한 두께로 썰어내고 다시 한쪽 방향에 칼집을 낸다. 퍽퍽하고 질긴 B목의 육질을 부드럽고 양념이 잘 스며들도록 손질하는 것이다.

여기까지만 끝내도 얼추 먹음직스러운 갈빗살 모양이 완성된다. 진짜 갈빗살과 외관상 차이가 있다면 반듯한 모양. 뼈에서 바르고 가공한 갈비는 삐뚤빼뚤하지만 B목 갈빗살은 틀에서 잘 성형돼 나왔기 때문에 빈틈이 없고 모양도 일정하다. 수술 잘된 성형 미인 같다고나 할까.

이제 B목 성형의 백미라 할 수 있는 '골격' 갖춰주기 과정만 남았다. 뼈가 없는 B목 갈빗살에 뼈대를 붙여주는 작업이

다. 양념육에 '갈비'라는 이름을 붙여 판매하기 위해서는 반드시 갈비뼈가 포함돼야 하기 때문이다.

갈비뼈는 따로 준비한다. 왕갈비로 가공, 판매하는 1~5번째 갈비뼈 이외 나머지 뼈에서 살코기를 발라내고 적당한 크기로 잘라내면 된다. 뼈만 남은 갈빗대에 가공을 마친 B목 고기를 붙여준다. 뼈대 크기에 맞춰 썬 B목 고기 끝부분에 식용접착제를 듬뿍 찍어 바르고 이를 갈빗대에 꾹꾹 눌러 붙이면 감쪽같이 달라붙는다.

이제 B목 왕갈비가 탄생했다. 커다란 갈빗대에 네모반듯한 고기가 붙어 있는 왕갈비, 식당에서 흔히 볼 수 있는 모양 그대로다. B목 왕갈비를 먹기 전 양념에 담가 저며두기만 하면 끝이다. 상품 가치가 떨어지는 고름 목살 B목이 먹음직스러운 왕갈비로 완벽하게 탈바꿈한 것이다.

이렇게 가공된 B목 성형 왕갈비는 소비자와 업체에 공급돼 여기저기 불판에 오른다. 일단 굽기 시작하면 성형한 왕갈비인지 진짜 왕갈비인지 구분하기 어렵다. 달고 짠 갈비 양념이 이미 고기에 배어 있어 맛의 차이도 거의 느낄 수 없다.

성형 왕갈비에 속지 않으려면 갈비가 불판에 올라가기 전에 꼼꼼히 살펴봐야 한다. 진짜 왕갈비는 들어서 살펴보면 고기 모양이 삐뚤빼뚤하고 두께도 일정하지 않은 경우가 대부분이다. 고기가 뼈에 붙어 있는 모양과 상태 그대로 가공하기 때문이다. 반면 성형한 갈비는 고기가 반듯하고 예쁘게 달려 있다. 틀에 넣어 성형을 했으니 모양이 좋을 수밖에.

뼈와 고기가 연결된 부위를 잘 봐도 구분할 수 있다. 진짜 갈비는 고기와 뼈가 튼튼하게 붙어 있고 붙은 부위도 자연스럽다. 하지만 성형한 B목 갈비는 자세히 보면 뼈가 매끄럽고 접착제로 붙인 살 부위도 어딘가 어색하다. 가령 뼈에 남은 고기와 붙인 고기의 색깔이 달라 보이는 식이다. 고기를 불판에 굽는 과정에서 살과 뼈가 저절로 떨어지기도 한다. 물론 대부분의 경우 식당 종업원이 그 전에 가위로 뼈와 고기를 분리해버린다.

B목 고기나 식용접착제, 모두 먹어도 몸에 해롭지는 않다. 농이 생긴 목살은 보기엔 흉하지만 고름이 끼인 부분만 잘 제거하면 식용으로 문제가 없다고 한다. 이 때문에 이상육을 제거한 뒤 재가공해 판매할 수도 있다.

다만, 심한 육아종으로 농이 많이 퍼져 상태가 안 좋은 고기는 식육 판매가 금지되기도 한다. 2017년, 육아종이 생겨 폐기해야 할 돼지고기 목살 부위 65톤을 싸게 사들여 가공한 다음 재판매한 일당이 재판에 넘겨진 일이 있었다. 재판부는 축산물위생관리법 위반으로 징역 1년 6개월~2년을 선고했다. 이들은 법정에서 "고름 부위를 제거한 다음 판매해 소비자가 섭취할 당시 '위해危害 축산물'이 아니었다"고 주장했다. 하지만 재판부는 받아들이지 않았다.

그렇다면 갈비뼈에 갈빗살이 아닌 다른 부위 살코기를 붙여 파는 건 어떨까. 이것도 유죄가 난 판례가 있다. 2021년, 돼지 목전지를 '돼지갈비'라고 속여 판매한 유명 프랜차이즈 무한 리필 갈비 업체가 재판에 넘겨졌다. 전국에 수백 개 가맹점이 있는 이 업체는 돼지갈비 30%에 목전지 70%를 혼합해 사용하고도 '돼지갈비 무한 리필'이라며 광고한 혐의를 받았다. 결국 업체 대표는 징역 4개월에 집행유예 2년 유죄가 선고됐다.

당시 재판부는 "메뉴판에 '돼지갈비'라고 광고하면서 원료 고기 함량에 대해 별도로 기재하지 않은 것은 식품 명칭에 대해 사실과 다르거나 부풀려 광고한 것"이라며 "결국 소비자를 속이고 부당한 이득을 취했다"고 유죄 판결 이유를 밝혔다.

정확한 통계는 없지만, 이렇게 성형한 B목 갈비로 영업하는 왕갈비 식당은 우리 주변 곳곳에 있다. 최근 양념갈비 먹으러 갔을 때를 떠올려보자. 식당 종업원이 갈비를 불판에 올리자마자 바로 고기를 뼈에서 잘라내지 않았던가. 고기가 채 익기도 전에 뼈는 뼈대로 고기는 고기대로 따로 떼어놓지 않았던가. 주문한 왕갈비를 내온 종업원이 서둘러 뼈와 살코기를 분리하는 고깃집은, 왜 그러는 건지 한 번쯤 의심해보시길……

# 2

# 상어로 만든
# 참치회덮밥

상어를 그렇게 가까이에서 본 건 처음이었다. 비록 죽은 놈이긴 했지만 100kg에 달하는 육중한 덩치에, 어디를 쳐다보는지 종잡을 수 없는 눈, 거기에 커다란 입속 겹겹이 난 날카로운 이빨은 바다의 포식자 모습 그대로였다. 그런데 이 무시무시한 상어가 참치로 둔갑해 덮밥 위에 올라간다고 했다. 참치회덮밥에 참치를 넣지 않는 경우가 적지 않다는데, 대신 들어가는 게 바로 상어라는 것이다.

유명 프랜차이즈 식당을 포함해 서울 시내 17곳 음식점에서 참치회덮밥을 주문해 확인해봤다. 23년 동안 참치 요리를 해온 전문 요리사에게 참치를 넣은 것과 다른 재료, 즉 상어를 넣은 것을 가려내달라고 요청했다. 업계에서 '참치 명인'이라 불리는 이 요리사는 금세 참치와 상어를 구별해냈다. 어떤 건 한눈에 모양과 색깔만 보고 참치가 아님을 알아냈고, 또 어떤 건 직접 맛을 본 뒤 상어임을 가려냈다.

명인의 감별 결과, 참치회덮밥 견본 17개 가운데 10개에 참치가 아닌 다른 생선이 들어 있었다. 참치회 일부에 상어와 연어 등 다른 생선이 섞인 게 있는가 하면 아예 상어만으

로 만든 것도 있었다. 절반 이상의 참치회덮밥에 참치가 없었던 것이다. 견본으로 준비한 참치회덮밥 가운데는 먹어서는 안 되는 상태인 것도 있다고 했다.

참치가 아닌 상어 깍두기를 넣은 것으로 판정된 참치회덮밥을 판매한 음식점에 가서 따져봤다. 종업원은 펄쩍 뛰었다. "무슨 말씀입니까. 우리는 참치회용 원료로 만듭니다."

자신들이 사용하는 참치회덮밥용 회 재료를 보여주겠다며 냉장고 문을 열어 보였다. 보관 중인 회 재료 봉투를 거리낌 없이 꺼내 보여줬다.

"이게 저희가 쓰는 원료입니다. 자! 직접 확인해보세요."

너무도 당당한 종업원 태도에, 잠시 참치 명인의 판정이 잘못된 건 아닌가 하는 생각도 들었다. 그런데 재료 포장을 자세히 보니, 원료 이름이 참치가 아닌 상어였다. 작은 글씨로 인쇄된 원료명에 '청새리상어 100%'라고 선명하게 표기돼 있었다. 명인의 판정은 틀리지 않았다.

식당 종업원에게 어떻게 된 일인지 물었다.

"여기 보세요. '상어'라고 분명히 적혀 있는데요?"

"네? 어디…… 진짜네? 지금까지 참치 깍두기로만 알고 있었는데? 자세히 들여다본 적 없어서 처음 알았습니다, 이 게 상어 깍두기인 줄."

지금껏 자신이 파는 식재료가 뭔지도 모르고 음식을 팔았 단 말인가. 아니면 몰랐다고 발뺌하는 것인가.

상어 깍두기를 쓴 것으로 판명된 또 다른 업소에 가서 확 인했더니, 그곳 사장은 "참치는 아니고 참치 비슷한 고기를 쓰고 있다"고 순순히 인정했다.

17개 참치회덮밥 가운데 10개에서 상어가 나온 건 우연이 아니다. '상어회'덮밥은 생각보다 널리 퍼져 있다. 심지어 고급 뷔페식당에서도 상어회덮밥이 나온다. 회덮밥 코너에 가서 참치회덮밥을 집어 들고 요리사에게 원재료를 물었더니, "참치입니다."라고 했다. 하지만 "100% 참치 맞아요?"라고 재차 묻자, 뭔가 켕기는 게 있는지 다른 대답이 돌아온다.

"음, 참치랑 상어랑 섞여 있어요."

상어회덮밥은 인터넷 쇼핑몰에서도 쉽게 찾아볼 수 있다. 아예 '상어'라는 상품명을 내걸고 버젓이 거래된다. '상어 깍두기', '상어회덮밥 재료' 등으로 검색하면 관련 제품이 수두룩하게 올라온다. 1kg 한 봉지에 1만 5,000원에서 2만 원 정도면 구매할 수 있고, 원료로 들어간 상어 종류도 환도상어, 청새리상어, 청상아리 등 다양하다.

냉동 상어회가 어떻게 참치회덮밥용으로 둔갑해 유통되는지 실태를 알아보려고 외곽의 생산업체를 찾아갔다. 업체 직원에게 "덮밥용 회를 구매하고 싶다"고 문의하자, "덮밥용으로는 상어회 깍두기를 주로 사 간다"는 답이 나왔다. 그러면서 냉동 창고로 데려가 상자 가득 담긴 상어회 깍두기를 보여준다. "그대로 먹어도 될 정도로 신선한 상태"라며 자랑까지 한다. 입에 넣어봤더니 아무런 맛도 느껴지지 않았다. 무슨 상어냐고 물었다.

"청상아리예요, 청상아리 큰놈!"

상어가 이처럼 식재료 참치로 둔갑하는 건, 모양은 비슷하지만 가격이 싸고 맛의 차이도 거의 구별하기 힘들기 때문이다. 양념까지 버무려놓은 상태에서는 전문가마저 구분하기 힘들 정도다.

음식평론가 황광해 씨에게 '참치회덮밥' 두 그릇을 시식한 뒤 맛이 어떻게 다른지 차이를 말해달라고 요청했다. 하나는 참치, 다른 하나는 상어로 만들었지만 그냥 '참치회덮밥'이라고만 말해놓고 맛 비교를 부탁했다.

황 평론가는 두 가지 덮밥을 초장으로 골고루 비빈 다음 숟가락으로 각각 맛을 보더니, 잠시 오묘한 표정을 지어 보였다. 입에 넣은 밥알을 한참 더 씹었지만, 구분하기 쉽지 않다고 했다.

"둘 사이 맛의 차이를 잘 모르겠는데요? 맛을 구별하기는 힘들고 다만 씹을 때 식감과 조직감만 조금 다를 뿐입니다."

맛이 강한 초장으로 비볐기 때문에 전문가인 자신조차 재료가 된 생선의 미세한 맛 차이를 느끼기 힘들다고 했다.

둘 중 하나는 참치, 다른 하나는 상어 깍두기로 만든 상어회덮밥이라고 알려주자, 황당하다는 반응을 보였다.

"응? 상어라……"

다시 상어회덮밥에 숟가락을 가져가 맛을 봤다.

"지금 먹은 게 상어인지 참치인지 일반인이 맞추기는 힘들겠는데요? 저도 식당에서 이렇게 나오면 혼란스러울 것 같아요."

덮밥 위에 양념과 함께 섞인 재료가 참치회인지 상어회인지 음식 전문가조차 가려내기 힘들다는 얘기였다.

경상도와 제주도 등의 지역에서는 상어를 산적으로 만들어 제사상에 올린다. 요리용 상어고기를 팔고 있는 부산 자갈치 어시장 상인들에게 물어보니, 상어는 원양에서 많이 잡히고 죽은 상태에서 냉동으로 들어오기 때문에 횟감으로는 적합하지 않다는 이가 많았다.

"원양어선에서 잡자마자 바로 냉동을 시켜 들여왔더라도 회로는 먹지 않아요. 삶아서 요리나 해 먹는 것이 옳습니다."

원양어선이 잡아 올린 상어는 선도를 유지하기 위해 잡자마자 바로 급속 냉동을 시킨다. 상어고기는 지방이 거의 없고 대부분이 단백질이다. 상어를 해체하면 부위별로 색깔이 다른데 등 쪽이 좀 붉고 배 쪽이 하얗다. 회덮밥용으로 사용되는 부위는 식감이 퍽퍽한 상어 뱃살 부위이다.

경상도 사람들은 좀처럼 날것으로 먹지 않는다는 상어고기, 이렇게 회덮밥으로 만들어 먹어도 괜찮은 걸까. 업계에선 제대로 유통되고 가공됐다면 상어회덮밥을 먹어도 건강에 큰 문제는 없을 거라고 조심스럽게 얘기한다.

하지만 유해물질 실험에선 다소 우려스러운 결과가 나왔다. 한국기초과학지원연구원에 상어 깍두기 네 개와 참치 깍두기 두 개를 중금속 검사를 의뢰해봤더니, 상어 깍두기에서 기준치보다 높은 수은이 검출됐다. 유럽연합 기준으로 볼 때 1g당 총 수은량이 1ppm 미만이어야 하는데 상어 견본 네 개 가운데 세 개가 기준치를 초과했다. 많은 것은 3.14ppm으로 세 배가 넘었다. 참치 견본 두 개는 모두 1ppm보다 낮은 수치로 나왔다.

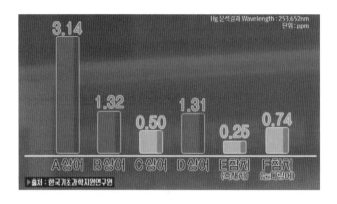

강상욱 상명대 화학에너지공학과 교수는 이 결과에 대해 "총 수은 양이 높다는 것은 메틸수은 양도 높을 가능성이 있다는 의미"라며 "메틸수은이 체내에 지속해서 유입되면 신경계통에 치명적인 것으로 알려져 있다"고 분석했다. 메틸수은이 체내에 과하게 축적되면 지능 저하와 우울증, 불면증 등을 일으킬 수 있다.

그렇다고 상어가 무조건 못 먹을 고기인 건 아니다. 영국에서 많이 먹는 피시앤칩스는 대구나 가자미 등 흰살생선을 튀김반죽에 튀겨 먹는 대중적 요리다. 그런데 상당수 식당에서 가격이 대구의 절반 수준인 곱상어(Spiny Dogfish)를 재료로 사용한다. 영국과 마찬가지로 피시앤칩스가 인기인 호주에서도 근해에서 잡히는 상어로 요리하는 경우가 많다. 우리나라에서는 경상도와 제주도에서 상어고기로 수육이나 전을 부쳐 제사상에 올려왔다. 소금에 절인 상어를 돔배기라는 이름으로 굽거나 조림을 만들어 먹기도 한다.

그럼에도 참치회덮밥이라 해놓고 값싼 상어를 넣어 만드는 건 분명 소비자를 속이는 행위다. 참치회 전문가는 상어회덮밥에 속지 않으려면 초장 양념으로 비비기 전에 상태를 잘 살펴보라고 한다. 아무것도 묻어 있지 않은 상태에서 봤을 때 색이 어둡고 붉으면 참치이고 하얗고 밝으면 상어일 가능성이 크다. 상어는 기름기가 적고 해동되면 고기가 투명해진다고 한다.

하지만 그마저도 두 재료를 나란히 놓고 비교해봐야 구분할 수 있는 정도이다. 갖은 재료, 양념과 함께 그릇에 담겨 버무려 나오면 구분은 거의 불가능하다. 식당 주인이 상어회덮밥을 참치회덮밥이라고 내오면 그렇게 알고 먹을 수밖에 없다. 결국 식당 업주들의 양심에 맡길 수밖에 없는 셈이다.

참치와 상어 회 구별 시식을 진행했던 황 평론가에게 실험이 끝난 뒤 소감을 물었다.

"참치든 상어든 판매할 수도 있고 먹을 수도 있겠죠. 하지만 상어를 참치처럼 속여서 파는 건 안 됩니다. 적어도 내가 먹는 게 뭔지는 알려달라!"

# 3

# '깊은 불맛'
# 짬뽕의 비밀

필자는 음식을 잘 못한다. 요리라기 민망하지만 그나마 자신 있는 건 라면 끓이기와 달걀부침, 불판 위에 고기 굽기, 밀 키트 조리법대로 데워 먹기 정도다. 한때 김치찌개와 미역국 끓이는 법을 배운 적은 있어도 마지막으로 해본 게 언제인지 잘 기억도 안 난다. 그런데 놀랍게도 중국음식점에서 내온 요리에 버금갈 정도로 '불맛'과 '불향' 가득한 짬뽕은 만들 수 있다. '마법의 가루' 덕분이다.

이 마법의 가루는 어떤 요리 초보자라도 짬뽕의 불맛을 만들어내는 기적을 일으킨다. 하지만 수십 년 경력의 중화요리 요리사에겐 허탈감을 안겨준다. 깊은 맛을 내는 법을 배우려고 몇 년을 갈고 닦았던가. 주방 한구석 마늘 다지기부터 시작해 칼에 베이고 불에 데는 그 오랜 인고의 시간과 노력이, 마법의 가루 한 숟갈이면 한순간 무너지는 느낌을 주기 때문이다.

중국집 경력 45년, 달인의 경지에 오른 중화요리 주방장 왕연경(가명) 씨가 불맛 짬뽕 '마법의 가루' 이야기를 털어놨다.

　　짬뽕 맛을 결정짓는 가장 중요한 요소는 뭐니 뭐니 해도 칼칼하고 시원한 국물, 즉 육수다. 그런데 요즘은 힘들게 육수를 우려내지 않아도 비법 가루만 있으면 쉽게 만들 수 있다고 했다. 더욱이 이 마법의 가루는 업계에 퍼질 대로 퍼져 많은 업소가 이를 이용해 육수를 내고 있다는 것이다. 심지어 짬뽕 요리를 제대로 배워본 적이 없는 일반인도 조금만 연습하면 불맛 짬뽕을 만들어 파는 세상이 됐다며 고개를 저었다. 그리고 마법의 가루가 가득 든 봉지를 흔든다.

　　"이것 때문에 요즘은 육수를 직접 우려내서 쓰지 않아요. 짬뽕 조미료라든지 소고기 조미료, 이런 게 많이 나와서 육수 대신 그냥 넣으면 됩니다."

　　이어서 직접 시범을 보인다. 중국요리를 만들 때 사용하는 우묵한 프라이팬 웍에 찬물을 한 사발 넣고 끓인다. 물이 팔팔 끓기 시작하면 육수용 가루를 3분의 1 국자 넣고 다시 강한 불로 끓여준다. 그러면 끝이다. 뽀얀 색깔 짬뽕 육수가 완성되는 데 단 10초면 충분하다. 순식간에 끓여낸 육수지만 맛은 그럴싸하다. 한두 시간 우려낸 닭고기 육수라 해도 믿을 정도다.

　　10초 만에 '우려낸' 육수로 만든 짬뽕이 과연 우리가 즐겨 온 짬뽕과 비슷한 맛을 낼 수 있을까. 해물과 채소 등 재료와 면까지 준비해 직접 짬뽕을 요리해봤다.

　　일반적으로 짬뽕을 만드는 데 필요한 기초 재료는 열 가지 남짓이다. 오징어와 홍합, 통배추, 양파, 마늘, 고춧가루, 후추, 호박, 대파, 참기름, 고추기름, 참기름 등이다.

먼저 채소를 참기름과 고추기름, 마늘과 함께 중국식 프라이팬에 넣은 뒤 센불에 볶아준다. 채소는 빠른 시간에 볶아 수분이 빠지는 걸 막는다. 채소가 어느 정도 익으면 고춧가루를 넣고 다시 볶아 칼칼한 맛을 더한다. 그다음 육수를 넣고, 여기에 오징어와 홍합 등 해물을 투척하고 더 끓인다.

재료들이 모두 익어갈 때쯤 소금 간을 하고 후추를 넣은 뒤 좀 더 끓여 풍미를 더한다. 마지막으로 아삭한 맛을 더해주는 청경채와 참기름을 넣고 잠깐 강한 불에 놔둔다. 이 정도면 얼추 짬뽕 국물이 완성된다.

하지만 화룡점정은 짬뽕 특유의 불맛. 요리사의 오랜 경험이 만들어낸다는 불맛이지만, 이른바 '불소스'로 불리는 스모크 소스만 있으면 간단히 해결할 수 있다. 준비된 국물에 불소스 몇 방울만 더해주면 육수 맛과 향의 깊이가 달라진다. 수십 년 경력 중국요리사가 만든 것 같은 불맛 짬뽕 국물이 완성되는 것이다.

이제 적당히 삶은 면 위에 육수를 부어주면 끝이다. 우리가 중국집에서 쉽게 접하는 불맛 짬뽕이다. 어디에 내놔도 손색이 없는 맛이다. 칼칼한 목 넘김에 은은한 불향까지, 가루 육수로 10초 만에 뚝딱 만들었다고 하기엔 너무 완벽한 불맛 짬뽕이다.

마법의 가루가 이처럼 완벽한 짬뽕 맛을 만들어내는 건 소위 복합 조미료 덕분이다. 짬뽕 육수 가루는 제품 성분 표시를 보면 돼지사골추출액 분말과 사골농축엑기스 분말, 치킨 시즈닝 등으로 구성된다. 여기에 '훈재향'이라는 착향료

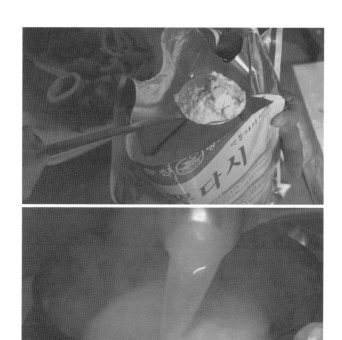

도 가미된다. 원재료는 정제수와 스모크향, 캐러멜 색소, 식초, 흑설탕, 정제소금 등이다. 한마디로 짬뽕의 맛과 향을 내는 데 필요한 조미료는 다 들어 있는 셈이다. 복합 조미료만 있으면 짬뽕을 만드는 데 큰 어려움이 없다.

왕 씨도 마법의 가루 맛은 인정한다.

"이 짬뽕 조미료만 있으면 다섯 살 먹은 어린이도 짬뽕 육수를 끓일 수 있어요. 짬뽕 맛을 내는 데는 아주 최고예요. 아주 기가 막힌 맛이 납니다. 말 그대로 마법의 가루죠."

달인 요리사가 본인의 레시피에 따라 정석으로 짬뽕 국물을 우려내는 방법을 시범 보인다. 주로 닭 육수를 사용한다고 했다.

커다란 육수용 통에 맑은 물을 준비한 다음 생닭과 함께 대파와 양파 등 생채소를 넣어 센불에 끓여준다. 채소를 넣으면 닭의 잡냄새를 없애준다. 뽀얀 육수가 우려져 나올 때까지 계속 끓인다. 두어 시간 가까이 끓이면 특유의 담백한 맛을 내는 닭 육수가 완성된다.

이런 식으로 육수를 끓이려면 주방 직원이 아침 일찍 출근해 육수 통에 생닭을 넣고 채소를 장만하는 등 준비에 시간이 많이 걸린다고 했다. 점심 영업 전 짬뽕 육수를 장만하는 데만 두 시간이 족히 필요한 셈이다.

육수가 준비되면 다음 조리는 비슷하다.

채소를 웍에 넣어 볶은 다음 육수를 붓는다. 거기에 해산물을 넣고 다시 강한 불에 끓여준다. 고춧가루와 후추 등을 넣어 칼칼한 맛을 낸 뒤 삶은 면 위에 부어주면 짬뽕이 완성된다.

마법의 가루 육수 짬뽕과 닭 육수 짬뽕을 나란히 놓고 비교해보면 외양은 거의 똑같다. 맛도 똑같을까. 두 짬뽕을 시식하도록 한 다음 맛을 물어봤다.

"가루 스프로 만든 국물과 육수를 직접 우려낸 맛하고 차이를 못 느끼겠어요." (30대 피디)

"닭 육수로 만든 짬뽕은 맛이 조금 아쉽습니다." (20대 AD)

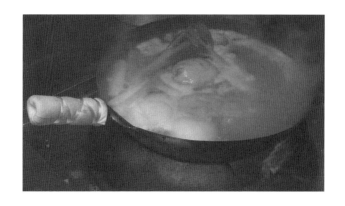

"닭 육수 짬뽕은 뭔가 빠진 맛, 진심으로 무언가 빠진 맛이 납니다." (30대 작가)

닭 육수 짬뽕은 만드는 데 더 많은 정성과 시간이 들어갔지만, 맛 평가에서는 오히려 한 숟가락 분말 조미료로 만든 짬뽕이 더 낫다는 평가가 나왔다.

믿기 힘든 결과였다. 왕 씨 말대로 육수 분말만 있으면 다섯 살 아이가 만들어도 짬뽕이 제맛을 낼 수 있다는 것이, 또 분말 육수가 두 시간 정성 육수보다 더 맛있다는 품평을 받은 것이. 정말 마법의 가루라도 되는 것인가.

요알못(요리를 알지 못하는) 필자가 직접 마법의 가루로 짬뽕을 만들어봤다. 끓는 물에 육수 분말을 한 숟갈 넣고 고춧가루와 불맛 소스를 두어 방울 곁들였다. 분말과 소스가 적당히 섞이도록 숟가락으로 휘휘 저어 육수를 완성하고, 삶은 면을 담은 사발에 부었다. 그 위로 사전에 장만한 채소와 해물을 고명처럼 올려놨더니, 보기에 제법 짬뽕 느낌이 난다.

맛은? 놀랍게도 이처럼 간단하게 만들었는데도 감칠맛이 일품이다. 심지어 깊은 불맛 향까지 물씬 풍겨났다. 정작 육수는 강한 불 위에 한번 올린 적이 없었는데도 그랬다. 말 그대로 끓는 물에 조미료만 한 숟갈 넣었을 뿐인데 그럴싸한 닭 육수가 돼 있었다. 맛도 색깔도 의심할 필요가 없는 짬뽕 육수, 그 자체였다. 김치찌개도 제대로 끓이지 못하는 사람이 함부로 만들어낼 수 있는 맛이 아니었다. 그런데도 가능했다. 이것은 업계에서 불리는 것처럼, '마법'이었다.

45년 경력 요리사가 허탈한 표정으로 말한다.

"육수 분말과 불맛 소스, 이 두 가지 조미료 덕분에 이제 누구나 짬뽕을 만들어 팔 수 있게 됐어요. 중국집 처음 시작하는 사람이 아무것도 몰라도 돼요. 며칠만 중국요리 과정을 배우면 불맛 짬뽕을 만들어낼 수 있는 겁니다. 채소와 해물 장만하는 법까지 일주일 교육만 받으면 누구나 짬뽕집을 열고 장사를 시작할 수 있는 거예요."

그리고 잠시 망설이는가 싶더니, 한마디 덧붙인다.

"솔직히 말할까요? 몇 시간 우려낸 육수보다 마법의 가루로 만든 육수 짬뽕이 오히려 더 구수하고 맛있다는 사람이 많아요."

이제 궁금해진다. 우리가 그동안 중국집에서 즐겨 먹었던 불맛 짬뽕은 두 시간 이상 우려낸 육수로 만든 것일까, 아니면 마법의 가루로 만든 것일까. 어쩌면 우리 입맛은 더 자극적이고 강력한 맛을 내는 '깊은 불맛' 마법의 가루에 이미 더 익숙해져 있을 수 있다. 그래서 부지불식중에 벌써 그런 곳을 찾아다니고 있는 건지도 모른다. 짬뽕 시식에 참여했던 체험단이 모두 '마법의 가루' 분말 육수 맛에 손을 들어줬던 것처럼…….

　최근 몇 년 동안 국도변 전국 곳곳에 우후죽순 생겨난 많은 짬뽕 전문집 간판들이 주마등처럼 머릿속을 휙휙 지나간다. '깊은 불맛' 짬뽕 전문!

# 4

# 알고도 당하는
# 대역代役 모둠회

　영화 속에 주인공의 위험을 대신 연기해주는 대역 배우가 있는 것처럼 횟집 접시에 오르는 횟감에도 대역 생선이 있다. 눈앞에 놓인 회가 광어인지 도미인지 모르고, 숭어와 농어, 우럭, 방어 등을 구별하지 못하는 사람이 많다 보니 그만큼 대역도 흔하다. 머리부터 꼬리지느러미까지 온전한 생물 생선도 그 이름을 대지 못하는데 하물며 껍질을 벗기고 뼈까지 발라 회로 뜬 생선은 더 구분하기 쉽지 않다.

　수십 년 경력 횟집 주방장들이 일부 악덕 업체의 '대역회' 꼼수를 고발했다. 말이 좋아 대역이지 사실은 짝퉁, 가품이다.

　참돔과 광어, 연어, 방어 등을 먹음직스럽게 모은 모둠회는 생각만 해도 군침이 도는 외식 메뉴다. 그런데 적잖은 업체에서 모둠회를 낼 때 대역 생선을 올린다고 한다. 식감과 맛이 비슷한 싸구려 생선을 모양만 그럴듯하게 만들어 짝퉁 모둠회를 만든다는 것이다.

　30년 경력의 베테랑 일식 요리사가 짝퉁 모둠회 만드는 방법을 시연해 보였다.

먼저 쫄깃한 식감이 일품인 바다 생선 참돔. 11월에서 3월이 제철인 참돔은 단백질이 풍부하고 지방이 적어 담백한 맛을 낸다. 얼굴이 크고 몸통도 크다. 바다 생선 도미의 대역을 맡아 모둠회 무대에 올라가는 생선은 뜻밖에도 민물생선 홍민어다. 꼬리 부위에 어른 손톱만 한 점이 있어 점성어라고도 불린다. 국내에 유통되는 점성어는 거의 중국산으로, 가격이 참돔의 3분의 1 수준이다. 점성어는 민물에 살며 도밋과 생선도 아닌데 바다생선 도미의 대역을 맡는다.

참돔과 점성어는 서식지만 서로 다를 뿐 회로 장만하는 방법은 비슷하다.

먼저 참돔 회는 참돔을 잡아 핏물을 빼고 비늘을 벗긴 뒤 포를 뜬다. 도미는 숙회(마스까와)를 만들어 먹는 경우가 많다. 포를 뜬 도미를 먼저 2~3시간 냉장 숙성시킨다. 숙성하면 끄집어내 뜨거운 물을 껍질 쪽에 부어 살짝 익히고 바로 차가운 얼음물에 넣어 식힌다. 이렇게 하면 도미회 한 조각을 먹을 때 안과 밖 두 가지 식감을 즐길 수 있다.

도미 뱃살 부위는 따로 발라내 해동지에 싸서 물기를 제거한다.

이렇게 장만한 재료는 두 시간 동안 냉장실에 넣어서 숙성시키면 끝이다. 먹을 때 냉장실에서 꺼내 적당한 크기로 회만 뜨면 된다.

점성어로 가짜 도미회를 연출하는 과정도 거의 똑같다. 숙회를 만드는 과정도 비슷하고 뱃살을 숙성시키는 방법도 일치한다. 원재료가 도미가 아닌 점성어라는 게 다를 뿐, 숙회와 뱃살 모두 도미로 만든 것과 거의 똑같아 일반인이 구분하기는 쉽지 않다.

도미 대역을 맡는 물고기는 점성어 말고도 또 있다. 열대 어종 틸라피아다. 무대에 오르기 전 주인공처럼 분장하는 대역처럼, 틸라피아도 능숙한 조리사의 손길을 거치면 참돔으로 변신해 접시에 오를 수 있다.

틸라피아는 kg당 가격이 참돔의 절반 수준이다. 아프리카가 주산지이지만 대만에서 많이 양식하는 것으로 알려져 있다. 생명력이 좋고 힘이 좋아 '역돔'이라고도 불린다. 도미 대용 틸라피아는 대만에서 냉동 필렛으로 가공, 수입돼 국내에 유통되는 경우가 많다.

냉동 틸라피아 필렛을 횟감으로 만들려면 해동을 잘해야 한다. 도미와 같이 쫄깃한 식감을 내도록 만드는 게 중요하다. 이를 위해서는 특별한 해동법이 필요하다. 식염수 해동, 즉 소금물로 해동하는 것이다.

식염수 속 염분이 해동 과정에서 물러지기 쉬운 틸라피아의 살을 단단하게 만들어준다. 3~5분 정도 식염수에서 해동한 뒤 물기를 닦아내고 해동지에 감싸 다시 30분에서 50분 정도 냉장 숙성한다. 그러면 틸라피아 근육이 탱탱해져 식감이 도미와 거의 비슷해진다.

여기까지 하면 도미를 대체할 대역은 무대에 오를 준비가 된 상태다. 이제 접시에 그럴싸하게, 진품 도미처럼 올리는 게 관건이다. 대역 횟감을 주인공처럼 위조해 내놓으려면 또 다른 분장 기술이 필요하다.

껍질째 즐기는 도미 숙회는 뜨거운 물로 살짝 익힌 껍질 쪽이 탱탱하고 반대쪽 살은 부드럽다. 반면 점성어는 육질이 질기고 쫄깃하다. 이 때문에 점성어로 회를 뜰 때 두께를 도미의 반 정도로 얇게 해 질긴 정도를 비슷하게 만들어줘야 한다. 도미 뱃살 부위는 점성어 뱃살을 그대로 결대로 썰어 내놓아도 대부분 감쪽같이 속을 만큼 색깔이나 식감이 비슷하다.

틸라피아 필렛은 참돔 등살 부위를 대신한다. 차이가 있다면 도미 등살 회는 결대로 그대로 썰지만, 틸라피아는 결의 반대로 썰어 회를 만든다. 고기 내에 힘줄이 있어 질기기 때문에 결을 가로질러 썰어 힘줄을 끊고 부드럽게 만들어주는 것이다.

점성어와 틸라피아는 모양도 산지도 다르지만 이렇게 도미인 척 둔갑해 접시에 올라간다. 일반인 대부분이 뭐가 뭔지 구분하지 못한다. 특히 회로 뜬 틸라피아는 도미와 색깔마저 비슷하다. 도미와 점성어, 틸라피아로 뜬 회를 초밥으로 만들어놓으면 셋의 차이는 더욱 구별하기 힘들다.

도미회와 짝퉁 회를 구별하는 방법이 없는 건 아니다. 흰살생선인 도미는 칼로 썬 단면이 매끈하다. 생선 살 속에 피가 스며들어 선홍빛을 띠는 부위를 혈합육血合肉이라 부르는데, 도미는 혈합육이 껍질 바로 아래 얇게 분포돼 있다. 반면 점성어는 혈합육이 도미보다 짙은 붉은색이고 흰살 부위까지 군데군데 파고들어 섞여 있다. 틸라피아는 혈합육이 도미보다 더 촘촘하게 박혀 있어 구분된다.

식감도 조금 차이가 난다. 도미는 부드럽고 점성어는 질기다. 틸라피아는 다소 퍼석한 식감을 느낄 수 있다.

하지만 이런 색깔이나 식감의 차이도 셋을 나란히 놓고 비교하며 맛봐야 구분할 수 있을 정도다. 심지어 취향에 따라 참돔보다 점성어나 틸라피아로 만든 대역 '도미회' 식감을 더 좋아하는 사람도 있다.

참돔 다음으로 모둠회에 빠지지 않는 대중적인 스타는 광어다. 가격이 비교적 저렴하고 대량 양식도 해 횟집 수조마다 빠지지 않고 보인다. 많은 소비자가 광어만큼은 비록 자연산은 아닐지라도 바로 잡은 회를 신선하게 먹을 수 있을 것으로 기대한다.

하지만 기대를 저버리는 식당도 적지 않다. 광어 활어 대역으로 광어 순살 필렛을 올리는 횟집이 곳곳에 있는 것이다. 광어 필렛은 대량 양식한 광어를 공장에서 넓적하게 포를 뜬 뒤 포장되는데, 횟집에서는 이를 대량 구매해 냉장 보관했다가 필요할 때 내놓는다. 순살 필렛은 뼈를 바르고 핏물과 물기까지 제거된 상태여서 그대로 썰어 접시에 올리면

됐다. 직접 회를 해체하고 숙성하는 과정이 생략되기 때문에 손쉽게 금세 차릴 수 있고 소량 판매도 가능하다.

자연산 대광어는 가격이 비싸고 장만하는 데 손도 많이 간다. 하지만 육질이 신선해 식감과 탄력성이 좋다. 바로 잡아 숙성한 광어는 칼날이 매끄럽게 잘 들어간다. 반면 공장에서 '생산한' 필렛 광어는 살이 퍼석하고 찐득해 써는 동안 살점이 부서져 칼날에 달라붙는다. 언제 잡은 광어로 포를 떴는지 정확히 알 수 없어 맛과 신선도를 보장할 수도 없다.

요즘 식당에서 많이 보이는 '짝퉁' 연어회도 비슷하다. 필렛 연어도 공장에서 대량으로 만들어지는데, 이를 미리 사뒀다가 필요할 때마다 썰어 접시에 올리기만 하면 된다.

겨울철 계절 생선인 대방어도 대역 배우가 따로 있다. 전갱잇과 대방어는 11월부터 2월까지 겨울이 제철인데, 이 시기 산란기를 앞두고 기름이 가득 끼어 살에 마블링이 잘 돼 있다. 3kg 이하는 소방어, 3~5kg은 중방어, 5kg 이상은 대방어로 나뉘고, 업계에선 8kg 이상은 돼야 진정한 대방어로 쳐준다.

방어는 크기가 클수록 기름지고 맛이 있다. 대방어 크기는 돼야 뱃살과 뽈살, 가마살 등 다양한 특수부위를 즐길 수 있다. 뱃살만 놓고 볼 때 대방어를 해체하면 중방어의 두 배 이상이 나온다. 그런데 대방어는 공급이 부족하다 보니 저렴한 중방어를 대방어인 것처럼 속여 회로 떠 파는 곳이 적지 않다.

중방어는 대방어보다 작아 회를 뜰 때부터 차이가 난다. 대방어는 살이 크고 두툼해 회칼을 직각으로 세워 회를 뜨지만 중방어는 상대적으로 크기가 작아 칼을 비스듬히 뉘어 어슷썰기 해야 단면적을 넓게 만들 수 있다. 이 때문에 '대방어'를 주문했을 때 회가 직각으로 썰렸으면 대방어, 비스듬하면 중방어일 가능성이 크다.

이렇게 참돔과 대방어, 광어, 연어 등 대역으로 가짜 모둠회를 만들 경우 원가는 원래 생선으로 만들 때의 3분의 1 수준이다.

진품과 가품 회는 먹어보면 맛의 차이가 분명히 있다. 하지만 일반 소비자 가운데 이를 전부 구별할 수 있는 사람은 많지 않다. 더욱이 회를 초고추장, 겨자와 같은 강한 양념을 곁들여 먹으면 구분은 더 힘들다. 이렇다 보니, 일부 비양심적인 횟집에서 모둠회를 값싼 대역 생선으로 만들고는 비싼 재료를 쓴 것처럼 판매하고, 또 그런 곳을 찾아가 눈 뜨고 코 베이는 소비자가 적지 않은 게 현실이다.

그런데 해외 곳곳에서도 이와 비슷한 일이 벌어진다.

2017년 미국 UCLA 대학 연구팀은 지역 일식집 26곳을 상

대로 얼마나 많은 짝퉁 초밥과 회가 거래되는지 조사한 결과를 발표했다. 색깔과 모양은 비슷하지만 원재료가 되는 생선 대신 값이 싼 대용 생선으로 초밥과 회를 만든 사례를 찾아낸 것이다.

연구진은 여러 식당에서 주문한 생선 요리의 DNA를 분석해 진품과 가품을 가려냈다. 광어 요리를 40여 곳, 붉은 도미는 30여 곳에서 주문했는데, 이 가운데 진짜 광어와 붉은 도미를 쓴 곳은 단 한 곳도 없었다. 많은 식당에서 값비싼 붉은 도미 대신 틸라피아를 요리해 팔았다. 국내와 마찬가지로 민물고기 틸라피아를 해수어인 도미인 것처럼 감쪽같이 속여 판 것이다. 이뿐만이 아니었다. 연구팀이 주문한 초밥 요리 DNA를 분석한 결과, 47%가 짝퉁 대역 생선으로 만든 것으로 드러났다.

엉터리 생선 요리가 활개 치는 건 미국뿐이 아니다. 2016년 미국 해양 환경단체 오시아나Oceana가 55개국 연구 200건을 분석한 결과, 2만5,000개의 해산물 요리 및 식재료 가운데 20%는 표기와 다른 것으로 밝혀졌다.

지역별로 많이 찾는 요리가 다른 만큼 인기 대역 생선도 차이가 났다. 아시아 여러 나라에서는 메기가 대역 생선으로 많이 쓰였는데 메기를 익히거나 양념해 더 비싼 생선인 농어와 대구 등의 요리로 탈바꿈시켰다. 심지어 메기로 만들어진 짝퉁 생선 요리는 가짓수만 18개에 달하는 것으로 조사됐다.

이탈리아에서는 '농어'와 '황새치'라고 표기된 생선 요리 200개 가운데 82%가 가짜였다. 홍콩에서는 '전복'이 들어갔다고 성분 표시된 요리 29개 중 단 한 개만 진짜 전복이 들어 있기도 했다.

대역 생선이 값비싼 생선으로 둔갑하는 일은 해산물 도소매 시장을 비롯해 모든 유통 과정에서 벌어지는 것으로 나타났다. 특히 이름과 성분이 일치하지 않는 대역 생선 거래의 80%는 식료품점과 식당을 상대로 이뤄진 것으로 조사됐다.

결국 대역 생선의 활약은 국내에 국한된 게 아닌 셈이다. 전 세계 곳곳의 해산물 식당과 식료품점에서 소비자들은 대역 생선의 눈부신 연기에 속아 넘어가는 것이다.

아무리 안 속으려 해도 안 속기 힘든 대역 생선. 모둠회와 회덮밥을 즐기는 국내 소비자만 당하는 게 아니라니, 조금은 위안이 된다고 해야 할까.

5

# 쇠고기 0.17g의
# 쌀국수

"향신료를 넣고 육수를 우려내 열심히 베트남 쌀국수 만들면 뭐 합니까? 누구는 조미료 한 숟갈로 비슷한 맛을 내버리는데."

15년째 정통 베트남 쌀국수를 고집해온 조리장이 업계 내부 실태라며 하소연했다. 베트남 쌀국수 식당 가운데 상당수 업소가 편법으로 '맛만' 베트남 쌀국수를 만들어 판다는 것이다. 누구는 정성을 다해 육수를 우려내 손님에게 대접하는데, 누구는 라면 끓이듯 너무 손쉽게 뚝딱 만들어 판다며 불만을 토로했다. 더 억울한 건 대부분 손님이 어떤 게 제대로 만든 건지도 모른 채 같은 돈을 내고 사먹는 현실이라고 했다.

먼저, '억울하다'는 조리장이 지켜온 베트남 정통 쌀국수 조리법을 따라가보자.

베트남 쌀국수는 특유의 향을 육수에 잘 담아내는 것이 중요하다. 베트남 현지에서 많이 나는 향신료들이 쌀국수 재료로 들어간다. 생강과 팔각, 고수뿌리, 정향, 회향, 커리, 통후추, 커민, 고추씨, 월계수잎 등이다.

이들 향신료를 그냥 쓰는 게 아니라 풍미를 더하기 위해 뜨거운 불에 한번 볶는다. 커피콩을 볶으면 커피 향이 진해지는 것과 마찬가지다. 건조한 향신료를 볶으면 특유의 향이 더욱 깊고 강해진다. 이들 향신료는 쌀국수 육수를 끓일 때 넣는 쇠고기와 뼈의 누린내도 잡아주고 쌀국수 특유의 풍미를 만들어내는 역할을 한다.

베트남 쌀국수의 핵심 재료는 육수를 낼 때 필요한 쇠고기와 뼈다. 양지와 목뼈, 갈비뼈 등이 많이 사용되는데, 육수를 끓이기 전 미리 핏물을 제거해야 한다. 그렇지 않으면 육수에서 잡냄새가 많이 나고 선지 같은 불순물이 국물에 떠다닐 수 있다. 핏물을 빼내는 데 걸리는 시간은 뼈의 굵기와 양에 따라 다르지만, 이 조리장은 차가운 물에 12시간 가까이 담가 피를 뺀다고 했다.

피를 충분히 빼낸 뼈는 향신료와 함께 물에 넣고 다시 끓인다. 뼛속의 영양소가 듬뿍 우러나오게 하려면 네다섯 시간은 기본이고, 길게는 12시간 가까이 고아서 국물을 우려내기도 한다. 이렇게 하면 뼈와 고기에서 육수를 완성하는 데까지 꼬박 하루가 걸리는 셈이다.

물론 육수를 내는 방법이 이 한 가지만 있는 것은 아니다. 요리사에 따라 닭가슴살 등으로 육수를 내기도 하고 육수를 끓이는 시간도 상이하다. 하지만 제대로 육수를 우려내 쌀국수를 요리하려면 상당한 노력과 시간이 투입되는 건 공통이다.

반면 비슷한 맛과 향의 육수를 아주 간단히 만들어내는 베트남 쌀국수 식당도 적지 않다고 한다.

결론부터 말하면, 육수를 만드는 데 5분도 채 걸리지 않는다. 미리 만들어 판매하는 쌀국수 향료 팩이나 농축액을 뜨거운 물에 부어 희석만 하면 되기 때문이다. 이런 방법으로 조리하는 쌀국수집에선 열 시간 이상 피를 빼는 작업도, 뼈를 고아 육수를 우려내는 작업도 하지 않는다. 다양한 향신료가 필요 없고 이를 가공하는 과정도 생략된다. 면과 파, 양파, 숙주나물에 고명으로 올릴 차돌양지 몇 조각 정도만 기본 재료로 준비하면 된다.

베트남 쌀국수 육수 향료 팩 또는 스파이스 팩은 우리가 흔히 뜨거운 물에 넣어 마시는 티백과 비슷하게 생겼다. 어른 손바닥만 한 크기의 팩을 넣고 물을 팔팔 끓이기만 하면 쌀국수 육수가 준비된다.

스파이스 팩 안의 내용물을 보면 각종 향신료와 화학조미료가 주성분인 분말이 가득 들어 있다. 재제염과 설탕, 마늘,

옥수수전분, 마늘, 생강, 계피 등을 분말 형태로 담았다. 스파이스 팩 포장엔 '육수 팩'이라고 적혀 있지만 성분 표시에 쇠고기 성분은 안 보인다. 그런데도 이 팩을 물에 넣고 끓이기만 하면 쌀국수 특유의 육수 맛과 향이 난다. 어떻게 만드는지 알 수 없지만, 쇠고기 성분이 전혀 없이도 육수를 만들어주는 것이다.

일반적으로 육수 농축액(진액)도 베트남 쌀국수의 육수를 내는 데 많이 쓰인다. 농축액으로 육수를 만드는 방법은 스파이스 팩과 비슷하다. 팩 대신 농축액을 물에 넣고 끓여주면 된다. 2kg 육수 진액 한 병만 있으면 약 50인분 쌀국수를 만들 수 있다고 한다.

농축액은 향신료 팩과는 달리 쇠고기 성분이 들어 있다. 포장을 살펴보니 '쇠고기를 우려내서 만들었다'고 광고가 돼 있고, 성분 표시에도 쇠고기 육수 진액이 2% 포함돼 있다고 적혀 있다. 그 외 육수의 맛과 색을 내기 위해 글루탐산나트륨, 말토덱스트린, 액상 캐러멜 등도 들어 있다.

명색이 육수 성분인데 쇠고기 함량은 얼마나 되는지 분석해봤다. 2kg들이 농축액 성분표에는 육수 진액이 2% 들어 있다고 적혀 있다. 농축액 한 병 속 육수 진액은 약 40g인 셈이다. 이 진액 속 소고기 함유량은 21%라고 표기돼 있으니, 산술적으로 2kg 농축액 한 병엔 소고기 약 8.4g이 들어 있는 셈이다.

8.4g의 쇠고기는 얼마나 될까. 육수를 낼 때 많이 쓰는 쇠고기 양지 부위 8.4g을 잘라보면 엄지손가락 하나 정도 크

기가 나온다. 2kg 진액 한 병이면 쌀국수 50그릇을 만들 수 있으니, 베트남 쌀국수 50그릇을 만드는 데 엄지손가락 크기의 쇠고기가 들어가는 것이다. 8.4g을 50등분해보면 0.168g, 새끼손톱 하나 정도 크기가 된다. 이게 농축액으로 쌀국수 한 그릇을 만들 때 들어가는 쇠고기 양이다.

쌀국수 5인분을 농축액으로 조리할 경우 간장 한 종지 정도 농축액을 물에 넣고 팔팔 끓이면 육수 준비는 끝난다. 농축액 외에 아무것도 첨가하지 않아도 색깔과 냄새 모두 시중에서 파는 쌀국수와 비슷하다. 물에 미리 불려둔 면을 4분 정도 삶아 그릇에 담고 여기에 숙주와 양파, 대파 등 채소를 뿌려준 뒤 양지차돌 몇 점을 고명으로 올린다.

그리고 마지막으로 그 위에 진액 육수를 부어주면 완성된다. 농축액으로 쌀국수를 만든다고 하면 면을 삶고 육수를 끓여내는 데 채 5분이 걸리지 않는다.

손톱 하나 크기 정도 들어간 진액 육수로 제대로 된 맛을 낼 수 있을까 싶지만, 놀랍게도 우리가 일상적으로 먹어온 베트남 쌀국수 전문점 맛과 거의 똑같다. 특유의 향은 물론, 기름지고 짭조름하고 감칠맛 나는 육수는 전문 요리사가 만들었다고 해도 믿을 만큼 손색이 없을 정도다. 물론, 사골로 끓여 우려낸 육수를 옆에 놓고 맛을 비교하면 그 차이를 알 수 있다. 확실히 사골 육수는 훨씬 풍미가 좋고 깊은 맛이 느껴진다.

베트남 쌀국수 전문점 가운데는 육수를 우려내는 데만 온종일 걸리는 곳도 있고 농축액을 이용해 4~5분 만에 뚝딱 만들어내는 곳도 있다. 두 쌀국수 맛의 차이가 없는 건 아니지만 일반인은 구별하기 힘들다. 이렇게 편하다 보니 농축액 유혹에 넘어가는 쌀국수 업소가 적지 않다.

결국 소비자가 직접 주방에 들어가서 확인하지 않는 이상 자신이 먹은 쌀국수가 뼈를 우린 육수로 만든 건지, 농축액으로 라면 끓이듯 내온 것인지 알 수 없는 상황. 기댈 데는 주방장의 양심뿐인 셈이다.

최근 농축액 육수 쌀국수집이 많아서인지, 자신들은 '직접 사골을 우려내 육수를 만든다'고 따로 써 붙여놓는 집까지 곳곳에 생겨나고 있다.

베트남 사람이 쌀국수를 즐겨 먹게 된 건, 날씨가 덥고 습도가 높아 몸이 축축 처지기 쉽기 때문이라고 한다. 무더운 날씨를 이겨내기 위해 뼈를 곤 육수로 몸보신을 하려는 것이다. 쌀국수 자체는 탄수화물이기 때문에 단백질과 아미노산이 풍부한 육수를 함께 섭취함으로써 영양 균형까지 맞춰준다. 베트남 쌀국수는 이국적 별미일 뿐 아니라 보양식인 셈이다. 스파이스 팩으로 만든 쌀국수가 맛과 향은 흉내 낼 수 있겠지만, 정통 쌀국수의 영양까지 따라잡을 수 있겠는가.

억울한 주방장은 하소연한다.

"종일 정성껏 우려낸 육수와 뜨거운 물만 부어 만든 육수가 같은 대접을 받아서야 되겠습니까!"

# 6

# 동물 사체로 만드는
# 반려견 사료

자정이 넘은 시각. 아스팔트 길 저 멀리 트럭 불빛이 하나 둘 보이기 시작한다. 뭘 실었는지 알 수 없는 대형 트럭이 줄지어 공장으로 들어간다. 트럭이 도착할 때마다 육중한 기중기가 굉음을 내며 움직인다. 트럭에 실린 시커먼 물체를 기중기 집게가 부지런히 집어 바닥에 내려놓는다. 철퍼덕, 소리와 함께 놓이는 건 동물 사체다.

젖소와 송아지, 새끼 돼지 등등 다양한 가축 사체가 바닥에 내려진다. 상태가 멀쩡한 건 찾아보기 힘들다. 일부 훼손됐거나 병에 걸린 듯한 모습이 대부분. 사지가 절단돼 떨어져 나가고 배가 찢어져 내장이 삐져나온 것도 있다. 몸통은 오간 데 없이 내장만 남아 무슨 동물이었는지 알아보기 힘든 게 있는가 하면 이미 부패가 진행된 것도 있다.

또 다른 현장에서는 가축 부산물을 가득 실은 트럭의 하역 작업이 밤새 이뤄진다. 냉동 상태 돼지갈비와 살코기를 발라낸 동물 뼈, 엉덩이뼈, 유통기한이 지난 냉장육 등이 줄줄이 트럭에서 내려진다. 상자 겉표면에는 '출고금지' 표시가 붙어 있고, 유통기한은 이미 2년이 지난 상태다. 출고가

금지되고 유통기한도 지난 동물 사체와 부속물이 모인 이곳
은 어디이고, 이런 것을 어디에 쓰려는 것일까.

마을 주민들은 그곳을 '동물 화장터'라고 불렀다. 이곳에
집하되는 동물 사체가 뿜어내는 악취는 시체 썩는 냄새보다
더 고약하다고 했다. 작업이 많은 날은 악취가 너무 심해 토
악질이 날 정도라고 호소했다.

"송장 썩는 냄새보다 더 고약해요."

주민이 동물 화장터 부르는 그곳은 렌더링 공장이다.
렌더링은 동물의 부속물과 폐사체를 고온 발효하거나 고압
에서 물리적, 화학적으로 가공해 동물성 기름을 뽑아내고
찌꺼기는 사료와 비료 등 원료로 사용하는 처리법이다. 동
물 사체를 렌더링 처리해 재활용하는 곳이다. 렌더링은 일
종의 화장火葬이니, 주민들이 동물 화장터라 부르는 것도 틀
린 말은 아닌 셈이다.

인근 주민 말에 따르면 이 렌더링 공장으로 옮겨지는 동

물 사체는 소와 닭, 돼지 등 종류를 망라한다. 동물 사체가 내려지고 렌더링 기계가 돌아가기 시작하면 악취가 더 심해진다고 주민들은 입을 모았다.

"죽은 돼지가 한 번에 3,000마리씩 들어오고 그랬어요. 닭도 들어오고 썩은 것도 들어오고. 트럭이 밤이나 낮이나 수도 없이 들어와요. 대소변이 들어 있는 내장을 갈아서 섞은 걸 삶는데 그게 냄새가 안 날 수 있겠어요?"

렌더링 공장에 들어가 처리 과정을 직접 지켜보니 이해가 간다. 공장으로 입고된 모든 재료는 가장 먼저 분쇄기를 거친다. 병든 소와 돼지는 물론, 원형을 알아보기 힘든 사체 부위, 내장, 뼈, 가죽, 더욱이 유통기한이 한참 지난 부위까지 모두 구분 없이 분쇄기에 밀어 넣어진다.

렌더링 기계 작동 방식은 초대형 녹즙기를 상상하면 된다. 크기는 소 한 마리가 통째로 들어갈 정도여서 집채만 하다. 위쪽 커다란 구멍에 동물 사체를 넣으면 그 안에 있는 초대형 그라인더가 끊임없이 돌아가며 분쇄한다. 털을 뽑거나 가죽을 벗기거나 뼈를 발라내는 작업은 필요 없다. 있는 그대로 집어넣기만 하면 사체는 금세 분쇄돼 반대편 출구로 거무튀튀한 반죽이 밀려 나온다. 분쇄된 털과 가죽, 뼈, 내장 등 모든 부위가 뒤섞여 반죽 형태로 만들어진다.

사체 반죽은 다시 증발 농축기에 집어넣는다. 120도가 넘는 고열과 압력을 가하면 반대편에서 동물성 기름이 줄줄 흘러나온다. 고열 가공 과정을 거치며 추출된 동물성 지방이다. 뽑아낸 지방은 따로 모아 화장품 같은 다양한 제품의 첨

가제로 사용한다. 쓸모없을 것처럼 보였던 동물 사체에서 재활용 가능한 원료를 가공해낸 것이다. 반죽에서 지방이 빠져나간 뒤 남은 부산물을 모아 다시 고열, 고압 처리해 남은 기름을 한 번 더 짜낸다.

여기까지 처리하면 동물 사체들은 본래 모양과 물성을 더 이상 알아보기 힘든 상태가 된다. 기름기는 물론 수분까지 다 빠져나가 흙뭉텅이처럼 보인다. 이를 다시 모아 잘게 빻아 고체 가루 형태인 고형분(지게미)으로 만든다.

먼저 추출한 동물성 지방에 이어 또 다른 재료 육분(肉粉)이 탄생한다. 이 육분을 원료로 동물이 먹기 좋게 조미하고 동글동글 콩알같이 모양을 만들면 돼지와 닭, 개 등에게 먹이는 사료가 된다. 동물 사체가 사료로 탈바꿈하는 것이다. 이제 가공 전 역겨운 냄새와 혐오스러운 모습은 조금도 찾아보기 힘들다. 동물 사체의 완벽한 변신이다.

찾아간 지방의 또 다른 렌더링 공장에서는 주로 닭의 부속물들이 처리되고 있었다. 대형 비닐봉지와 바구니에 한가득씩 담긴 닭 내장과 부속물이 공장 앞마당을 가득 채우고 있었다. 비닐 곳곳에 구멍이 뚫려 파리가 들끓고 있었지만 상온에 그대로 방치됐다. 위생 상태는 심각해 보였고 역한 냄새가 코를 찔렀다.

이런 재료도 렌더링 과정을 거치면 다시 동물 기름과 사료용 육분으로 재탄생한다. 아무리 고열과 고압으로 가공한다지만 동물 사료로 부적합해 보인다. 반려동물과 가축이 먹어도 괜찮은 건지 우려될 정도지만, 공장 관계자는 문제가 없다고 했다.

"섭씨 150~160도에서 삶기 때문에 동물들이 먹어도 배탈이 안 나요. 고열을 가하기 때문에 위생상 문제가 없습니다. 재료가 산패되고 부패했다면 사료 업체에서 우리 육분을 납품받아주지도 않아요. 다 기준에 맞춰서 만드는 겁니다."

이 관계자는 동물 사체와 부속물, 심지어 유통기한이 지난 냉장육이라도 섭씨 120도 이상 가열해 처리하면 사료 원료로 사용이 가능하다고 강조했다. 특히 공장에 납품되는 원재료 가운데는 구제역 예방을 위해 살처분한 동물 사체도 포함돼 있다. 구제역에 걸린 동물 사체는 직접 렌더링 처리를 하지 않지만, 구제역 발생지 인근에서 예방적 살처분한 사체는 괜찮다고 했다.

실제로 농림축산식품부는 2015년부터 동물 사료나 비료로 재활용할 수 없는 가축전염병 11종을 규정했다. 이에 따라 우역牛疫*과 우폐역牛肺疫**, 아프리카돼지열병 등 특정 질

병에 걸린 가축 사체는 재활용을 금지했다. 하지만 구제역과 조류독감 AI는 여기에서 빠져 렌더링 과정을 거치면 가축 사료로 재활용할 수 있는 것이다. 아무래도 께름칙한 상황이었지만 공장 관리자는 재차 강조한다.

"사람이 먹는 식용이 아니고 전부 사료 원료로 쓰기 때문에 문제가 없어요. 높은 온도에서 삶기 때문에 동물이 사료를 먹어도 문제가 안 됩니다."

동물 사체를 렌더링 처리하는 것 자체는 나쁜 것이 아니다. 동물 사체와 도축된 동물의 부산물, 음식점 등에서 발생하는 폐유 등을 고온, 고압 처리해 화장품이나 사료 등 원료로 이용하는 재활용 산업이다. 합법적으로 영업하는 렌더링 처리 전문업체도 전국적으로 약 40곳에 달한다. 동물 사체 매립 시 발생하는 부작용을 줄여주고 자원 재활용도 할 수 있으니 친환경적이라는 평가도 받는다. 2020년 기록적인 폭우로 수해가 발생해 전라남도에서 소 900여 마리가 폐사했을 때 이 가운데 730여 마리가 렌더링 처리되기도 했다.

그렇다면 렌더링 업체 관계자의 말대로 렌더링 육분은 동물 사료로 안전하고 친환경적이기만 한 걸까. 여기에는 의견이 엇갈린다. 업계에서는 고열, 고압 처리 과정을 거친 만큼 안전하다고 주장하지만, 장기적인 위험성을 경고하는 목소리도 있다.

---

* 바이러스 때문에 생기는 소의 전염병.
** 소에게 일어나는 만성 급성 늑막 폐렴.

20년 가까이 동물 사료 시장을 조사해온 캐나다의 동물 사료 전문가 앤 마틴은 그의 저서 『개, 고양이 사료의 진실』을 통해 렌더링 사료 위해성에 대해 경고한다. 마틴은 한 방송 인터뷰에서 동물 사료의 위험성을 이렇게 설명했다.

　"육식 사료에는 죽은 동물이 들어 있을 수 있다. 농장에서 죽은 동물들, 약물을 많이 복용한 동물, 교통사고로 죽은 동물, 동물원에서 살았던 동물들이 사료의 원료로 쓰일 가능성이 있다. 뿐만 아니라 식당과 식료품점 등에서 나오는 음식물 쓰레기까지 포함돼 있을 수 있다. 특히 죽은 동물에는 개와 고양이까지 포함된다."

　미국에서는 이미 20여 년 전부터 동물 사료의 안전성 문제가 제기돼왔다.

　미국 수의사들이 개를 안락사할 때 자꾸 약물 효과가 떨어진다며 1998년 식품의약국 FDA에 조사를 요구했다. 원인 분석에 들어간 FDA 수의학센터는 개 사료를 집중적으로 조사했고, 그 결과 사료에 안락사용 약물인 펜토바르비탈이 함유돼 있다는 것을 밝혀냈다. 이 약물로 안락사한 동물을 렌더링해 사료로 만들고 이 사료를 먹은 개들은 약물에 내성이 생겼을 가능성이 제기됐다. 펜토바르비탈은 사람과 동물 모두 적은 양이라도 섭취하면 간 손상 등 건강에도 심각한 문제를 일으킬 수 있다.

　항생제나 마취제 성분은 병원균과는 달라서 렌더링 처리를 하더라도 사료에 그대로 남을 가능성이 있다. 쥐약과 같은 독극물을 먹고 죽은 유기 동물은 사체를 렌더링 처리하더라도 유독 성분이 잔존할 수 있고 렌더링 과정에서 또 다른 2차 독성 물질이 추가로 형성될 가능성도 있다고 전문가들은 경고한다. 약물로 안락사시킨 유기 동물 사체를 렌더링해 사료로 만들었다면 이를 섭취한 개나 고양이에게 약물 성분이 전달될 가능성도 제기된다. 결국 이런 원료가 들어간다면 누구도 사료의 안전성을 보장할 수 없는 셈이다.

국내에선 매년 10만 마리 가까운 유기 동물이 전국 곳곳의 보호소로 넘겨진다. 입양되면 다행이지만 불행하게도 이 가운데 약 절반은 안락사와 자연사로 사망한다. 그만큼의 사체가 어떻게든 처리돼야 한다.

그런데 폐사한 가축과 동물의 매몰 처리는 쉽지 않다. 예전에는 폐사한 가축을 대부분 땅에 묻었지만, 매몰할 경우 침출수沈出水*와 악취 등 환경 문제가 발생해 추가 관리를 해야 하는 문제가 발생한다. 2010년 이후 조성된 매몰지만 이미 전국에 4,000여 곳에 달한다. 이제 매몰할 장소를 확보하는 것도 만만치 않은 상황이다. 화장 처리하면 이런 문제가 상당 부분 해결되겠지만, 동물 화장장은 그 수가 절대 부족한 게 현실이다.

이 때문에 렌더링 처리가 대안으로 부상해왔다. 안락사한 동물도 렌더링을 통해 육분으로 만들어질 가능성이 그만큼 더 커진 셈이다. 2019년에는 제주도 유기 동물 보호소에서 나온 개 사체 3,800여 마리가 렌더링 업체에서 처리된 뒤

* 쓰레기 따위의 폐기물이 썩어 지하에 고였다가 흘러나오는 물.

사료 업체로 보내졌다는 사실이 국정감사를 통해 드러났다. 이들 상당수는 안락사 시킨 뒤 렌더링 처리한 것이었다. 안락사를 했다면 약물이 투여됐을 가능성이 크다. 당시 개 사체 렌더링 사료 대부분은 양돈 농가에 흘러들어간 것으로 파악됐는데, 그 양이 25톤에 달하는 것으로 밝혀졌다.

반려인 인구 1,000만 명 시대. 렌더링 처리한 육분이 포함된 동물성 사료를 이대로 반려동물에게 먹여도 괜찮은 걸까.

# 천적天敵으로 키운
# 건강한 딸기

충남 논산의 한 농장 비닐하우스 재배 농가에서는 유기농 딸기가 자란다. 농부 K씨가 토경 재배로 딸기를 키우는 곳이다. 스스로 대한민국 1% 유기농 제품이라 부른다. 부부가 함께 유기농 딸기 농사를 짓는데, 비닐하우스 세 동만 한다. 유기농으로 재배하려면 힘이 많이 들어서 그 이상은 감당하기에 무리라고 했다.

비닐하우스에 들어가 보면 특이한 모습이 눈에 띈다. 낮게 자라는 딸기 잎사귀 위로 군데군데 초록색 풀이 우뚝 자라 있다. 딸기밭 중간 감시탑처럼 보이기까지 하는 이 식물은 보리다. 딸기 하우스에 웬 보리인가 싶지만 천연 방제防除를 위해 키우는 것이다.

보리에는 콜레마니진디벌이 서식한다. 콜레마니진디벌은 진디벌아과에 속하는 진딧물의 천적이다. 어린 진딧물 체내에 알을 산란하며 번데기 기간에 진딧물의 체액을 영양분으로 섭취하며 자란다. 콜레마니진디벌은 수십 종의 진딧물을 공격하는 것으로 알려져 있다. 농약을 따로 쓰지 않고 천적을 이용해 진딧물을 퇴치하는 방법이다. K씨의 설명이다.

"콜레마니진디벌이 보리에 모여든 진딧물을 쏴서 마비시켜 미라처럼 만들어버려요. 천적 활동을 통해 해충을 없애는 거죠."

이런 영농법은 천적 농법이라 불린다. 농사를 망치는 해충을 잡아먹는 곤충이나 곰팡이 등 천적을 논과 밭에 키워 병충해를 방지한다. K씨 부부 농가처럼 주로 비닐하우스 농가에서 효과적이다. 딸기 등에 많이 붙는 진딧물은 증식 속도가 빠르고 이동성도 높아 온실에서 많이 생겨난다. 진딧물 천적인 진디벌이나 진디혹파리 등이 서식하는 천적 유지 식물, 즉 보리를 딸기와 함께 키우고 천적들이 방제 활동을 하게 만든다. 더욱이 비닐하우스는 천적 벌레가 날아가는 것도 막을 수 있어 일거양득이다.

천적 농법은 합성 농약의 부작용 때문에 관심 갖게 된 농법이다. 농약 위주의 해충 방제제가 널리 사용되면서 해충은 줄었지만 천적까지 없어지면서 해충 밀도가 다시 높아지

는 곳이 나타났다. 일부 해충은 저항성까지 생겨 농약도 잘 안 들게 됐다. 이에 따라 해충을 박멸하는 방제보다 생태계 구성원인 해충과 천적이 어느 정도 균형을 이룰 수 있도록 하는 방제 수단으로 천적 농법이 각광받게 됐다.

천적 농법은 특정 해충만을 잡아먹는 천적의 습성을 이용하기 때문에 작물에는 피해가 없고 농약 사용량도 크게 줄일 수 있다. 또 해충의 약제 저항성도 줄여줘 내성 걱정 없이 방제할 수 있다는 장점이 있다. 더욱이 천적 농법은 잔류농약 문제 등으로부터 자유롭기 때문에 친환경 농법으로 인정받는다.

K씨 부부 농가는 천적 농법만으로 딸기를 재배하는 게 아니다. 양분을 공급하는 퇴비도 유기질 성분으로 만든다. 여기에 직접 따서 발효시킨 은행 발효액을 섞고, 유기물을 분해해 영양분을 공급하는 미생물도 넣어준다. 이들을 혼합한 용액을 물에 희석해 딸기 아래 묻어놓은 호스를 통해 조금씩 딸기가 흡수할 수 있도록 한다. 말 그대로 '자연 그대로' 만 들어낸 천연영양제다.

클로렐라 배양액도 딸기밭에 뿌려준다. 클로렐라 용액은 비료가 아니라 병충해를 막아주는 또 다른 방제제로, 생육에 도움을 주는 보조제로 활용한다. 클로렐라 배양액은 잎과 딸기에 천연 방어막을 형성해 생장을 촉진하고 병해를 억제해주는 효과가 있다.

친환경 농법으로 화학 농약을 일절 쓰지 않고 안전한 방제제만 쓰기 때문에 딸기 표면에 유해 성분이 없다. 이렇다 보니 K씨 부부 농장의 딸기는 비닐하우스에서 바로 따 씻지 않고 먹어도 괜찮다. 실제로 맛을 보면 당도가 높고 맛도 신선한 느낌이 가득하다.

이처럼 유기농으로 재배하면 건강한 딸기, 건강한 먹거리를 만들 수 있다. 하지만 일반 관행농보다 비용이 두 배 가까이 들어간다. 상품은 좋지만 경쟁력이 떨어지는 것이다.

이렇다 보니 친환경 농산물 재배 농가는 학교급식에 크게 의존한다. 각급 학교에서는 학생들 건강 등의 이유로 친환경 농산물 이용을 적극 장려하기 때문이다. K씨도 예쁘고 잘생긴 걸 골라 대부분 서울 경기 지역 학교에 급식용으로 납품한다. 2024년 기준 전체 친환경 농산물 생산량의 약 42%가 친환경 학교급식에 공급된다.

친환경 작물 소비를 급식에 많이 의존하다 보니 생산 농가의 고민은 클 수밖에 없다. 코로나19 발생 등 예기치 않은 상황이 발생해 학교급식이 줄면서 친환경 농산물은 폐기되거나 저가에 판매될 수밖에 없기 때문이다. 장기적으로 일반 소비자에게 더 다가갈 수 있는 다양한 판로를 개척하고

납품처도 더 다각화할 필요가 있다. 친환경 가공식품 산업 활성화도 대안 가운데 하나로 꼽힌다.

친환경 농산물에 대한 소비자의 인식은 나쁘지 않고 수요도 적지 않다. 한국농촌경제연구원에 따르면 2020년 기준 국내 친환경 농산물 시장 규모는 1조5,000억 원대에 달하고 2025년에는 2조1,360억 원 규모로 성장할 것으로 추산된다. 안전하고 건강한 먹거리에 대한 선호가 높아지고 있기 때문이다.

반면 친환경 농산물 재배 현장은 계속 주는 추세다. 친환경 농가는 2012년 10만7,000여 가구로 정점을 찍은 후 10년 만에 절반 수준으로 떨어져 2022년 5만여 농가로 줄었다. 재배 면적도 약 12만7,000ha에서 7만ha로 반토막 나고, 같은 기간 친환경 농산물 출하량도 약 101만 톤에서 45만 톤으로 절반도 미치지 못하는 수준으로 줄었다.

친환경 농산물 수요가 느는데도 관련 농가가 꾸준히 줄

어드는 현상은 친환경 농사를 계속하는 것이 그만큼 어려울 뿐 아니라, 채산성을 맞추기도 판로를 개척하기도 힘들다는 방증이다.

업계에서는 국내 친환경 농업이 침체를 겪는 이유 가운데 하나로 인증 제도를 꼽는다. 친환경 농업 선진국은 재배 과정을 살펴보고 친환경 인증을 해주는데 우리나라는 결과, 즉 잔류 농약 검출 여부를 중심으로 인증이 이뤄진다는 것이다.

이 때문에 몇 년 동안 어렵게 친환경 농사를 지어 인증을 받아도 의도치 않은 오염으로 한 번이라도 농약이 검출되면 인증이 취소되는 등 친환경 인증 유지가 쉽지 않다고 한다. 실제 농약 사용 기준 위반으로 인증이 취소되는 사례는 거의 매년 약 200건에 달하는 것으로 전해진다.

친환경 인증, 특히 유기농 인증을 받으려면 5년의 기간이 필요하다. 한번 취소되면 그만큼 다시 친환경 농법을 유지하고 재인증을 기다려야 한다. 이렇게 힘들고 지난한 노력이 필요함에도 이들이 유기농 딸기 재배를 고집하는 이유는 뭘까. K씨 부부는 자신들이 유기농 작물 혜택을 톡톡히 봤기 때문에 이제 이를 나누고 싶다고 말한다.

"저희가 암 수술을 받은 경력이 있어서 일부러 유기농 제품만 찾아 먹었어요. 유기농 재배한 작물을 먹고 건강을 챙기게 됐죠. 마찬가지로 많은 소비자도 건강한 삶을 살았으면 좋겠다는 생각에서 유기농 재배를 고집하고 있습니다."

국내에서 생산되는 딸기의 약 97%는 농약과 화학비료, 곰팡이 제거제 등을 사용하는 관행농법으로 재배된다. K씨와 같은 농부들이 남은 3%의 유기농 농법을 지키기 위해 안간힘을 쏟고 있다. 이들이 바라는 건 자신들의 노력에 대한 제대로 된 시장의 평가다.

"유기농 농산물이 제대로 된 평가를 받고 제대로 된 가격 보상을 받아서 자부심을 갖고 유기농 농사를 지을 수 있는 시대가 빨리 왔으면 좋겠습니다."

# 3

위험한
서비스

# 1

# 당신을 내려다보는
# ATM 몰카

은행 ATM기를 이용하기 위해 차례를 기다리던 중이었다. 먼저 이용 중인 앞사람을 쳐다보던 중 ATM 기기 부스 천장의 검은 점 하나가 눈에 들어온다. 뭐지? 차례가 되어 ATM 부스 위를 자세히 보니 점이 아니라 검정색 렌즈다. 손가락으로 살짝 밀자 렌즈는 움직였고 뒤에 카메라가 달린 게 보였다. CCTV 카메라였다.

왜 ATM 위에 CCTV 카메라를 설치해놓은 걸까. 은행 안으로 들어가 직원에게 물어봤다.

"왜 현금인출기 위에 CCTV 카메라를 설치한 건가요?"

"예? CCTV라니, 무슨 말씀인지 잘 모르겠는데요."

함께 ATM 부스로 다시 나가 천장에 뚫린 구멍을 손가락으로 가리켰다.

"저기 보세요. 카메라 렌즈 안 보여요? 바로 아래 고객들이 거래하는데 왜 저기다 설치한 겁니까?"

"저는 모르는 일입니다. 아마도 CCTV는 아닐 거예요."

직원이 다시 자세히 들여다보더니, "진짜, 뭔가 있는 거 같긴 하네요. 뭐지? 카메라인가?" 한다.

CCTV 설치 사실도 몰랐다는 직원은 당연히 그게 왜 거기 달려 있는지 설명도 못 했다.

"저는 ATM 위에 CCTV가 설치돼 있다는 걸 오늘 처음 알았어요. 저도 궁금하네요, 그게 왜 거기에 달려 있는지."

은행직원도 모른다는 CCTV 카메라는 도대체 누가, 왜 설치한 걸까.

그런데 ATM 기기 위에 CCTV가 설치된 은행은 이곳만이 아니다. 거리의 ATM 부스 곳곳에 CCTV가 설치돼 있다. 은행지점이 직영하는 것은 물론, 은행 공용 ATM기에도 CCTV가 있다.

ATM기 천장에 CCTV를 설치하는 이유는 제각각이다. CCTV가 설치된 한 은행 관계자는 절취 등 사고 방지를 위한 것이라고 설명했다. 이 때문에 은행지점 내 설치된 ATM 기기에는 CCTV가 없고 지점 밖 무인으로 운영되는 외부 자동화 기기에만 CCTV가 설치돼 있다고 덧붙였다.

"아무래도 무인으로 운영되다 보니까. 사고 예방 차원에서 설치하는 경우가 있습니다."

CCTV가 설치된 또 다른 은행지점에서는 ATM 이용자 신원 확인을 위해 설치했다고 했다. 고객이 ATM에서 현금을 인출해놓고 그대로 놓고 가거나 지갑 등 귀중품을 두고 가는 경우가 종종 있어 이를 되돌려주기 위한 신원 확인용으로 설치했다는 것이다. 얼굴 확인도 최소한도로 하려고 정면 촬영은 하지 않고 비스듬한 각도로만 찍게 돼 있다고 설명했다.

또 다른 대형 은행은 금융범죄 수사를 지원하기 위한 CCTV라고 밝혔다. 도난이나 보이스 피싱 등 범죄와 연루된 거래에 ATM 기기가 이용된 정황이 드러나면 수사 목적상 경찰이 이를 확인할 수 있게 하는 용도라는 것이다. 범죄 피해자든 가해자든 CCTV에 이용자의 신원과 거래 내역 등이 녹화되므로 영상 확인을 통해 도움을 준다는 얘기다.

이들 은행은 하나같이 ATM 기기를 이용한 범죄나 사고 등이 발생했을 때 참고용으로 쓰려고 촬영한다고 주장한다. 이 때문에 은행 측은 CCTV 영상을 실시간 모니터링하지 않고 저장만 한다는 얘기다. 그러면서 ATM 위에 CCTV를 설치하지 않으면 더 많은 문제가 발생할 수 있다고 강조한다.

ATM 기기 위 CCTV를 설치한 이유와 목적은 제각각이고 설치 위치도 차이가 있다. 모든 ATM 부스에 CCTV가 다 달려 있는 것도 아니다. 은행직원 가운데 ATM 위에 카메라가 있다는 사실을 아는 사람도 많지 않다. ATM기 위 CCTV 설치 및 운영은 은행마다 제멋대로인 셈이다.

CCTV로 무엇을 들여다보고 있는지 직접 확인할 차례. 천장 CCTV가 설치된 은행을 찾아가 한 차례 거래를 한 다음 지점 사무실로 들어갔다. 직원을 붙잡고 "조금 전 거래를 했는데, 부스 천장 구멍에 카메라가 있는 걸 봤다. 무엇이 찍혔는지 보여달라"고 요구했다. 직원 혼자 결정할 문제가 아니었다. 잠시 소란이 벌어지자 상급 관리자가 나타났다.

"무슨 일 때문에 그러시는 건가요?"

"제 거래 내역이 ATM 위 카메라에 어떻게 찍혔는지 보고 싶습니다."

"그건 곤란합니다. 고객이 원한다고 해도 저희가 보안 영상을 다 보여드리고 그러진 않아요."

은행 측은 CCTV 영상 공개를 완강하게 거절했다. 하지만 개인정보보호법 제35조 규정에 따르면 '정보 주체는 개인정보 처리자가 처리하는 자신의 개인정보에 대해 열람을 요구할 수 있다'고 돼 있다. 이 규정까지 들먹이며 "개인정보보호법에 따라 지금 ATM 거래 고객(정보 주체)이 은행(정보 처리자)에게 CCTV로 어떤 개인정보를 처리했는지 보여달라고 요구하는 것이니 따르라"고 했다.

난색을 표하던 직원은 그제야 영상을 확인시켜주겠다며 보안실이라는 곳으로 데리고 간다. 보안실 모니터에는 외부 ATM 기기 위 CCTV 영상이 실시간 전송되고 있었다. 화면에는 천장 위 CCTV가 촬영하는 ATM 거래 화면이 정확하게 보였다. 이용자 정수리가 보이고 그 앞으로 모니터, 그리고 거래 메뉴를 선택하는 고객 손가락 모습까지 선명하다.

그런데 ATM기 모니터를 비추는 화면 일부가 직사각형 형태로 검정색이 칠해져 있다. 고객이 누르는 손가락 부위도 여기 포함돼 어떤 번호를 누르는지는 보이지 않는다. 은행 직원은 모니터의 검정색 부위를 가리키며 '마스킹' 차폐 처리를 한 것이라고 했다. 고객 거래 화면을 다른 사람이 볼 수 없도록 조치한 것이다.

"여기 모니터를 보시면 ATM 이용자가 이체 거래를 했는지 현금을 인출했는지 정도만 확인할 수 있을 뿐 그 밖에 고객 계좌번호와 거래 내역, 비밀번호 등 민감한 개인정보는 저희가 볼 수 없습니다. 안심하고 사용하셔도 됩니다."

직원 말대로 CCTV 모니터 자체에 ATM 키패드 부분은 검정색이 칠해져 있어 그 부분을 훔쳐보는 건 불가능해 보였다. 하지만 엄밀히 말하면 검정색 마스킹은 보안실 모니터에 시커멓게 칠한 것일 뿐이어서 원천적으로 고객 거래 정보를 볼 수 없는 것은 아니다.

밖으로 나가 ATM 기기 위 천장 구멍에 보이는 CCTV 카메라를 볼펜으로 살짝 건드려보았다. 카메라는 고정돼 있지 않고 쉽게 움직였다. 툭툭 건드릴 때마다 렌즈 각도가 조금씩 틀어졌다. 다시 보안실로 가서 모니터를 확인했다.

생각했던 대로 카메라 각도가 변해 모니터에 비친 ATM 기기 주변 화면도 바뀌었다. 이제 ATM 키패드 부분이 검정색 마스킹 범위 밖으로 나와 고객이 무엇을 누르는지 식별할 수 있는 상태가 됐다. CCTV 각도가 이렇게 쉽게 바뀔 수 있다는 것은, 은행직원이 마음만 먹으면 각도를 임의로 조절해 고객 정보를 마음껏 들여다볼 수 있다는 얘기였다.

은행직원은 그렇게 CCTV 각도를 바꿀 수 있다는 사실을 인정하려 하지 않았다.

"보안업체에서 철저하게 관리하기 때문에 그럴 일은 없습니다. 지금 각도가 틀어진 카메라는 노화됐거나 관리가 부실화된 일부 기기일 겁니다."

손가락이나 볼펜 끝으로 조금만 건드려도 저렇게 쉽게 움직이는 걸 같이 보고도 주장을 굽히지 않았다.

은행지점에 설치된 ATM 부스 관리 실태가 이 정도이다 보니, 은행 밖 길거리에 설치된 ATM 상황은 더 열악할 수밖에 없다. 인적이 드문 거리에 단독으로 설치된 한 은행 공용 무인 ATM 부스 천장에 설치된 CCTV를 확인했다. 아크릴로 만들어진 천장은 손가락으로 밀자 쉽게 움직였고 바로 위에 설치된 CCTV 카메라도 드러났다. 카메라는 너무 허술하게 설치돼 조금만 힘을 줘도 천장에서 분리할 수 있었다. 이 역

시 보안 또는 분실 사고 등을 대비해 설치해놓은 것이겠지
만, 너무 조악한 상태였다.

　내친김에 ATM 위에 직접 카메라를 설치해봤다. 은행이
설치한 천장 카메라를 치우고 그 자리에 스마트폰을 놨다.
천장 구멍과 휴대전화 카메라 렌즈를 잘 맞추고 ATM기 모
니터를 비추도록 조절했다. 그리고 녹화 시작 버튼을 누르
고 천장 덮개를 제자리에 놓았다. 그런 다음 ATM 거래를 실
제와 똑같이 했다.

거래를 마친 뒤 다시 천장을 열고 휴대전화를 꺼내 확인해보니 조금 전 거래 모습이 고스란히 녹화돼 있었다. 카드를 넣는 것부터 이체 상대와 은행 이름, 계좌번호, 금액, 비밀번호 등 필요 정보가 모두 빠짐없이 담겨 있었다.

ATM 기기 관리가 이만큼 허술하다면 누군가 임의로 ATM 위에 CCTV를 설치해 이용객 개인정보를 녹화하고 유출한다 해도 무방비 상태인 셈이다. 고객 정보를 빼내려고 힘들게 은행 보안 시스템을 해킹할 필요도 없다. 그냥 은행이 설치한 카메라를 치우고 대신 그 자리에 몰카 장비만 설치하면 ATM 이용자 정보를 손쉽게 알아낼 수 있는 것이다.

허술하기 짝이 없는 ATM 위 감시카메라는 이렇게 은행 마음대로 설치해도 괜찮은 걸까.

사실상 ATM 기기 위 CCTV는 관리 사각지대에 놓여 있다. 행정안전부 관계자에게 실태를 문의했더니, 은행 CCTV와 관련된 부분은 따로 관리 감독을 하는 법률이 없다며 금융감독원이 관리할 거라는 답변이 돌아왔다. 그런데 금융감독원 직원은 "은행들이 ATM 기기 위에 설치한 천장형 CCTV를 특별히 규제하는 법규가 없는 것으로 안다"고 했다.

ATM 기기 위 CCTV는 은행 측이 원할 경우 설치하면 그만이다. 심지어 같은 은행지점 내에서도 어떤 ATM 기기는 CCTV가 설치돼 있고 어떤 것은 없다. 카메라 설치 목적이 범죄 예방이든, 범죄 추적이든 일관성 있게 설치해야 이해가 될 텐데, 그렇지도 않다.

2015년 서울 금천구의 한 ATM에 카드 복제기와 몰래카메라를 설치한 용의자가 경찰에 붙잡혔다. 중국인 A씨는 은행 영업점 옆 ATM 카드 투입구에 카드 복제기를 붙이고 ATM 부스 천장에 소형 카메라를 설치했다. 이런 식으로 카드를 복제하고 비밀번호까지 알아냈다. ATM 관리 직원이 복제기를 발견해 경찰에 신고했지만 이미 비밀번호 등 고객 30여 명의 개인정보가 중국으로 유출된 뒤였다. 같은 해 명동의 한 은행 ATM에서도 비슷한 일이 벌어졌다. 다행히 고객 한 명이 사용한 직후 몰래카메라를 발견해 추가 피해는 발생하지 않았다.

은행직원 가운데 누군가는 마음만 먹으면 고객의 ATM 거래를 모두 들여다 볼 수 있다. 얼마나 돈을 넣고 뺐는지, 누구에게 송금했는지, 어떤 계좌를 통해 어떤 거래를 했는지 등을 실시간으로 볼 수 있다. 심지어 비밀번호도 알아낼 수 있다. ATM기 위 CCTV 덕분이지만 은행은 그런 사실을 말하지 않는다. 고객은 불안하다.

오늘 당장 은행 현금인출기로 달려가 머리 위를 살펴보라. 단춧구멍처럼 작고 시커먼 구멍이 있다면 CCTV가 설치됐다는 얘기다. 자세히 들여다보고 그 안에 CCTV 카메라 렌즈가 보인다면 그나마 안심 아닌 안심을 해도 좋다. 은행이 설치한 것일 가능성이 높기 때문이다. 하지만 핸드폰 렌즈가 보이면 그건 누군가 당신의 개인정보를 들여다보려고 일부러 설치한 것을 의미한다. 구멍 안을 들여다볼 때 이 낯선 렌즈와 눈이 마주치더라도 너무 놀라지는 마시길……

143

# 2

# 은밀하고 끔찍한
# 불법 치과

"치과 다니려면 힘들잖아. 그런데 그 양반은 직접 와서 치료를 해주니까, 좋아."

그 양반은 무면허 불법 치과 시술사다. 의사면허도 진료실도 따로 없지만 수많은 노인이 그 앞에서 입을 벌린다. 환자가 있는 곳도 직접 찾아다닌다. 문제는 그 양반이 무면허이고 불법시술을 한다는 것이다. 그의 엉터리 치료로 피해자가 속출하지만 하소연할 곳도 없다. 무면허 치과의사는 그렇게 전국 곳곳을 돌아다니며 의사 행세를 해왔다.

경기도 안산의 한 농촌에서 노인들 사이에 알음알음 무면허 치과 시술이 이뤄진다는 정보를 입수하고 찾아갔다. 이 마을에서 업자에게 시술을 받았다는 노인은 여러 명이었다. 주민들에 따르면 이 업자는 치아를 뽑는 발치는 물론, 충치를 때우고 틀니까지 만들어준다. 그 가운데 한 할머니는 충치 치료와 틀니 제작 등 여러 번 시술을 받았다고 했다. 무면허 업자인 줄 알지만, 싸고 편하니 믿고 맡겼다.

"너무 편하지, 직접 와서 다 해주고. 이빨도 때우고 틀니도 해줘요. 틀니는 입천장 부위에 구멍을 뚫어줘 너무 좋아요. 가볍고 음식 맛도 잘 느낄 수 있고 그렇거든. 치과에서는 입천장 부위를 덮어버려요. 의료보험은 안 되지만 가격이 싸요. 치과에서 하면 80만 원 들 것을 이 양반은 20만 원이면 해줘.”

마을 노인들에게 업자 연락처를 물었다.

“어디 가면 그분을 만날 수 있어요?”

다들 모른다고 했다.

“모르지, 우리는. 친구 소개로 시술받았는데, 소개만 해주고 그 집 전화번호는 안 가르쳐줘요.”

보안 유지가 철저해 그에게 시술받은 노인조차 연락처를 모른다. 이들이 ‘친구’라고 부르는 브로커에게 연락해야 시술사를 소개받을 수 있다고 했다. 수소문한 끝에 무면허 치과 시술 브로커와 연락이 닿았다. 그는 이 마을 노인들을 ‘치료했다’는 불법시술업자를 소개해주겠다고 했다.

“내가 연락해드릴 테니 직접 통화해봐요.”

아는 사람을 통해 연락했음에도 경계하는 목소리가 느껴졌다. 자신의 신원을 알 수 없도록 짧고 간략하게 묻고 답했다.

“뭐 치료하시려는 건데요?”

“어떤 시술이 가능하신데요?

“며칠씩 시간이 많이 걸리는 장기 치료만 아니면 대부분 다 할 수 있어요.”

충치 치료를 부탁하고 승낙을 받았다. 만나기로 하고 시간과 장소를 정했다. 알고 보니 이 업자의 본거지는 서울이었다.

만나기로 한 날, 약속 시간이 한참 지나도 시술업자는 나타나지 않았다. 환자가 아니라는 걸 눈치챈 걸까. 앞서 통화했던 번호로 연락을 해봤지만 더 이상 전화도 받지 않았다. 무면허 시술사는 몹시 조심스러웠다.

무면허 치과 시술업자를 찾아 나선 첫 번째 시도는 그렇게 실패였다.

방법을 바꿔 먼저 미끼를 던졌다. '싸게 치과 치료를 할 수 있는 업자를 찾는다'는 글을 온라인 커뮤니티 게시판 여기저기에 올렸다. 며칠이 지나자 메시지가 날아왔다. 그런데 시술업자 당사자가 아니라 중간 브로커였다. 지방 시술업자를 알고 있는데 괜찮겠냐며, 목포에 있는 시술업자를 소개해주겠다고 했다. 바로 '진료' 일정을 잡았다. 일단 목포 시내에서 보기로만 하고 정확한 주소는 당일 알려주겠다고 했다.

약속 당일 브로커가 알려준 대로 목포 시내 거리 주소를 찾아갔다. 그런데 주변에 상가만 몇 개 있을 뿐 진료소 같은 곳은 보이지 않는다. 어디서 시술이 이뤄지는 걸까. 두리번거리고 있을 때 흰색 승용차 한 대가 나타났다. 중년 여성 운전자가 창문을 내리며 말했다.

"치과? 타세요!"

차에 탄 사람은 시술업자가 아니라 인터넷 게시판에 무면허 시술업자를 소개해주겠다고 댓글을 단 브로커였다.

"얼른 타세요. 여기가 아니에요. 더 가야 해요."

다짜고짜 태우더니 다시 차를 몰았다.

"아니, 어디로 가는 거예요?"

"저 멀리 가야 한다니까. 만나기 쉽지 않아요. 미리 예약도 해야 하고. 소개도 아무나 안 해줘요. 요즘 워낙 험한 세상이라. 잘못 걸리면 불법 의료 행위로 교도소 가잖아요. 전화번호도 안 가르쳐줘요. 나같이 아는 사람만 연결해서 그렇게 하는 거예요."

차를 타고 10여 분 이동해 도착한 곳은 뜻밖에도 목포 시내였다. 외곽이나 인적이 드문 곳으로 갈 줄 알았더니, 오히려 도심이다. 길 건너 약 500미터 거리에 목포경찰서가 있다. 등잔 밑이 어둡다고 했던가. 무면허 치과 시술업자는 대담하게도 경찰서 코앞에서 불법 영업을 하고 있었다.

브로커는 골목길에 주차를 한 뒤 오래돼 보이는 2층 빌라로 안내했다. 겉보기엔 주변 다른 집과 다를 바 없는 평범한 가정집이다. 그런데 주택가에선 좀처럼 보기 힘든 방범용 CCTV 카메라가 대문 위에 설치돼 있다.

벨을 눌러도 대문은 바로 열리지 않았다. 브로커가 전화로 먼저 연락하고 CCTV 카메라 앞에 얼굴을 들이댄 다음에야 대문이 열렸다. 계단을 따라 2층으로 올라가자 50~60대로 보이는 남성이 일행을 맞이했다. "힘들게 먼 길 오셨습니다."

들어가 보니 일반 가정집이다. 냉장고와 가스레인지가 있고 식탁에 음식 재료도 보인다. 거실 가운데 탁자와 의자가 놓여 있고 한쪽 구속엔 빨래 건조대까지 있는, 평범한 주택이었다.

다만 모든 창문이 시커먼 암막 커튼으로 가려져 있다. 안에서 바깥을 내다볼 수 없고 바깥에서도 안을 들여다볼 수

없다. 마루엔 외부 상황을 CCTV로 지켜볼 수 있는 모니터가 있다. 모니터에는 집으로 향하는 골목길과 조금 전 브로커가 얼굴을 내비쳤던 대문 앞, 그리고 2층으로 향하는 계단 주변이 선명하게 보인다.

책상과 가방만 덩그러니 놓인 방으로 일행을 안내한다. 치과용 의자나 진료 차트, 조명, 개수대 등은 찾아볼 수 없다. 불법시술사는 환자와 함께 방바닥에 마주 앉아 진료를 시작했다. 위생 장갑도 끼지 않은 맨손을 입안에 쑥 집어넣고 치아 상태를 확인한다. 손을 씻었는지 알 수도 없었다. 잠시 치아와 잇몸 여기저기를 살펴보더니 바로 진단이 나온다.

"어금니에 충치가 있네, 크라운을 씌우면 되겠다."

옆에서 지켜보던 브로커가 몇 마디 거든다.

"안 아프게 잘해요. 치과의사들도 와서 해 가요. 이 사람이 본을 뜨면 보철물 갖다가 의사들은 끼우기만 해요. 이 사람이 기술자예요, 치과의사보다 더."

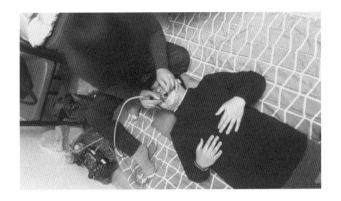

바로 처치가 시작된다.

"자, 누워보세요. 이거 하나만 씌우면 되겠네, 크라운."

환자는 그냥 방바닥에 누인다. 책상다리를 한 자신의 무릎 앞 베개에 환자 머리를 올린다. 옆에 있던 허름한 가방에서 치과 기구를 꺼내 바로 시술을 시작한다.

"위이잉~"

치과용 드릴이 날카로운 소리와 함께 작동을 시작한다. 입안을 비추는 조명은 없고 마취도 안 한다. 치료 도중 발생하는 치아 파편과 출혈을 빨아들이는 흡입기는 고사하고 간호사도 없다. 이를 가는 그라인더와 입안에 물을 내뿜는 기구만 준비돼 있다.

무면허 업자는 드릴을 입안에 집어넣고 어금니 충치 부위를 갈기 시작한다. 강철 그라인더가 치아에 닿을 때마다 날카로운 마찰음이 "웨앵" 하고 방 안에 울려 퍼진다. 통증과 함께 공포감이 밀려온다.

"아! 아! 아파요!"

"쇠가 잇몸에 닿아서 그래요. 괜찮아요. 다 인체공학적, 과학적으로 만든 거라서 인체에는 무해해요. 힘 빼세요!"

고통은 잠시라며 순식간에 충치를 갈아낸다. 물을 한번 머금게 한 뒤 뱉으라 했고, 붉은 핏물이 섞여 나온다.

잠시 입안을 살피더니, 바로 2차 시술을 시작한다. 드릴이 다시 입안으로 들어가고 막무가내로 치아를 갈아댔다. 조명이 없어 제대로 보이기나 할까 싶었지만 드릴은 거침없이 움직인다. 그렇게 충치 제거가 마무리된다.

다음은 치아 본뜨기가 시작된다. 본뜨기 작업에 필요한 재료는 담배 라이터를 켜서 녹이고, 적당히 말랑해지면 갈아낸 치아 위에 덮어씌워 본을 뜬다.

"자! 다 됐습니다."

시술은 여기까지. 충치에 크라운 하나 씌우는 데 비용은 20만 원이었다. 일반 치과에서 하면 40만 원을 요구한다며 "절반 수준"이라고 했다. 시술을 마치고 나가는 환자를 배웅하며 슬쩍 자랑도 늘어놓는다.

"돈만 되면 출장 시술도 나갑니다. 한 시간 거리는 갑니다. 순천, 완도 다 갔어요."

어두컴컴한 가정집에서 무면허 시술업자에게 받은 충치 치료는 제대로 된 것일까. 치과 전문의를 찾아가 정식 진료를 받아봤다. 의사가 치아 상태를 보더니 혀를 찼다. 치아 간격과 모양 등을 고려하지 않은 채 마구잡이로 시술했다고 설명했다. 의사는 도대체 어디서 이런 엉터리 시술을 받았냐는 표정이었다.

"치아를 많이 삭제해놨어요. 단순히 크라운을 빨리 씌우려고 삭제한 것일 뿐입니다. 치아를 건강하고 올바르게 씌우기 위해 디자인해서 삭제된 상태가 아니네요."

손재주 좋기로 소문이 난 또 다른 무면허 치과 시술업자도 찾아냈다. 이번엔 출장 전문이다. 기공사 출신으로, 경력이 37년에 달한다고 스스로를 소개했다. 그의 출장 가방 속엔 치과용 시멘트부터 각종 용품이 가득하다. 몇 개를 꺼내 보이면서 치과보다 더 전문적이고 장비도 더 좋다고 자랑한다.

"이런 기구는 국내 치과에서는 쓰지 않는 거예요. 오히려 제가 한 단계 좋은 거 씁니다. 기구 자체에 조명까지 달려 있어요. 치과의사보다 돈을 더 들인 장비죠."

환자 치아 상태를 살피는데, 이 사람도 맨손이고 진단도 금세 내려진다.

"크라운 하나 씌우면 되겠네."

기공사 출신이라더니, 치아 본을 뜨는 작업은 능수능란해 보인다. 알지네이트라는 찰흙 같은 소재를 고르게 반죽하더니 입안에 집어넣고 어금니를 꽉 다물라고 했다. 잠시 뒤 꺼내자 치아 모양이 그대로 찍혀 나온다. 충치에 금니 크라운을 하나 씌우는 비용은 25만 원으로, 40~50만 원 하는 병원보다 저렴하다고 했다.

이 업자는 임플란트처럼 수술이 필요한 시술은 못 하고, 그 외 충치와 보철기 시술을 주로 한다고 했다. 그러면서 주변 기공사 가운데 자기처럼 무면허 시술을 하는 이들이 더 있다고 주장했다. "자기들도 보철 기술 다 배웠는데, 그걸 안 하겠어요?"

치기공사 출신 무면허 시술자와는 차원이 다른 불법 치과 시술 현장도 있다. 보철 위주의 치기공사와는 달리 충치와 잇몸질환 등 치료까지 가능하다는 곳이다. 시술소는 뜻밖에도 지방의 한 공사 현장 사무실에 자리하고 있었다.

건물 밖에는 'OO 건설 현장'이라는 간판이 붙어 있다. 하지만 문을 열고 들어가면 건설 사무소가 아니다. 깔끔하게 실내 인테리어가 돼 있고 말끔하게 차려입은 젊은 여성이 친절하게 맞이한다. 본인을 월급제 치과의사라고 소개한다. 진료실 안에는 대표라는 남성이 한 명 더 있다. 이 둘은 같은 치과병원에서 근무하는 사이로, 가욋돈을 벌려고 밖에서 의기투합해 불법 치과기공소를 차린 것이다.

머리를 질끈 동여맨 여의사는 진료 시작 전 위생장갑을 챙겨 손에 낀다. '진료실'에는 뒤로 기댈 수 있는 환자용 간이 의자부터 밝은 LED 조명까지 갖춰져 있다. 이곳은 진료실이 실제 치과와 비슷하게 구색은 갖추고 있다. 장소가 건설 사무소라는 게 이상하긴 하지만.

"저는 치과에서 일하고 있고, 여기는 일반 치과를 옮겨놓은 거예요."

이들은 의료인이 아닌 일부 기공사가 하는 무면허 불법 시술과는 차원이 다르다고 자랑했다. 자신들은 마취 치료부터 신경치료, 레진 등 시술을 할 수 있어 전문성이 있다는 것이다.

현직이어서 그런지 이전에 만난 다른 불법시술 업자들과는 사뭇 진료 분위기가 다르다. 밝은 조명을 비춰 입안을 들여다보고 치아와 잇몸 상태도 조심스럽게 타진한다.

"여기 충치를 조금 제거하고 안을 메워서 다시 살짝 다듬어 본뜨면 될 것 같아요."

또 다른 충치가 있다며 "이것도 충치인데 조금만 때우면 되겠네요. 치과에서 하면 비싼데 저는 10만 원만 주시면 돼요. 오늘은 멀리서 오셨으니 요건 그냥 해드릴게요."

구멍 뚫린 초록색 수술 천을 입 주위에 덮고 시술을 시작한다. 썩은 부위를 고통 없이 긁어낸다. 그동안 한쪽에선 기공소 대표라는 남성이 치아 본을 뜰 재료를 능숙하게 반죽한다. 기공사 출신인지 물었다.

"아니요. 저는 치과기공을 공부한 건 아니고요. 기공소 운영만 하는 거예요. 기공사 직원들이 이걸 매일 하니까 저도 보고 다 알아서 따라 하는 거예요."

불법 치과의 대표라는 사람은 심지어 기공사도 아니었다.

치과의사들이 하는 걸 어깨너머로 배운 기공사들이 불법 시술을 하고, 기공사들이 작업하는 걸 옆에서 지켜본 일반인이 기공사 흉내를 내는 셈이다. 일반인이 기공소를 차리고 치과의사를 고용해 불법 영업을 한다. 불법 치과 무면허 시술은 그렇게 꼬리에 꼬리를 물고 이어지고 있었다.

한 현직 치과기공사에게 물었더니, 자기 주변 치과기공사 가운데도 불법시술을 하는 사람이 없지 않다고 했다. 불법인 걸 알기 때문에 서로 대놓고 얘기하진 않지만, 회식 자리 같은 데서도 한 번씩 무용담처럼 얘기하는 경우가 있다고 했다.

"불법 치과 시술을 두세 번만 해도 한 달 치 월급에 해당하는 추가 수입을 얻을 수 있으니까 하는 거 같아요. 거의 양심의 문제죠."

그러면서 기공사의 불법시술엔 위험도 뒤따른다고 경고했다.

"충치를 다듬거나 치료하는 건 치기공사들이 학교에서 배우지 않아요. 문제가 생기면 어떻게 책임을 질 수가 없어요."

불법, 무면허 치과 시술은 기구만 있으면 어디서든 작업이 가능해 좀처럼 근절되지 않는다. 2018년에는 울산의 한 치기공사가 2년 동안 9명을 상대로 보철 치료를 해주고 수천만 원을 챙겼다가 징역 1년 6개월에 집행유예 2년을 선고받았다.

2021년에는 한 60대 여성이 4년 동안 치과의사 면허도 없이 환자를 상대로 치과시술을 하다 적발돼 징역형을 선고받았다. 특히 이 여성은 실제 치과병원에서 무면허 시술을 했는데, 임플란트 시술은 물론 만성 치주염 증상 치료까지 하는 등 모두 174회에 걸쳐 불법 치료를 했다. 이 여성은 중국 치과 면허 소지자였는데, 해당 병원장이 불러 불법시술을 시킨 것이었다.

국민건강보험공단 자료에 따르면 2015년부터 5년 동안 대리진료로 인한 의료법 위반 건수는 1만7,495건에 달한다. 이 가운데 치과의사가 아닌 사람이 진찰과 판정 등을 한 사례는 8,263건으로, 거의 절반에 달한다.

무자격 엉터리 시술은 부작용이 생기면 사후 처리도 힘들지만 찾는 이가 끊이지 않는다. 치과보다 저렴하고 방문 서비스까지 해주기 때문인데, 특히 노년층 가운데 유혹에 넘어가는 이가 많다. 하지만 값싸고 편하다고 함부로 무허가 불법 치과 시술을 받았다간 혹독한 대가를 치를 수 있다.

불법 치과 시술 피해자 60대 김모 씨는 충치와 잇몸질환 등으로 고통받던 중 50만 원에 치아 4개를 다 치료해주겠다는 불법시술사에게 시술을 맡겼다가 돌이키기 힘든 결과를 맞았다.

문제의 불법시술사는 자신이 부모님부터 대를 이어 치과를 해왔다고 소개했다. 믿을 만하다고 생각해 치료를 맡겼지만, 치통은 사라지지 않았다. 시술 부위에 계속 염증이 생기고 덧나면서 출혈이 멈추지 않는 상황까지 벌어졌다. 시술사에게 연락해 다시 치료를 요구했다. 그런데 다시 해준 처치라고는 치아 사이에 거즈만 쑤셔 넣는 게 전부였다. 갈

때마다 입안 가득 거즈를 넣어 임시변통으로 출혈만 멈추게 했을 뿐이다.

6개월 동안 '치료'를 더 했지만, 나아지지 않았다. 처음에 싸게 시작했던 치료비도 눈덩이처럼 불어 1,000만 원에 육박했다. 돈은 돈대로 들어가고 상태가 호전되지 않자 결국 치과를 찾아갔다. 김 씨는 임플란트 7개를 포함해 치아 10개를 치료받아야 했고, 치료엔 3년이 걸렸다.

한 번의 불법시술을 받고 치러야 할 값비싼 대가였다.

"무허가 치료요? 내가 정신이 나갔었지. 다시는 쳐다보지도 않을 겁니다."

# 3

# 사라진
# 나의 신부님

"평생 처음, 아리따운 여성이 제 곁에 드레스를 입고 서 있었어요. 어찌나 가슴이 뛰던지. 이제 저도 결혼이란 걸 하는 거잖아요. 그날이 잊히지 않아요."

하지만 지금은 그 여성, 신부가 될 뻔했던 그녀는 행방조차 알 수 없다. 경찰에 가출 신고를 하고 백방으로 찾아 나섰다. 가진 것이라고는 소셜미디어 SNS에 올라온 사진 몇 장뿐이었다. 가장 최근에 올라온 사진을 토대로 추적을 시작했다. 반드시 찾아야 했다. 평생 노총각 신세였던 반영호(가명) 씨에게 찾아온 단 한 번의 운명적 기회였기 때문이다.

어찌 보면 이 비극의 시작은 결혼을 재촉하는 팔순 노모의 성화 때문이었는지도 모른다. 마흔이 넘도록 결혼하지 않는, 사실은 못 하는 아들을 더 이상 두고 볼 수 없었다. 사흘이 멀다 하고 "죽기 전에 손주 좀 안겨다오, 이 어미의 마지막 소원"이라며 채근하셨다. 듣자하니 요즘 외국에서 온 신부랑 결혼도 많이 한다고들 했다. 그렇게 한 결심이었다. 그래! 나도 이제 어머니께 며느리 봉양도 받으시게 하고 손주 재롱도 보여드려야지.

반 씨는 인터넷으로 국제결혼 중개업체를 검색했다. 100~200만 원 안팎의 비용을 내면 해외로 '맞선 여행'을 갈 수 있다는 곳이 줄줄이 나왔다.

베트남 등 동남아시아로 여행을 가고 동시에 현지 여성과 맞선까지 볼 수 있다고 했다. 왕복 항공권과 호텔, 식비, 맞선 비용까지 다 포함된 가격이라고 유혹했다. 현지 여성을 만나본 뒤 마음에 들면 결혼하고 그렇지 않을 경우 관광만 하고 귀국하면 그만이라고 했다. 결혼을 한 뒤 신부가 한국에 들어와 무단가출을 하는 등 문제가 생길 경우 바로 환불도 해준다고 했다.

100만 원을 날리더라도 해외여행 다녀오는 셈 치면 수지는 맞을 것 같았다. 꿈속에서만 그리던 결혼이 손에 잡히는 현실이 된 것처럼 느껴졌다.

안전장치로 신랑 신부 간에 혼인 합의각서까지 쓰도록 돼 있었다. 신랑 측에 문제가 있다며 신부가 집을 나가거나 다른 곳에 기거하는 경우 도주로 간주해 사기 결혼으로 인정하고, 결혼하자마자 한국에서 취업하는 것도 사기 결혼으로 인정해 보상한다고 했다. 결혼 후 부부 사이 문제가 생겨 함께 살기 어렵게 되면 업체가 정식 이혼 절차를 밟도록 도와주겠다고 덧붙였다. 소위 사기 결혼을 방지할 모든 장치가 다 돼 있는 것처럼 보였다.

대신 신랑 측은 예비 신부에게 한국어를 배울 수 있도록 학원비와 용돈 명목으로 약 1만2,000달러(우리돈 약 1,500만 원)을 부담해야 했다. 신부가 결혼식을 올린 뒤 도망갈 경우마저 배상해준다며, 다만 이를 위해서 보험에 가입하도록 했다. 보험료가 150만 원이었다.

모든 조건이 좋았다. 잘 안 될 것으로 의심해야 할 이유를 찾기 힘들 정도였다. 바로 업체에 연락해 계약서에 서명하고 베트남으로 날아갔다.

베트남 하이퐁에 도착한 직후 여성들과의 만남이 시작됐다. 호텔에서 제대로 짐을 풀 시간도 없었다. 말도 잘 통하지 않는 상태였지만 일단 다 만나보라고 했다. 시간이 짧았고 언어도 짧았다. 상대방을 제대로 파악할 시간도 없었다. 누가 누군지 구분하기 힘들 정도였다. 중개업체는 2박3일 일정 동안 이렇게 20명이 넘는 여성을 소개해줬다.

이튿째 만남이 이어진 뒤 업체 현지 관계자가 재촉했다.

"내일이면 한국에 돌아가야 하니 이제 결정하시죠."

시간은 정신없이 지나갔다. 그래, 기왕 결혼하기로 마음먹고 여기까지 온 것, 쇠뿔도 단김에 뽑으랬다고 결정을 내리기로 마음먹었다. 그동안 만난 여성들 사진을 찬찬히 본 뒤, 가장 마음에 드는 여성을 선택했다. 그렇게 신부가 결정됐다.

결혼식은 바로 다음 날로 준비됐다. 만약을 대비해 준비해 갖고 오라고 한 새 양복을 멋지게 차려입었다. 어제 만난 신부가 결혼식장에 나타났다. 새하얀 웨딩드레스 안에서 눈부시게 아름다웠다. 가득 따른 샴페인 잔을 높이 들고 러브샷까지 했다. 베트남에 도착한 지 사흘째 되어서 이뤄진 결혼식이었다.

　갑작스러운 결혼식이었지만 신부 측 가족도 몇 명 참석해 축하해주기까지 했다. 신랑 신부가 포즈를 잡고 결혼식 사진도 찍었다. 드디어 노총각 탈출! 꿈이 이뤄지는 순간이었다. 팔순 노모의 얼굴 주름이 밝게 펴지는 모습이 눈앞에 아른거렸다.

　정신없이 결혼식만 치른 새신랑 반 씨는 먼저 귀국길에 올랐다. 현지에선 허니문도 첫날밤도 없었다. 더욱이 신부는 함께 한국에 들어올 수도 없었다. 외국인 신부가 한국에서 생활하기 위해 필요한 결혼 비자가 없기 때문이었다. 오로지 베트남어로 쓴 결혼증명서 한 장만 소중하게 가슴에 품고 귀국 비행기에 올랐다.

　늙은 어머니는 결혼식 소식에 기뻐하셨다. 드디어 손주를 볼 수 있게 됐다며, 이제 죽어도 여한이 없다며 눈물까지 보이셨다.

　베트남 신부에게 매일같이 연락해 안부를 물었고 한국행 채비를 도왔다.

신부가 한국 갈 준비에 필요하니 돈을 좀 보내달라고 했다. 가장 시급한 것은 한국어 자격증이었다. 외국인이 한국 결혼 비자를 받으려면 필요한 것이었다. 6개월 동안 한국어를 배워 자격증을 딴 뒤 비자를 취득해 한국으로 들어오겠다고 했다.

함께 고향에서 살림 차릴 날이 오기만 손꼽아 기다렸다. 전화로 인터넷으로 계속 연락하다 보니 사랑도 점점 깊어지는 것 같았다.

얼마나 기다렸던가. 드디어 신부가 한국에 들어오는 날이 왔다. 그런데 느낌이 이상했다. 공항 입국장으로 들어서는 신부의 모습은 기대와 너무 달랐다. 짧은 한국어 실력이었지만 그동안 국제전화와 편지로 사랑을 나누고 애틋한 마음도 서로 주고받았다. 그런데 막상 만나자 그렇게 반가워하는 것 같지 않았다.

이역만리 외국으로 시집온 사람치곤 짐도 너무 단출했다. 여행가방 하나에 배낭 한 개가 전부였다.

더욱 놀란 건 함께 신혼집으로 와 짐을 풀었을 때였다. 가져온 가방에는 속옷이나 잠옷도 보이지 않았다. 고향을 떠올릴 기념물이나 소품 하나 없었다. 한국에 시집온 게 아니라 여행을 왔다 해도 이보다는 짐이 많을 터였다. 신부의 행색은 마치 금방이라도 떠날 사람 같았다.

아무렴 어떠랴. 이미 결혼식을 올렸고 서류까지 갖춘 부부였다. 마음속 피어나려던 불길한 마음을 빨리 다잡았다.

어머니와 둘이 살던 고향집에 신방을 차렸다. 옷장을 새

161

로 넣고 TV도 최신형으로 설치했다. 벽지에 바닥까지 깨끗하게 새로 해 신부를 맞이했다. 우여곡절 끝에 베트남 신부와의 신혼 생활은 그렇게 시작됐다.

하지만 첫날부터 두 사람은 삐걱거렸다. 신부는 잠자리를 거부했다. 매일 밤 이불로 온몸을 둘둘 감은 채 잠자리에 드는 건 물론, 아예 접근도 못 하게 했다. 서로 말은 잘 안 통하고 아직 서먹할 순 있지만, 그래도 부부였다. 털끝 하나 손대지 못하게 하는 일이 며칠째 반복됐다.

왜 그러는지 알 수 없었지만 아내는 어눌한 한국말로도 이유를 설명하지 않았다. 영문을 모르는 노모는 아들 내외를 보며 가슴만 쳤다. 부부 사이 높아진 언성이 담장을 넘는 날이 많아졌다.

안타깝게도 불길한 예감은 틀리지 않았다. 신혼 같지 않던 신혼 생활은 한 달도 안 돼 파국을 맞았다. 정확하게 입국 24일 만이었고, 아내에게 외국인 등록증이 발급된 바로 다음 날이었다. 신부가 사라졌다. 베트남인이 한국에서 장기 거주에 필요한 외국인 등록증이 나오자 바로 짐을 싸 달아난 것이었다.

신부의 행방은 오리무중이었다. 갈 곳도 없는데 도대체 어디로 간 것일까. 경찰서에 가출 신고를 했다.

경찰관은 이런 일이 처음이 아니라는 듯, "신부를 찾아낸다 하더라도 돌아오게 할 방법은 없다"고 했다. 부부 사이에 신부가 남편에게 가지 않겠다고 하면 귀가를 강제할 방법은 없다는 것이었다. 심지어 아내가 원하지 않으면 자기를 찾아낸 사실을 남편에게 알려줄 필요도 없고 베트남으로 돌아가겠다고 하면 막을 방법도 없다고 설명했다.

그렇게 며칠이 지나고 갑자기 신부로부터 연락이 왔다. 어디 있는지는 알려주지도 않고 제 할 말만 했다. 자기는 베트남에서 결혼한 적이 있다고 했다. 초혼으로 알고 결혼했는데 그게 아니었다. 신부는 먼저 결혼한 현지인 남편 사진과 결혼식 사진, 가족, 친지와 함께 찍은 사진까지 줄줄이 보내왔다.

충격이었다. 분하고 억울했지만 이런 상태에서 더 결혼 생활을 유지할 수는 없었다. 마음을 접어야 했다. 믿고 싶지 않았던 결혼 사기에 걸려든 것이었다.

그동안 중개업체에 지불한 비용은 소개비와 예식 진행비 등 1,350만 원에 달했다. 신부에게 따로 비자 발급 수속과 한국어 학원비, 결혼 준비 생활비 등 350만 원을 따로 들여 모두 1,700만 원이 날아갔다.

도망갈 경우 환불해준다던 중개업체는 막상 일이 터지자 발뺌했다. 돈은 모두 현지 브로커와 아내에게 줬으니 자신들은 책임이 없다는 것이었다. 받고 싶으면 신부를 찾아가 돌려받으라고 했다.

아내를 잃고 돈도 날렸다. 이 혼인은 무효였다. 기억도 기록도 남기고 싶지 않아 혼인 무효 소송을 제기했지만 그마저 받아들여지지 않았다. 결국 24일간의 짧은 신혼 생활은 '이혼남'이란 호적 기록만 남겼다. 할 수만 있다면 시간을 되돌리고 싶었다.

"세상에 이런 게 어디 있어요. 막장 드라마도 이런 막장은 없어요. 상처뿐인 결혼이었어요. 시간을 되돌리고 싶을 뿐입니다. 제가 베트남 가는 비행기를 타기 직전으로……"

또 다른 국제결혼 피해자 이상철(가명) 씨의 얘기도 한 편의 막장 드라마였다. 여기에도 국제결혼 전문업체는 빠지지 않고 등장한다. 업체의 소개로 베트남 여성 푸헝(가명) 씨와 결혼을 전제로 한 교제가 시작됐다.

젊은 외국인 여성과의 장거리 연애는 설렜다. SNS와 국제전화 등을 통해 얘기를 주고받으며 애정이 싹트기 시작했고, 두 달 정도 관계가 지속됐을 때 드디어 현지로 향했다. 그동안 주고받은 대화 내용이 만족스러웠던 만큼 직접 만나보고 싶었다. 여행도 하고 여성도 만나보러 베트남으로 향했다.

그런데 현지에 도착하자 생각지 못한 일이 벌어졌다. 중개업소 현지 직원이 도착 다음 날 바로 결혼식부터 올리자고 했다. 다음 날 오후 4시에 호텔 예식장에서 푸헝 씨와의 결혼식이 준비돼 있다는 것이었다. 당황한 이 씨가 말했다.

"아니 무슨 소리예요. 전 아직 결혼 생각이 없다고 말씀드렸잖아요. 그렇게 알고 계시잖아요."

중개업소 직원은 막무가내였다.

"식장이 잡혀 있고 여성분 친지들도 다 와요. 결혼하는 줄 알고 식 준비까지 다 해놓은 상태예요. 다들 고향 떠나 먼 길을 달려왔는데, 결혼식에 참석만 해주세요. 이렇게 그냥 한국으로 돌아가버리면 신부는 갈 데도 없다고요."

어처구니없는 얘기였지만 본인 때문에 여성에게 피해가 생길까 봐 일단 결혼식에는 참석하기로 했다. 직접 만나보니 푸형 씨가 맘에 안 드는 것도 아니었다.

결혼식은 정상적으로 진행됐다. 작고 소박하지만 그럴듯한 식장에 친지들도 참석했다. 어제 처음 본 사이였지만 신부는 다정스럽게 팔짱을 끼고 신랑 옷매무새까지 다듬어주었다. 영락없이 다정한 신혼부부의 모습이었다. 사진사는 이런 행복한 모습을 조금이라도 놓칠까 부지런히 셔터를 눌러댔고, 신부는 들뜬 표정으로 사진도 확인했다.

처음엔 황당했지만 누가 봐도 그럴싸한 결혼식 모습에 신랑은 어느덧 주인공이 돼가고 있었다. 피로연까지 곁들여 결혼식은 무사히 끝났다. 전혀 예상치 못한 결혼식이었지만, 만족스러웠다.

그렇게 휘뚜루마뚜루 결혼식이 끝나고, 이 씨는 먼저 귀국길에 올랐다.

결혼식을 올려서인지 마음이 급해지고 책임감도 느껴졌다. 푸형 씨는 이제 나의 신부였다. 결혼 준비에 필요한 돈과 결혼 비자를 받기 위한 한국어 자격시험 학원비부터 송금했다. 행복한 장거리 신혼 생활이 시작됐다. 신부는 학원에서 배운 서툰 한글 솜씨로 직접 손편지를 써 보내왔다. 자신들의 미래에 대한 부푼 청사진이 담겨 있었다.

'갈 곳을 알면 행복할까요. 찾아가고 선택해야 해요, 실패를 두려워하지 않고 나아간다면 하늘도 돌볼 거예요.'

결혼 비자만 나오면 끝이었다. 한국에 들어오면 함께 어디를 여행하고 어떻게 신혼살림을 차리자는 얘기까지 나눴다. 모든 것이 순조로운 듯 보였다.

그러던 어느 날 신부로부터 이상한 문자 하나가 날아왔다.

'잘못했어요.'

도대체 뭘 잘못했다는 거지? 무슨 문제가 생겼냐고 연락했다. 하지만 연락을 받지 않았다. 메시지를 보내도 답이 없었다. 잘못했다는 문자가 마지막이었다. 그 이후로 더 이상 베트남 신부 푸헝과는 연락이 닿지 않았다. 진짜 뭐가 잘못된 것일까.

백방으로 신부의 행방을 알아보던 중 청천벽력 같은 소식이 들렸다. 푸헝이 베트남에서 또 다른 한국 남성과 결혼식을 치렀다는 것이었다. 자신과 결혼한 지 3개월 만이었다.

신부가 한국에 들어올 날만을 손꼽아 기다렸는데, 도대체 뭐가 어떻게 돌아가는 건지 갈피를 잡을 수가 없었다. 결혼식을 올리고 한국으로 온다던 신부가 돌연 연락이 끊기고, 그새 딴 남자와 결혼했다니. 100일 정도 되는 짧은 연애 기간과 갑작스러운 결혼식, 이 모든 것이 한여름 밤의 꿈처럼 사라질 판이었다.

하지만 방법이 없었다. 푸헝 씨와는 더 이상 연락이 닿지 않았다. 그렇다고 그녀를 찾으러 다시 베트남으로 갈 수도 없었다.

푸헝 씨를 소개해줬던 결혼 중개업체에 연락했지만 책임을 피했다. 오히려 이 씨를 상대로 채무불이행 소송을 걸어왔다.

이 씨는 푸형을 소개받는 과정에서 중개업체와 950만 원 상당의 차용증을 썼다. 업체 직원이 혼인신고만 하면 저절로 없어지는 서류이니 신경 쓰지 말라고 해서 서명해준 것이었다. 실제로 돈을 주고받은 것도 아니었다. 그런데도 결과적으로 푸형과는 혼인신고를 못 했으니 차용증 내용대로 950만 원을 물어내라는 것이었다.

법적으로 이길 방법이 없었다. 결혼은 결혼대로 망치고 돈은 돈대로 날아갔다. 분하고 억울했지만 할 수 있는 것이 없었다. 충격에서 벗어나는 데는 상당한 시간이 필요했다.

그렇게 시간은 흘러갔다. 하지만 아쉬움은 사라지지 않았다. 베트남에 있는 푸형 씨 친지 등을 통해 신부 행적을 수소문해봤더니, 그녀는 이제 다른 남자의 아내가 돼 한국에서 살고 있다고 했다.

SNS에는 남편으로 보이는 남자와 찍은 사진도 올라와 있었다. 한국에 정착한 모습이었다. 사진을 보고 있노라니 다시 화가 치밀어 올랐다. 사진 속 남자가 있는 자리는 바로 자신이 있어야 할 곳이었다. 왜 엉뚱한 남자가 그녀와 다정하게 있는지 이해할 수 없었다.

"착잡합니다. 저하고 결혼했으면 벌써 한국에 들어와서 가정을 꾸리고 있을 텐데, 이제 다른 남자의 아내가 돼 있지 않습니까?"

평생을 나와 함께하기로 했던 베트남 신부는 왜 다른 남자의 아내가 돼 있는 걸까.

어떻게 이런 일들이 벌어지는 건지, 베트남 현지 결혼 중개업체를 찾아가 알아봤다. 한국 남성이 국제결혼을 하려고 방문하는 대부분의 국내 중개업체는 직접 현지 여성을 소개하지 않는다. 중간에 현지 브로커가 끼어 있다. 그런데 베트남에서 돈을 받는 결혼 중개업은 불법이다. 이 때문에 영업은 은밀히 이뤄지고, 단서라고 해봐야 피해자들이 손에 쥔 엉터리 증명서와 증언뿐이다.

상철 씨 등 결혼 사기 피해자들이 신부를 만나러 갔다는 하이퐁에서 가까스로 브로커 사무실을 찾아냈다. 사무실은 허름했고 영업을 안 한 지 꽤 오래된 모습이었다. 주변 상인에게 물어보니 6개월 전쯤 문을 닫았다고 했다.

영업했던 흔적은 아직 남아 있었다. 사무실이 있고 한국어 강의실과 예비 신부들 숙소도 마련돼 있었다. 이곳에서 예비 신부가 될 여성을 구하는 것부터 한국어 교육, 허위 증명서 발급 등 사실상 모든 과정이 이뤄지는 것으로 보였다.

해당 지역에서 한국 남성과 베트남 여성의 국제 맞선과 결혼이 얼마나 많이 이뤄지는지, 인근 주민이 한국-베트남 맞선이 이뤄지기로 유명한 호텔을 소개해줬다. 브로커 사무실과 멀지 않은 곳이었다.

알려준 대로 찾아가봤더니, 마침 한국인으로 보이는 중년 남성과 예쁘게 차려입은 젊은 베트남 여성이 정문을 나서고 있었다. 얼른 다가가 물었다.

"혹시 한국에서 오셨어요?"

"네."

"어떻게 오신 거예요?"

"결혼 한번 해볼까 하고……."

신랑은 이틀 전 베트남에 도착해 그동안 30명 가까운 여성을 만났고, 그 가운데 한 명을 막 선택해 데이트하러 나가는 길이라고 했다. 이들도 내일 결혼을 하는 것일까. 이 남성은 아직 그 얘기까지는 듣지 못한 눈치였다.

호텔 앞 서성이는 행색이 이상했던지, 멀리서 한 여성이 다가오더니 대뜸 "한국에서 왔어요?" 하고 물었다. "그렇다"고 하자 "결혼하고 싶냐"며 더 가까이 접근했다.

"상대가 있어야죠."라는 말이 떨어지기가 무섭게 그는 어디론가 전화를 걸었다. 그러고는 근처 식당 이름을 적어주며 오후에 그곳에서 만나자고 했다. 사전 예약 등 아무런 준비도 없이 갑자기 당일 맞선이 성사됐다.

약속 시간에 맞춰 식당에 갔다. 예비 신부 7명이 한꺼번에 들어왔다. 단체 맞선이었다. 남자 쪽이든 여자 쪽이든 서로 상대방에 대한 정보는 아무것도 없는 상태에서 만남은 진행됐다. 그냥 남성 한 명이 여성들과 단체 미팅을 하는 이상한 장면이 연출됐다.

나이와 가족 관계 등 기본 사항을 정신없이 묻고 파악했다. 대부분 20~30세라는 연령대와 가족 관계, 직업은 뭐라는 것 등. 여성들이 말하는 게 사실인지 아닌지를 확인할 방법은 없었다. 이들이 갑자기 거리에서 나타난 한국 남성과 정말 결혼하려고 이 자리에 온 것인지도 의문이었다. 왜 한국에서 결혼 생활을 하고 싶은지 돌아가며 물었다.

"삶이 더 편해지지 않을까요?"(A씨)

"저는 꾸미는 걸 좋아하는데 미용을 배우기 위해 한국에 가고 싶어요."(B씨)

"베트남은 경제가 아직 어려운데 한국은 많이 발전했고 생활 여건이 좋아 결혼하고 싶어요. 뭐 더 질문이 필요한가요? 호호호."(C씨)

맞선 여성들을 만난 지 30분 만에 브로커는 "결혼 상대를 고르라"고 재촉했다. 통역을 거쳐 대화하느라 한 사람당 두어 마디 대화를 나눴을까 말까 한 시간이었다. TV '짝짓기' 예능프로그램에서도 상대방을 파악할 시간을 이보다는 길게 줄 것 같았다. 사실상 아는 게 아무것도 없는 상태에서 결혼 상대를 구하는 셈이었다.

일단 그 가운데 한 명을 선택한 뒤, 잠시 따로 만남의 시간을 가졌다. 그제야 이 여성은 자신에 대해 털어놨다. 결혼한 적이 있고 자식도 있다고.

"저는 아이도 있어요. 당신이 어떻게 생각할지 모르겠지만요."

결혼하고 자식도 있으면서 왜 맞선을 나오는 걸까. 이들 여성은 어디서 나타난 것일까.

전직 결혼 중개 브로커는 이처럼 한국 남성에게 소개해주는 신부 상당수는 마사지 숍이나 노래방에서 일하는 접객 여성이라고 했다. 한국 남성과 결혼해 인생을 바꾸고 싶어 맞선 자리라면 만사를 제치고 나타난다는 것이었다. 유흥업소 여성 가운데서도 쉽게 모집할 수 있다고도 했다. 물론, 그렇지 않고 일반인으로서 순수하게 한국인과 결혼해 정상적으로 잘 사는 경우도 많다고 했다.

예비 신부 가운데 이렇게 엉터리 후보가 많다 보니, 악덕 중개업소를 만나면 일이 고약하게 돌아간다. 베트남에서 신부를 결정한 뒤 한국 남성이 귀국해 결혼을 준비하는 동안 파국으로 치닫는 경우가 다반사다.

어떤 신부는 "부모 형제가 아프니 치료비를 보태달라"하고 "빚이 있어 한국으로 갈 수 없으니 갚아달라"는 등 갖은 구실을 대며 신랑에게 돈을 뜯어낸다. 한두 번 돈을 보내고 나면 시쳇말로 일이 꼬인다. 결혼이 날아갈까 봐, 또 이미 들어간 돈이 아까워 계속 돈을 보내게 되고, 뒤늦게 사기임을 깨달았을 때는 피해액이 이미 눈덩이처럼 불어 있다.

그 상태까지 가면 이제 돈을 더 보내든 파혼하든 결정해야 한다. 돈을 더 보내면 말 그대로 개미지옥에 들어가는 셈이고, 파혼을 하면 업체에 책임을 묻고 보상을 받아야 한다.

하지만 업체를 상대로 싸워 이기기는 쉽지 않다.

법적으로 국제결혼 중개업자는 이용자와 상대방에게 신상정보를 제공하도록 돼 있다. 여기에는 건강과 범죄, 혼인 여부, 직업 등 관련 증명서가 포함되는데, 해당 국가 공증을 받은 것이어야 한다.

이런 서류가 다 구비돼서 받고 확인했다 하더라도 함정이 있다. 사실혼 관계까지는 파악할 방법이 없다. 현지 브로커가 신부 신상정보를 꼼꼼히 파악하면 알아낼 수도 있겠지만 비용 등의 문제로 신부가 제출한 제한된 정보만으로 중개를 한다. 나중에 신분 확인을 소홀히 한 것 때문에 문제가 생기거나 하면 업체와 브로커가 서로 책임을 떠넘기는 상황만 연출된다.

사기 결혼을 당했다고 소송 등 법적으로 대응하는 것은 지난한 일이다. 결혼 중개업이 합법인 한국과 달리 베트남과 필리핀, 카자흐스탄, 우즈베키스탄 등은 금전이 오가는 결혼 중개는 불법이다. 이들 나라는 한국인 남성과 국제 중매가 많이 이뤄지지만 사실상 관리 사각지대에 놓여 있는 것이다. 음지에서 벌어지는 일이라 문제가 생겨도 법의 보호를 받기 힘든 게 현실이다. 만약 베트남에서 불법 결혼 중개업에 대해 사법 당국이 단속을 할 경우 오히려 한국인 남성까지 처벌받게 될 수 있다니 기가 막힐 노릇이다.

국내에서 허가받고 영업 중인 국제결혼 중개업체는 적어도 370곳에 달한다. 무등록 업체도 많아 얼마나 많은 업체가 있는지 정확하게 파악도 안 된다. 대부분 정상적으로 영업하고 좋은 인연을 만들어주기 위해 노력한다. 하지만 엉터리 업체도 적지 않고 그만큼 피해자도 많은 게 현실이다.

국제결혼 피해자들을 만나보니 반영호, 이상철 씨 피해는 거의 전형적인 사기 사례다. 악덕 중개업체들은 애초 결혼의사가 없는 현지 여성과 맞선을 보게 하고 돈을 뜯어낸다. 여성에 대한 정확한 신상정보도 없이 무조건 현지로 불러들여 결혼식까지 구색을 맞춰준다. 일단 결혼식 사진을 증거로 남기면 태도가 바뀐다. 신부가 한국에 들어가 결혼 생활을 하든 말든 더 이상 상관하지 않는다.

한 여성을 네다섯 번 결혼시키는 경우도 있다. 결혼식만 올리면 하루 이틀 뒤 파탄내고 바로 또 다른 남성과 결혼하게 한다. 신부가 한국에 오기 전 연락을 끊는가 하면, 한국에 온다고 해도 외국인 등록증이 나오면 갑자기 가출해버린다. 이렇게 한두 달 만에 갑자기 사라져 연락이 두절되면 찾을 방법이 없다. 악덕 업체는 그대로 손을 떼버리는 식이다.

피해자가 많다 보니, 일부는 엉터리 업체를 상대로 공동 대응에 나선다. 이들은 계약 위반이라며 함께 소송을 해보지만 재판에서 이기기도 쉽지 않다. 관련 소송을 해온 변호사에 따르면 중개업체들은 소송에 대비해 계약 초기부터 증거와 증인을 충분히 준비해둔다. 소송이 걸리면 현지에서 직원과 대리인을 통해 증거를 더 만들고 챙긴다.

반면 다급한 일정 속 계약서에 대충 서명한 피해자들은 증빙서류를 꼼꼼히 확인하고 챙기는 게 어렵다. 소송이 시작된 뒤 현지 증인과 증거를 구하는 일도 쉽지 않다. 이 때문에 국제결혼 피해자의 경우 패소율이 높다고 한다. 한 전문 변호사는 "국제결혼 피해 남성은 소송을 해도 90%는 지고 시작한다"고 했다. 그렇게 소송에서마저 패하면 신랑 손에 남는 건 달랑 결혼식 사진 한 장뿐이다.

다시 푸헝 씨를 찾아 나섰다. 머칠 동안 SNS와 베트남 커뮤니티 등을 탐문해 그가 한국에 체류하고 있으며 경기도의 한 다문화센터에서 수업을 듣는다는 걸 확인했다. 수소문해 수업 중인 푸헝 씨를 만날 수 있었다.

한참을 설득한 끝에 그의 입이 열렸다. 그때 왜 이상철 씨와 결혼을 유지하지 않았는지 당시 상황을 털어놨다.

"현지에서 이상철 씨와 결혼식을 하고 나서 브로커가 말했어요. 한국 남성이 나랑 즐기러 온 것일 뿐이고 진짜로 결혼할 마음이 있어서 온 게 아니라고요. 그러면서 그와의 결혼 생활은 다시 생각해보라고 했어요. 이상철 씨가 계약대로 중개료만 잘 지불하면 나한테는 불이익이 없을 거고 소송도 하지 않을 거랬어요."

중개업체 측에서 두 사람 사이를 갈라놓으려고 거짓 이간질을 했다는 얘기였다. 이 씨가 베트남에서 식을 올리고 귀국한 뒤, 브로커가 푸헝 씨에게 반강제로 이혼서류에 서명하도록 했다고 했다.

도대체 왜 그랬을까. 푸헝 씨를 또 다른 한국 남성에게 중매하고 돈을 챙기려는 심산이었다는 것 말고는 달리 설명이 되지 않았다. 푸헝 씨는 말을 이었다.

"브로커가 말했어요. 두 번째 소개받은 한국 남성에게는 한 번 결혼한 사실을 얘기하라고 했어요. 그리고 결혼하라고. 만약에 한국에 가서 살기 힘들면 그냥 집을 떠나 취업해 일하라고 했어요."

신부가 사라지고 힘든 나날을 보낸 이상철 씨를 위해 다시 푸헝 씨와 만남의 자리를 마련했다.

어학당 인근 카페에서 다시 마주한 신랑과 신부. 둘은 한참 동안 무슨 말을 해야 할지 몰랐다. 장거리 국제 연애를 할 때 살갑게 안부를 주고받던 예비 신부의 모습은 더 이상 없었다. 더욱이 지금은 다른 사람의 아내였다. 따지고 싸운다고 해결될 게 없었고 그녀의 잘못도 아니었다.

남자가 힘들게 입을 뗐다. 하고 싶은 말도 많았을 텐데, 입에서 새어 나온 건 마지막 인사였다.

"어쨌든 한국에 왔으니까 행복하게 잘 살아요. 다시는 안 찾을 테니까 한국에서 잘 적응하고 살아요……."

여전히 한국말이 서툰 신부도 입을 열었다.

"이제 각자의 삶이 있어요. 당신이 행복하게 잘 살았으면 좋겠어요."

힘들게 재회했지만, 나눌 수 있는 건 작별 인사뿐이었다.

더 할 말이 없는 두 사람은 조용히 일어섰다.

카페 문을 나선 그들은 서로 반대 방향으로 발걸음을 옮겼다.

# 4

# 일회용 바늘
# 재사용

2017년 강원도 원주의 한 정형외과에서는 환자 100여 명이 C형 간염에 집단 감염되는 일이 발생했다. C형 간염은 간에 생기는 염증성 질환으로 가벼우면 가려움과 황달 증세가 나타나고 심하면 복수가 차오른다. 치명적일 경우 간암으로 진행될 가능성도 있다. 바이러스에 의한 질환이어서 수혈과 주사기를 통해 감염될 수 있다. 피해자들은 해당 병원에서 주사 시술을 받은 뒤 집단으로 C형 간염에 감염된 것이었다.

허리가 아파 해당 정형외과에 통증 치료를 받으러 갔다 감염된 70대 피해자를 만났다. 재사용한 주사기로 인해 C형 간염에 걸렸고 이후 2년이 넘도록 대학병원에서 치료를 받아야 하는 상황이었다. 한 달 약제비만 200만 원에 달한다고 했다.

"이게 뭡니까. 병 고치러 갔다가 더 큰 병을 만들어서 왔어요. 도대체 왜 그랬는지 모르겠어요. 의사가 주사기를 재사용한다는 그런 마음을 가지면 안 되는 거잖아요."

다른 사람의 피부를 뚫고 들어갔던 바늘이 다시 내 몸에 찔러진다는 건 상상하기도 싫은 일이다. 그 바늘이 일회용품이고 어떤 감염병 환자가 있을지 모르는 병원에서 그런 일이 생겼다면 더욱 그렇다. 그런데 해당 정형외과에선 실제 그런 일이 벌어졌고, 피해자도 많았다.

서울 도심의 한 피부과 의원에서도 버젓이 비슷한 일이 벌어졌다.

문제의 병원은 고주파 레이저 기기를 이용해 주로 여성 고객의 피부 관리를 하는 곳이다. 고주파 레이저기 팁에 장착된 여러 개의 미세 바늘이 피부 깊숙이 침투해 강력 고주파를 쏘면, 고주파가 진피층을 자극해 피부 미용 개선에 도움을 주는 원리다. 미세 바늘 끝에서 고주파를 쏴 통증은 적고 모공 치료 효과는 탁월하다고 홍보한다.

고주파 치료기 끝에는 작은 바늘이 촘촘히 박힌 레이저 팁이 끼워져 있다. 여기에 달린 미세 바늘이 피부에 직접 침투하기 때문에 레이저 팁은 일회용으로 허가가 난다. 한번 사용하면 다시 사용할 수 없게 돼 있다. 심지어 같은 사람한테라도 다시 사용하는 게 금지돼 있다.

그런데 해당 병원 직원은 같은 팁을 여러 번 다시 쓴다고 내부고발을 했다.

"세 번은 씁니다. 재사용한다고 하면 고객들이 싫어하잖아요. 그래서 혹시라도 물어보면 당연히 새것이라고, 새 팁이라고 답합니다."

이 같은 제보를 토대로, 고객으로 가장해 문제의 병원에서 고주파 치료를 받아봤다. 시술은 병원장이 직접 했다. 모르는 척 원장에게 팁 재사용 여부를 물었더니, 원장은 "이건

일회용 팁이에요. 재사용하지 않습니다."라며 안심시켰다.
그러곤 태연하게 레이저 시술을 진행했다.

그런데 시술이 끝난 뒤 사용한 레이저 팁을 간호사가 별
도의 통에 모으는 현장이 포착됐다. 게다가 소독한 팁은 다
시 종이 포장지에 넣어 보관하다 시술 직전 고객 앞에서 새
것인 양 개봉해 레이저 기기에 장착하는 것이었다.

레이저 팁 재활용 현장을 포착한 영상을 원장에게 보여주
며 사실관계를 확인했다. 영상을 본 원장의 얼굴에 잠시 당

178

혹스러운 표정이 지나가는 듯싶었지만, 이내 담담한 모습을 되찾았다. 그러고는 순순히 재활용 사실을 인정했다. 오히려 자기 병원에선 깨끗이 멸균 소독해 재사용하기 때문에 문제가 될 게 없다고 주장했다.

"저희가 사용한 팁은 EO(산화에틸렌) 가스를 이용해 멸균하거든요. 레이저 팁은 멸균해서 쓰면 되는 제품입니다. 사실 대학병원에서 쓰는 수술기구도 다 멸균해서 씁니다. 수술 도구 자체를 전부 다 멸균해서 쓴단 말이에요. 수술 가위같이 날카로운 것도 멸균하면 문제가 없어요."

"그럼 레이저 팁을 재사용해도 감염이나 이런 문제가 없다는 겁니까?"

"전혀 없어요. 우리가 대학병원보다 더 문제가 없어요."

EO 가스 멸균은 밀실 속에 EO 가스를 노출시켜 멸균하는 방식으로, 세포 단백질 등과 결합하여 미생물 및 포자를 모두 사멸시킬 수 있는 소독법이다. 실제 멸균 효과가 좋아 다양한 의료기관에서 수술기구와 내시경 장비, 마취기구 등 민감한 장비를 살균하는 데 많이 쓰인다.

원장이 덧붙였다.

"제조사에서는 레이저 팁을 한 번만 쓰라고 말하겠죠. 팁을 더 많이 팔아야 하는 입장이니까. 하지만 식약처에 물어보면 공무원마다 하는 얘기가 다 달라요. 관련 법 자체는 두루뭉술하게 규정돼 있고 그래요."

실제로 그런지 보건복지부 담당자에게 확인해봤더니 역시 비슷한 대답이 돌아온다. 주사침이나 수액 용기 등에 대해서는 따로 규제하고 있는데 일반적인 의료기기에 대해서는 의료법상 일회용을 재사용하면 안 된다는 규정이 없다는 것이다.

"일회용 의료기기라면 사실 일회용으로 쓰고 끝내도록 해야죠. 그게 당연한 건데도 그게 잘 안 지켜지는 것에 대해서는 저희도 규정이 필요하다고 생각은 하고 있어요."

의료법 제4조6항에 '의료인은 일회용 의료기기를 한 번 사용한 후 다시 사용하여선 안 된다'고 명확하게 규정하고 있다. 이와 함께 의료법 시행규칙 제3조2항을 통해 재사용이 금지된 일회용 의료기기는 주사침과 주사기, 수액 용기와 연결줄, 그 외에 보건복지부장관이 재사용을 금지하는 의료기기라고 규정한다. 어디에도 레이저 팁은 재사용할 수 없다고 명시적으로 제한한 것은 보이지 않는다.

그렇다면 해당 병원장이 당당하게 말한 대로 레이저 팁을 소독 후 재사용해도 문제가 없는 것일까. 법의 판단은 좀 달라 보인다.

2022년 서울의 한 치과의사는 일회용 석션(흡입) 팁을 재사용했다는 이유로 보건복지부장관으로부터 6개월의 의사면허 자격정지 처분을 받았다. 석션 팁은 치과 처치 도중 구강에 생기는 피와 이물질 등을 흡입하는 석션기 끝부분에 연결해 환자 입속에 집어넣는 소모품이다.

해당 의사는 "석션 팁을 소독한 뒤 재사용해 환자에게 피해가 발생하지 않았고 이를 통해 부당 이득도 취하지 않았다"며 법원에 자격정지 처분 취소 소송을 제기했다.

하지만 법원은 받아들이지 않았다. 역시 의료법 시행규칙 3조2항에 명시된 재사용 금지 의료기기 규정을 위반했다고 본 것이다. 특히 일회용 석션 팁은 플라스틱 재질의 소모품으로 고압이나 고온에 약해 멸균 소독이 용이하지 않다고 법원은 지적했다. 그러면서 환자에게 감염병 등 이상 증상이 발현되지 않고 일회용 석션 팁 재사용으로 인한 경제적 이득이 미미한 수준이라 하더라도, 그런 행위로 인해 환자의 생명과 신체에 예상치 못한 위해가 발생할 위험을 초래한 경우 이를 가볍게 취급할 수 없다고 판단했다.

레이저 팁도 플라스틱 재질로 돼 있다. 만약 해당 원장이 고발됐다면 법원은 어떤 결정을 내렸을까.

의료계 안팎에서는 의료기기 재활용 금지 규정이 여전히 모호하다는 지적이 나온다. 논란이 이어지자 2022년 보건복지부장관은 '의료법상 장관이 재사용을 금지할 필요가 있는 의료기기'를 명확히 하기 위해 '무균조직과 혈관 내 삽입하는 카테터류와 임플란트 등 이식형 의료기기, 감염 집단 발생의 역학적 요인으로 의심되는 의료기기 등' 재사용 금지 일회용 의료기기 목록을 구체화해 공고했다.

관련 법규 정비와 의료계 자정 작업 등으로 일회용 의료기기 재사용은 일부 제한된 병원에서만 벌어진다. 그럼에도 최근까지 근절되지 않고 있다. 2024년에도 부산의 한 병원에서 일회용 의료기기인 투관침을 재사용한 의혹이 제기돼 경찰이 조사에 나섰다. 투관침은 배 안이나 가슴막 안에 괸 액체를 뽑아내는 데 쓰는 의료 기계로, 금속으로 된 굵은 관과 그 속에 넣는 얇은 침으로 되어 있다. 실제로 재사용했다면 감염병 확산 등의 위험이 적지 않을 것이다.

일회용 의료기기 재활용은 순간이지만 그에 따른 피해는 오래간다. 원주 정형외과 C형 간염 집단감염 피해자들은 수년 동안 고통 속의 나날을 보내야 했다.

당시 피해를 본 한 60대 여성은 가슴을 치며 한탄했다.

"여행도 못 가요, 쉽게 피곤해져서. 이게 뭐 하는 짓거리예요, 세상에. 지금 한창 일할 나이에 빌빌대고 이러고 있어요. 1년 동안 치료를 받았어요. 살면 뭐 해요, 병신같이 사는데. 너무 힘들어요. 사는 게 사는 것도 아니에요."

해당 병원장은 이미 숨졌고, 100명이 넘는 피해자에겐 보상이 제대로 이뤄지지 않았다.

# 5

# '자격 없는'
# 자격증

청소년 문제부터 진로와 가정불화, 심리 불안까지 다양한 분야에서 심리상담사가 활동한다. 답답한 속사정을 털어놓고 조언을 구하려는 사람이 많지만 제대로 된 상담사를 어떻게 선별해 찾아가야 할지 막막하다.

30대 여성 직장인 K씨는 인터넷을 통해 심리 관련 서적 1,000권을 읽었다는 한 심리상담사를 찾아내 상담을 신청했다. 비용은 한 시간에 1만 원, 상담은 서울 도심의 한 거리 놀이터에서 이뤄졌다. 상담사는 위생모에 가운을 걸친 범상치 않은 모습으로 나타났다. 의사도 아니고 병원도 아닌데 흰 가운을 입고 나타난 게 의아했다.

"이런 모습으로 상담하시는 거예요?"

"아 네, 뭐 의사 흉내 좀 내봤어요. 신경 쓰지 마시고. 어떤 고민 때문에 상담하시려는 건지요?"

본격 상담이 시작된다. 최근 일상에서 분노가 치솟는 경우가 많고 어떻게 통제할지 모르겠다며 분노 조절 장애를 호소했다. 특히 운전할 때 보복 운전이라도 당하면 힘들다고 그랬더니, 이 상담사는 "그냥 화를 내세요." 한다.

　"운전하실 때 화나면 가끔 저 차를 앞질러 가서 브레이크를 밟아볼까, 그런 거 있잖아요. 그렇게 한번 해보세요."

　운전 중 화가 나면 그냥 보복 운전으로 풀라는 얘기였다.

　"네? 그냥 해보라고요? 보복 운전을요?"

　또 가족 중 조울증 환자가 있어 힘들다고 했더니, 역시 석연찮은 해법을 내놓는다.

　"환자에게 덜 먹여야죠."

　"덜 먹여요? 뭘요, 음식을요?"

　"네. 음식을 덜 먹여서…… 음, 그러니까…… 음……"

　몇 마디 나누지도 않았는데 힘든 기색이 역력하다. 가져온 노트에 대화 내용을 부지런히 적지만, 피상담자에게 어떤 말을 어떻게 해줘야 할지 좀처럼 갈피를 못 잡는 모습이다. 그러다 상담사 입에서 마음의 소리가 새어 나온다.

"어떻게 하지?"

"정리가 잘 안 되죠? 지금 계속 썼다 지웠다 하시는데?"

상담 시간 5분도 안 돼 이마에 식은땀이 맺히는 이 '상담사'는 알고 보니 심리상담 관련 자격은커녕 관련 학위도 하나 없는 상태였다.

20대 황미리 씨(가명)는 또 다른 심리상담 피해자다. 가벼운 우울증 증세가 있어 고민하던 중 요즘 찾는 사람이 많다는 심리상담을 받아보려고 유명 심리상담소를 찾아갔다. TV 방송에도 여러 번 소개된 곳이었다.

그런데 상담이 진행되자 이해 못 할 일이 벌어졌다. 상담사가 몸 여기저기를 만지더니 옷을 벗어보라고 했다.

"상담사가 가까이 다가와서 제 다리를 벌리더니 이렇게 내려봤어요. '이러다 내가 무슨 일을 당하면 어떡하지?' 하는 생각이 들더라고요."

신체 은밀한 부위를 그려보라고 하는 등 꺼림칙한 상담이 이어졌다. 못 하겠다며 주저하자, 상담사는 "아직 과거의 고통을 완전히 극복하지 못해서 그렇다"며 집요하게 이상한 요구를 이어갔다. 심리상담이라고 하기보다 사실상 성추행이 이뤄진 건데, 상담사는 "옷을 벗고 신체 일부를 그리는 것도 치료 과정의 일부"라며 터무니없는 주장을 했다.

결국 미리 씨는 상담 충격으로 이후 1년 동안 다른 곳에서 전문 치료를 받아야 했다.

이 같은 엉터리 상담 피해는 빙산의 일각이다. 통계적으로 우리 국민 4명 중 1명은 평생 한 번 이상 정신 질환을 겪는다. 그만큼 심리상담과 심리치료도 많이 이뤄진다. 하지만 누구나 손쉽게 심리상담소를 차리면서 관련 피해가 급증하고 있다.

임상심리사와 직업상담사, 청소년상담사 등 심리상담 분야 국가자격증은 대학 관련 전공 이수 등 자격조건이 까다로운 편이지만 민간 상담사 자격증은 인터넷 수강과 간단한 시험을 거치면 쉽게 딸 수 있기 때문이다. 이런 민간 상담사 자격증만 4,600여 개가 넘는다.

민간 상담사 자격증 가운데는 단 하루 수업을 듣고 한두 시간 정도 시험을 치면 딸 수 있는 것도 있다. 심리상담사 1급 자격증도 그렇다. 원하는 곳에 심리상담소를 열고 이 1급 자격증을 벽에 걸어놓으면 당장 오늘이라도 상담사로 영업할 수 있다.

사실 국내에서 심리상담사로 활동하는 데는 이런 자격증마저 필요 없다. 미국, 캐나다 등 외국의 경우 심리상담소를 차리려면 최소 박사 이상 관련 학위에 정부 공인 자격시험도 통과해야 하는 것과 대비된다. 조현섭 한국심리학회장은 "적어도 심리학을 전공하고 석사 이상에, 자격증을 반드시 갖추는 등 준비가 된 사람이 심리 서비스를 제공해야 한다"고 강조했다.

민간자격증 문제는 심리상담 분야에만 국한된 게 아니다. 고령화 시대에 노인을 상대로 한 각종 돌봄 서비스 자격증도 난립해 폐해가 심각하다. 놀이 지도사와 인지 활동 지도사 등 노인 돌봄 관련 민간자격증도 2,000여 개에 달한다.

이 가운데 상당수는 자격증 발급과 교재비 판매 등으로 수익만 내는 곳이다.

치매 예방 전문 강사 자격증 발급을 주관한다는 경기도의 한 민간협회에 문의하자, 27만 원만 내면 8시간 교육 후 바로 자격증을 발급해준다고 했다. 교육비 20만 원에 자격증 발급이 7만 원이다. 인지 활동 지도사 자격증을 발급하는 협회도 "30만 원이면 금세 자격증을 딸 수 있다"고 했다. 돈만 내면 누구나 받을 수 있는 셈이다.

요즘 남녀노소 구별 없이 인기인 필라테스도 강사 자격증 실태는 비슷하다. 국가공인자격증이란 게 없어 민간자격증만으로 누구나 강사가 될 수 있다. 현장 실습 없이 온라인 강의 1~2주 수강이면 자격증을 주고 심지어 돈을 더 내면 대학 평생교육원 직인까지 찍어주기도 한다.

필라테스 강사 자격증 발급업체 8곳을 확인해보니, 26만 원짜리 16시간 과정부터 1,000만 원대 1년 과정까지 제각각이다. 자격증을 취득하는 데 짧게는 하루, 길게는 1년까지 걸린다는 얘긴데, 표준화된 교육 과정도 없다. 국내 등록된 필라테스 민간자격증은 1,200여 종에 달한다. 발급기관이라고 신고한 민간업체만 940곳으로 10년 전에 비해 40배 이상 늘었다. 갖가지 민간격증이 이렇게 난립하는 것은 2008년부터 신고, 등록만 하면 누구나 자격증을 발급할 수 있게 됐기 때문이다.

자격기본법에 따라 민간자격증은 법인과 단체, 개인 누구나 만들고 운영할 수 있다. 주무부처 장관에게 등록해야 하지만, 결격 사유나 금지 분야를 제외하고는 대부분 등록을 받아준다. 등록에 필요한 서류는 주민등록초본과 사업자 등록증, 자격관리 운영 규정 등 정도인데, 그나마 조금 복잡할 수 있는 운영 규정마저도 대행업체를 통하면 준비할 수 있다.

이렇게 등록이 쉽다 보니 자격을 교육하고 검증하기보다 자격증 발급 그 자체로 수익을 올리는 게 주목적인 업체가 많다. 이런 업체에서 발급하는 민간자격증은 합격률이 80~90%가 훌쩍 넘는다. 민간자격증 발급기관 설립에 별 규제가 없어 자격증 발급을 목적으로 사업체를 설립한 뒤 이름만 '학회', '협회' 등 그럴싸하게 포장하기도 한다. 실제로 찾아가보면 주소지가 가정집인 곳도 있다.

직접 자격증 따기를 시도해봤다. 합격률이 높기로 유명한 한 반려동물 관리사 자격증은 인터넷 강의를 듣고 온라인 시험만 통과하면 된다. 배점은 강의 출석 60%, 시험 40%인데, 시험 문제는 대부분 기출문제와 비슷하다. 강의를 대충듣고 기출문제만 외웠는데도 시험은 단번에 합격했다. 자격증 발급 비용 9만 원을 내자 '1급 반려동물 관리사' 자격이 나온다.

상당한 전문성이 필요할 것처럼 보이는 자격증 발급도 쉽기는 마찬가지다. 심리상담사 1급과 병원원무행정사 1급 자격증도 과목당 강의 시간은 평균 3~4시간, 시험 시간은 3~10분씩 걸리는데 역시 기출문제 수준이다. 직장생활을 하며 평일 짬짬이 시간을 내 온라인 강의를 수강하고 시험만 쳐도 이틀간 자격증 세 개를 따는 게 가능했다.

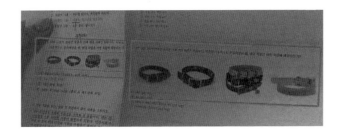

2012년 3,300여 개였던 민간자격증은 2024년 6월 현재 5만4,000여 개(한국직업능력연구원 등록 기준)로 16배가량 증가했다. 한 해에만 5,000~6,000개가 새로 생겨난다. 누룽지 전문가와 군입대 설계사, 타로상담 전문가, 분노 조절 상담지도사, 출장 세차 마스터, 보드게임 지도사 등 생소한 분야도 적지 않다.

자격증 홍수 시대로 각종 민간자격증 광고가 방송과 인터넷에 쏟아지고, 취업과 경력에 도움이 된다는 생각에 따두려는 사람이 많다. 민간자격증 발급업체도 '취업에 도움이 된다'며 소비자를 꼬드긴다. 하지만 막상 이런 민간자격증으로 취업문을 두드렸다간 낭패를 보기 십상이다. 이론 교육과 실습, 실기 등 까다로운 검증 절차가 필요한 국가공인 자격증과 달리 공신력이 떨어져 취업 시장에서 인정받는 민간자격증은 제한된다.

실제 이틀 동안 딴 3개의 자격증으로 취업을 문의해봤다. 먼저 반려동물 관련 업체 몇몇에 해당 자격증을 내세우며 취업 가능 여부를 묻자, 실습이나 현장 경험 없이 발급돼 자격을 제대로 증명하지 못한다는 반응이 돌아왔다.

"실무적 경험 없이 한 거라서 취업에 도움이 안 됩니다. 그냥 '땄다' 이런 거지 실용성이 있거나 그러진 않아요."

병원원무행정사 1급 자격증도 마찬가지였다. 대학병원 관계자는 "국가고시 자격증은 아니라서 참고사항이지 가점 대상은 아닙니다"라고 했고, 다른 여러 병원에서도 비슷한 답변이 돌아왔다. 노인 돌봄 업체 관계자는 "돌봄 자격증 있다고 취업되거나 그러지는 않죠. 국가공인자격증이 아니잖아요."라고 말했다. 2,000개에 달하는 노인 돌봄 관련 자격증 가운데 국가공인 자격은 하나도 없다.

자격증 발급업체도 대체로 이런 사실을 인정한다.

"민간자격증이라는 게 이력서에는 정식으로 기재 가능한 자격증이에요. 하지만 모든 곳에서 다 인정되는 것은 아닙니다."

엉터리 자격증이 늘면서 관련 피해도 속출한다. 취업에 무용지물인 자격증을 따서 돈만 날리기도 하고, 자격증 장사만 한 뒤 얼마 안 가 사라지는 발급업체도 많다. 엉터리 자격증 발급 과정에서 환불 거부와 계약 불이행 등으로 피해를 호소하고, 엉터리 민간자격증 소지자에게 함량 미달 서비스를 받고 부상 등으로 고생하는 경우도 있다.

한 해 평균 민간자격증 5,000~6,000개가 등록되고 1,600개가 사라진다. 자격증의 약 30%는 자격증 발급 실적이 없는 휴면 상태로 알려져 있다. 같은 이름의 중복 자격증도 100개가 넘는다.

엉터리 자격증 피해를 막으려면 공신력 있는 협회에서 주관하는 자격증 소지 여부를 확인하고 서비스를 의뢰하는 게 좋다. 취업에 활용하려는 경우 취업 희망 업체에 사전에 필요한 자격증을 문의하고 거기에 맞춰 취득하는 것이 정확하다.

민간자격증 가운데는 많은 사람이 취득하고 우수한 것을 국가에서 공인해주는 국가공인 민간자격증도 있다. 자격기본법에 따라 주무장관이 민간자격에 대한 신뢰를 높여주고 사회적 통용성을 높이기 위해, 자격이 되는 일부 민간자격에 한해 공인해주는 것이다. 국가가 직접 관리하는 국가자격증엔 못 미치지만 공신력은 그만큼 높다.

주무 부서별로 인정해주는 공인 민간자격증은 법무부의 디지털포렌식 전문가, 행정안전부의 행정관리사, 산업통상자원부의 무역영어, 특허청 지식재산능력시험(IPAT), 보건복지부 병원행정사 등 종류가 다양하다. 하지만 2024년 현재 공인 민간자격증은 단 96개뿐이다.

전문가들 사이에선 최소한 전문성이 요구되는 보건 복지와 재무 등 분야 민간자격증은 국가자격증 내지는 국가공인 민간자격증으로 과감하게 확대, 전환하고 제대로 관리해야 한다는 지적이 나온다.

자격증 관련 한국소비자원 상담 피해 접수는 연평균 1,000건에 달한다. 엉터리 자격증 피해가 계속 불어나자 2018년 정부는 민간자격제도 관리체계 개선방안을 발표했다. 정부가 민간자격증 장사를 용인하고 있다는 비판이 거세진 때문이다. 여기에는 주무부처가 자격증 효용성을 정기적으로 평가하고 그 결과를 고시하도록 하는 자격기본법 개정안과 등록갱신제 등이 포함됐다. 하지만 2024년 현재 등록갱신제도 자격증 정기 평가 고시도 실행되지 않고 있다.

# 돼지는 맛있다,
# 어떤 돼지는 더 맛있다

돼지의 운명은 태어나면서 결정되는 것인가. 많은 돼지가 평생 비좁은 철창 속에서 사람이 먹다 남긴 잔반, 소위 '짬밥'만 먹다가 고통 속에 도축되고, 어떤 돼지는 드넓은 초원을 뛰노는 가운데 신선한 풀을 뜯으며 자유롭게 살다 생을 마감한다. 어느 경우든 대부분 인간의 식탁에 오르는 건 피하기 힘들겠지만. 동물에게도 복지가 있다면 가히 천양지차라고 할 만하다.

돼지는 구제역 등 질병에 취약하다. 그래서 돼지를 사육하려면 백신 등 약물에 의존하는 경우가 대부분이다. 국내에서는 구제역이 발생하면 해당 지역 돼지는 살처분된다. 치료가 어렵고 전염 속도가 빨라 발생 초기 방역이 중요하기 때문이다. 우리나라는 구제역이 발생한 농가뿐만 아니라 반경 3km에 있는 인근 농가 돼지까지 모두 예방적 살처분 대상이다. 구제역이 아직 퍼지지 않은 지역은 대대적인 백신 접종이 이뤄진다.

예방 접종과 대량 살처분 같은 구제역 파동은 거의 매년 반복되다시피 한다. 수만 마리 돼지가 산 채로 땅에 묻히고 그 매장지에서 발생하는 침출수 등이 환경오염 문제를 일으킨다. 악순환이다.

그런 원인 중 하나로 축산 시스템, 특히 공장식 밀집 사육 시스템이 꼽힌다. 밀집 사육은 많은 돼지를 저렴하게 생산할 수 있는 효율적인 방법이지만 전염병이 발병하면 순식간에 퍼져 집단감염에 취약하다는 단점이 있다. 농민과 소비자 양쪽 모두에게 혜택과 피해를 줄 수 있는 두 얼굴의 축산법이다.

절대다수의 돼지는 철창과 콘크리트 바닥에서 사료를 먹고 자란다. 그 가운데 상당수는 또 군부대 등에서 사람이 먹고 남은 음식 찌꺼기 '짬밥'을 사료로 먹는다. 이렇게 사육된 돼지는 '잔반 돼지', '짬밥 돼지'라고도 불린다.

잔반 돼지는 체중이 120kg 정도에 이르면 출하하는데, 그때까지 계속 잔반을 먹고 자란다. 사료조차 잘 주지 않지만 출하 직전 최후의 만찬처럼 사료가 제공되는 경우도 있다. 하지만 그 마지막 한 끼 사료마저 제대로 먹이려는 농장주의 배려가 아니다.

한 짬밥 돼지 농장 관계자가 속사정을 털어놨다.

"짬밥 돼지도 출하 전에는 내장 속 내용물을 사료로 바꿔놔야 합니다. 그래야 도살장에서 성질을 안 내요. 짬밥만 먹이면 돼지고기 질이 다르다고 도살장에서 안 받아줍니다. 짬밥 돼지는 내장 손질하는 데도 불편하다고 합니다."

마치 짬밥이 아니라 제대로 된 사료를 먹여 키운 것처럼 위장하려고 한다는 것이다.

축산업계에서는 많은 폐해가 드러난 공장식 밀집 축산 시스템을 벗어나려는 움직임도 있다. 그 가운데 하나가 인증제도다. 제대로 갖춰진 환경에서 돼지를 사육해 출하하고, 그만큼의 비싼 값에 판매해 노력을 보상받자는 건데, 여기에는 동물복지 인증과 무항생제 인증 등이 있다.

하지만 동물복지 인증을 받으려면 요건이 까다롭다. 사육농가는 동물 스트레스를 줄이기 위해 체중에 따라 두당 최소 면적을 확보하고 바닥엔 깔집을 준비해야 한다. 체중이 30~60kg인 경우 최소 소요 면적은 0.8㎡이고 60kg 이상은 1.3㎡의 사육 공간을 확보해야 한다. 돼지를 이동시킬 때도 안전을 위해 설계된 차량을 이용하고 도축 시에는 전기봉을 사용하지 않는 동물복지 인증 도축장을 이용해야 한다.

무항생제 인증 마크를 받으려면 돼지가 자라는 동안 전 생애에 걸쳐 항생제 투여를 하면 안 된다. 2018년부터는 항생제 투여가 금지됐다. 농림축산식품부 관계자에 따르면 항생제 투약 금지가 원칙이다. 항생제는 물론이고 동물용 의약품도 사용할 수가 없다.

예외적인 경우는 동물용 의약품을 사용할 수 있게 돼 있다. 전염병 퍼지는 걸 막기 위해 백신을 사용할 때와 질병 취약 시기 등은 예외로 정해놨다. 축종별 특성에 따라 질병 취약 시기가 정해져 있다. 가축전염병예방법에 의해 돼지의 경우 대개 분만, 출생 후 돼지는 1개월 이내 동물용의약품 투여가 가능하다. 즉, 무항생제 인증 돼지라도 항생제를 아예 안 맞는 건 아니고 최소한만 쓰는 셈이다.

　마지막으로 유기농 돼지도 있다. 유기농 돼지는 전혀 다른 환경 속에서 사육된다. 유기농으로 흑돼지를 키운다는 강원도의 한 축산 농가를 가봤더니, 돼지 사료로 잔반은 일절 쓰지 않았다. 돼지들은 축사 밖에서 뛰어놀며 자연에서 먹이를 찾는다. 자연 본래의 습성에 따라 무리 지어 다니며 풀을 뜯고 흙밭도 뒹군다. 털은 윤기가 넘치고 피부는 탄력이 느껴질 정도로 건강한 모습이다.

　농장주 W씨는 이들 돼지에게 특별한 사료를 먹인다.

"유기농 재료입니다. 쌀겨와 도토리묵 짜고 난 부산물, 깻묵, 어분이 주로 들어갑니다."

자세히 보니 사료 속에 하얀색 덩어리가 보인다. 농장주는 콩비지가 중간중간 섞여 있다며 사료 속 비지 조각을 솎아내더니 그대로 집어 입안에 쏙 집어넣는다.

"이게 먹어봐서 내 입에서 거부 반응이 일어나면 안 되는 겁니다."

돼지 사료로 만들었지만 그대로 사람이 먹어도 된다는데, 직접 먹어보니 사료 자체의 역한 냄새가 없고 구수한 냄새가 날 정도다. 이렇게 키우는 돼지는 사료를 주면 주는 대로 한 번에 다 먹어 치우지 않는다고 한다. 무리 스스로 내부 서열이 있어 순서를 지키며 하루 종일 나눠서 먹는다는 것이다. 이 때문에 사료도 하루에 한 번만 축사에 넣어주면 된다.

"먹이하고 사육 환경이 돼지고기의 질을 결정적으로 좌우합니다. 스트레스 안 받게, 또 먹이는 자연에서 훼손이 가장 적게 된 걸 주는 게 중요합니다."

강원도의 또 다른 유기농 농가도 비슷하다. 이곳에서는 일절 사료 없이 풀만 먹여서 돼지를 사육한다. 새끼부터 성체까지 다양한 연령대의 돼지 수십 마리를 마치 양 떼처럼 산악 풀밭에 풀어놓는다. 돼지들은 자유롭게 산기슭을 헤집고 다니며 풀을 뜯는다. 종일 풀을 뜯어 먹게 하고 하루 한 번 간식으로 쌀겨를 먹인다.

농장주 C씨는 돼지를 본성에 맞도록 원초적으로 키우는
게 중요하다고 강조했다.

"처음엔 사료를 줬지만, 점점 줄이고 이젠 아예 주지 않아요. 그러다 보니 풀만 먹고도 살 수 있는 환경이 됐습니다. 풀만 먹여 돼지를 사육하고 있어요."

그런데도 이 농가는 동물복지, 무항생제, 그 어느 것도 인증을 받지 못했다. 동물복지 인증은 축사의 크기 등 사육 환경에 대한 인증 기준은 있지만, 방목과 같이 사육 방법에 대해서는 따로 마련된 기준이 없기 때문이다. 구제역 확산 등을 우려해 방목형은 동물복지 인증 고려 대상이 되지 않는 것이다.

돼지를 아무리 풀어 키워도 가축사가 기준을 넘지 못하면 동물복지는 인정받지 못하고, 반대로 음식물 잔반만 상시 먹이더라도 가축사와 도축 방법만 제대로 지킨다면 동물복지로 인증을 받을 수 있는 게 현실이다.

다양한 환경에서 다양한 방법으로 사육된 돼지가 시중에 유통된다. 소비자의 관심은 역시 맛과 가격, 그리고 건강에 쏠린다. 가격은 무항생제 인증과 동물복지 인증 같은 인증 돼지고기가 일반 돼지고기보다 비싸다.

돼지고기를 먹을 때 가장 많이 걱정하는 것 가운데 하나는 이른바 '나쁜 기름'으로 꼽히는 포화지방산이다. 돼지고기에는 혈청 콜레스테롤을 높여 비만과 심혈관 질환, 염증을 유발하는 등 우리 몸에 악영향을 주는 포화지방이 많이 포함돼 있다. 돼지고기를 구울 때 불판에 깔려 있는 기름이 대표적이다.

방목한 돼지고기와 일반 돼지고기를 불판 위에 놓고 구

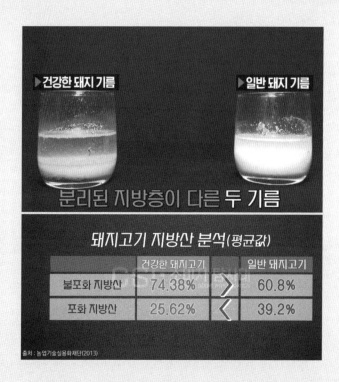

> 건강한 돼지 기름

> 일반 돼지 기름

분리된 지방층이 다른 두 기름

### 돼지고기 지방산 분석(평균값)

| | 건강한 돼지고기 | | 일반 돼지고기 |
|---|---|---|---|
| 불포화 지방산 | 74.38% | > | 60.8% |
| 포화 지방산 | 25.62% | < | 39.2% |

출처: 농업기술실용화재단(2013)

운 뒤 기름을 모아 비교해보면 절대량은 비슷하다. 두 종류의 돼지고기를 구운 뒤 한 시간 정도 둔 다음 먹어보면 차이가 난다. 일반 돼지고기는 기름이 하얗게 굳어 씹기가 힘들 정도로 딱딱하게 변하지만, 건강한 돼지는 여전히 부드러운 식감을 느낄 수 있다.

식감이 이렇게 다른 건 돼지고기가 배출하는 기름의 차이 때문이다. 고기를 구울 때 나온 기름을 48시간 동안 그대로 두면 일반 돼지기름은 반 이상이 하얗게 굳는 걸 확인할 수 있다. 반면 건강한 돼지기름은 3분의 1 정도만 굳는다. 하얀

부분은 걸쭉한 상태로 변한 포화지방산으로, 건강한 돼지에는 그만큼 포화지방산이 적다는 얘기다.

실제로 농업기술실용화재단이 분석한 결과에서도 일반 돼지고기는 포화지방산이 39.2%인 반면 건강한 돼지고기는 25.6%로 훨씬 적은 것으로 나타났다.

맛에 대한 선호는 개인의 식성에 따라 천차만별이겠지만, 음식평론가는 무항생제 인증 돼지고기와 동물복지 돼지, 일반 돼지고기 사이에 맛의 차이가 분명히 있다고 했다. 세 종류의 돼지고기를 같은 환경에서 같은 시간 동안 구워 시식했는데, 일반 돼지고기는 짠맛이 많이 나고 무항생제 고기에선 곡물의 단맛 같은 게 느껴진다고 했다. 동물복지 돼지고기는 일반 돼지고기가 갖고 있지 않은 비계의 밀도를 보여 식감이 뛰어나다고 평가했다.

우리나라 국민의 돼지고기 사랑은 남다르다. 소고기보다 돼지고기를 더 많이 소비하는 몇 안 되는 나라로 꼽힌다. 2023년 한국농촌경제연구원에 따르면 국민 1인당 연간 고기 소비량은 60.6kg이고, 이 가운데 돼지고기 비중이 30.1kg으로 거의 절반을 차지했다. 돼지고기 소비가 많은 이유는 상대적으로 가격이 저렴한 데다 구이와 수육, 찌개 등 다양한 요리로 즐길 수 있기 때문으로 풀이된다. 가히 온 국민이 돼지고기를 사랑한다고 해도 될 정도다.

돼지를 사육하는 데는 쉬운 길도 있고 어려운 길도 있다. 누구는 돼지에게 인간이 먹어도 되는 사료를 먹이고 누구는 인간이 먹고 남은 찌꺼기를 준다. 건강하게 키운 돼지는 맛도 성분도 건강하다. 어떻게 키운 돼지고기를 먹을 것인가는 각자의 취향과 형편에 따라 다를 수밖에 없겠지만, 남보다 더 공을 들여 키운 돼지고기에 대한 평가는 제대로 이뤄져야 할 것이다.

사람이 먹을 수 있는 사료로 유기농 돼지를 키우는 W씨는 강조한다.

"돼지에게 주는 먹이와 자라는 자연환경이 고기의 질을 결정적으로 좌우합니다. 스트레스 안 받게, 또 먹이는 자연에서 회전이 가장 적게 된 걸 주도록 합니다. 그게 우리에게 질 좋은 고기를 제공하는 돼지들이 인간으로부터 돌려받는 최고의 가치죠."

# 4

기막힌
눈속임

# 1

# 핑크 택스를
# 아십니까

같은 상품인데 여성용이 남성보다 더 비싼 경우가 많다. 서비스를 받을 때도 마찬가지. 미용 등 서비스를 받을 때 여성 고객이 남성보다 비용을 더 지불해야 하는 곳이 적지 않다. 거의 차이가 없는 상품과 서비스를 구매할 때 여성이라는 이유로 더 많은 비용을 지불해야 하는 건데, 이런 걸 업계에선 '핑크 택스Pink Tax', 여성 차별 가격이라고 부른다. 택스(세금)라고 부르긴 하지만 실제로 정부가 과세하는 건 아니다. 신경 쓰고 보지 않으면 모르는 핑크 택스 상품과 서비스가 우리 주변에 넓게 퍼져 있다.

백화점 의류매장을 둘러보면 핑크 택스가 붙은 상품을 쉽게 찾을 수 있다.

한 유명 캐주얼 웨어 매장에선 남성용 파란색 여름 반소매 티셔츠가 12만9,000원에 판매되는데, 여성 코너에서는 디자인과 재질이 거의 똑같은 셔츠가 14만9,000원이다. 남성용보다 2만 원 더 비싸다. 단순히 비교해서 디자인과 기능이 같은 제품이라고 가정할 경우 원단이 더 적게 들어간 여성 의류가 싸야 할 텐데, 그 반대다.

매장 직원에게 이유를 물었더니, 뭐 당연한 걸 묻느냐는 반응이다.

"대체로 그렇습니다. 항상 그런 거 같아요. 다른 브랜드도 보면 여성 제품이 더 비싸죠."

대형마트를 둘러봐도 곳곳에 핑크 택스 상품이 보인다. 한 제조사가 만든 '5중 날' 면도기는 남녀용 제품이 서로 멀리 떨어진 곳에 각각 진열돼 있다. 비교해보니 디자인과 성능, 상품 구성이 거의 같은 제품인데 남성용은 1만4,500원, 여성용은 1만8,900원이다. 여성용이 4,400원, 거의 30% 가까이 비싸다. 하지만 남녀 제품이 다른 곳에 진열된 탓으로 소비자는 이런 가격 차이를 확인하기 어렵다.

핑크 택스, 즉 여성 차별 가격은 어린이, 유아용품에서부터 찾아볼 수 있다.

대형마트 판매가를 기준으로 어린이 킥보드의 경우 정확히 같은 제품인데도 파란색 남아용은 8만5,000원인데 분홍색 여아용은 9만3,500으로 1만 원 가까이 비싸다. 두 제품은 성능과 디자인이 완전 동일하고 차이는 색상뿐이다. 유아용 젓가락도 마찬가지. 같은 제품인데도 캐릭터인 '미키마우스'를 부착한 남아용은 4,900원인 반면, 여아가 좋아하는 '미니마우스'가 붙은 젓가락은 5,200원으로 300원이 더 비싸다. 추가된 기능이나 디자인은 아무것도 없는데 단지 여성용이라는 이유만으로 차별 가격이 책정된 것이다.

성차별 가격은 상품에만 있는 게 아니다. 세탁과 미용실 등 서비스를 받을 때도 곳곳에서 핑크 택스가 붙는다.

면 100%로, 같은 옷감에 비슷한 모양의 단순 디자인 남녀 드레스 셔츠를 각각 한 세탁소에 맡겨봤더니 세탁비가 다르다. 남성 셔츠는 한 장에 1,800원이고 여성 셔츠는 2,800원이다. 여자 옷은 소매가 짧고 크기도 더 작은데, 오히려 1.5배 비싸다. 해당 세탁소 주인은 여성용 의류에 손이 더 많이 가기 때문이라고 설명했다.

"남자 옷은 기계로 쉽게 다리지만 여성 의류는 손 다림질을 해야 해서 더 비싸요. 세탁 과정에 차이가 있는 것은 아니고 손질의 차이 때문에 가격이 더 비쌉니다."

미용실도 여성이 남성보다 비용을 더 지불해야 하는 경우가 대부분이다. 남녀가 같은 미용실에서 파마를 한다고 하면 남성은 2~3만 원이면 될 것을 여성은 5~6만 원을 내야 하는 식이다. 미용실 측은 파마나 염색을 할 때 대체로 남성보다 여성이 머리가 길어 시간과 약제가 더 들어가 어쩔 수 없다는 입장이다. 일견 일리가 있는 해명이다.

하지만 염색과 파마 등 약제를 쓰지 않고 단순 커트만 하는 데도 여성이 돈을 더 내야 한다면 얘기는 다르다. 심지어 머리카락 길이가 남성처럼 짧은 여성이라 해도 염색이나 파마를 할 경우 '남성 요금'이 아닌 '여성 요금'을 받는다.

한 여대생은 머리 길이도 모양도 남자형인데 미용실 비용은 비싼 여성 요금을 지급해야 한다며 불만을 토로했다.

"전 머리가 짧은데 미용실 가면 비싼 여성 요금을 받아서 기분이 나쁩니다. 염색도 파마도 남자들은 3만 원 받고 여자들은 5만 원 받는데, 저는 머리가 짧아도 5만 원 받아요."

미용실 직원은 여성 고객에게 비용을 더 많이 요구하는 건 업계 관행이라고 말한다.

"여자가 원래 비용을 더 많이 내게 돼 있어요. 머리를 다듬을 때 시간이 더 오래 걸려서 그런 것도 있고…… 다른 미용실에 가더라도 남성분 서비스 가격이 더 낮고 여성이 더 비쌉니다."

또 다른 핑크 택스 유형은 남녀 제품 간 같은 가격인데 서로 품질이 다른 경우다.

2021년 9월 《여성신문》이 남녀 제품의 품질 차별을 비교한 기사를 인용해보면, 유명 의류 제조사인 G사와 T사 등의 남성복과 여성복 사이 품질 차별이 뚜렷하게 드러났다. 2~3만 원대 비슷한 가격의 남녀 티셔츠를 비교한 결과 여성복보다 남성복의 마감이 더 잘 된 경우가 많았다.

바지의 경우 같은 가격대 남성복은 뒷주머니가 깊고 단추까지 달려 있지만, 여성용은 모양만 뒷주머니일 뿐 기능은 없는 가짜 주머니를 만들어놓은 제품도 있었다. 남성용 티셔츠는 목 부분이 잘 늘어나지 않도록 마감 처리된 반면 여성용은 단순하게 처리돼 조금만 입어도 힘없이 늘어나는 제품이 많았다.

더욱이 품질에 이렇게 차별을 두는데도 남성용보다 20~30% 가까이 더 비싼 상품이 있다는 것이다. 남녀 제품 간에 이런 가격, 품질 차별이 실재하기 때문에 여성 소비자 가운데는 같은 디자인을 사야 한다면 여성복이 아니라 남성복을 구매한다는 이도 적지 않다.

이 같은 핑크 택스는 왜 생기는 걸까. 이병관 광운대학교 소비자심리학과 교수는 업계에서 일부 상품과 서비스에서 관행적으로 여성 소비자를 상대로 더 높은 가격을 책정해왔다고 설명했다. "여성이 외형이나 디자인, 색상에 부가가치를 더 두고 있다고 전제하고 여기에 더 높은 가격을 부여하는 것으로 보고 있습니다."

의류 업계 한 관계자는 "남성 소비자의 경우 구매를 할 때 내구성과 가성비를 중요시하는 반면 여성은 유행과 디자인에 더 민감한 경우가 많아 품질에 차이가 있을 수 있다"고 분석했다.

유명 의류 제조업체인 M사는 몇 년 전 남녀 바지를 비슷하게 디자인한 제품을 출시하면서 여성용의 기능과 품질이 현저하게 떨어지도록 만들어 소비자들의 비난을 샀다. 여론이 들끓자 결국 이 회사는 사과하고 동일한 기능과 가격의 남녀 제품을 추가로 만들겠다고 약속했다.

핑크 택스 문제는 우리나라에만 있는 것이 아니다. 해외에서도 핑크 택스가 곳곳에서 적발돼 논란이 벌어졌다. 특히 미국에서는 일찌감치 1990년대부터 핑크 택스가 사회적 논란이 됐다. 뉴욕주와 같이 성차별 가격이 심각한 수준이라고 판단되는 곳은 대대적인 실태 파악까지 진행됐다.

2015년 뉴욕주 소비자국 조사 결과, 다양한 상품군에서 성 차별적 가격이 존재하는 것으로 나타났다. 샴푸와 컨디셔너는 여성용 제품이 평균 48% 비싸고, 셔츠는 평균적으로 여성용이 15% 더 비싸게 가격이 책정된 것으로 나타났다. 아동용품의 경우에도 헬멧과 보호대, 티셔츠 등 여아 제품이 남아용보다 13% 더 비쌌다. 심지어 의료용 교정기 가격조차 여아용이 15% 이상 비싸게 팔리고 있었다.

여성을 구매 대상으로 한 제품의 42%가 유사한 기능과 소재의 남성용보다 비싸게 판매되고 있었고, 그 가격 차이는 평균 7%대에 달했다. 즉, 뉴욕 여성은 비슷한 소매 상품을 구매할 때 남성보다 평균 7%를 더 지불하는 셈이었다.

미국 밖 해외에서 들여오는 여성 의류는 아예 수입 단계에서부터 더 많은 관세를 내는 등 차별을 받는 것으로 드러났다. 2018년 미국 국제무역위원회 연구에 따르면 여성 의류는 수입 시 평균 관세가 15%로 남성 의류에 매기는 12%보다 약 3% 더 높았다. 수입 의류에 부과된 관세의 66%가 여성용 의류에 매겨진 것이었다. 말 그대로 '핑크 택스', 성차별 관세가 부과된 것이다.

2020년 캘리포니아주에서도 핑크 택스로 인해 남녀 간에 일상 속 지불하는 비용이 얼마나 차이가 나는지 연구가 이뤄졌다. 주 상원 위원회 조사 결과, 캘리포니아 지역 여성은 동일 상품과 서비스를 구매할 경우 남성보다 매년 평균 2,381달러(약 315만 원)를 더 지불하는 것으로 추산됐다. 이는 약 80세 평생으로 따지면 최대 18만8,000달러, 우리돈 약 2억 4,000만 원에 육박하는 차별적 비용을 여성이 더 지불해야 하는 셈이다.

여성이 이처럼 이유 없는 차별을 받다 보니 핑크 택스를 금지하려는 움직임도 곳곳에서 이뤄진다.

뉴욕주에서는 2020년 핑크 택스 금지법이 만들어졌다. 이 법은 생산이나 제조 과정에 필요한 재료가 동일하고 모양새와 용도, 기능, 상표 등에 차이가 없는 유사 제품일 경우 단지 여성용이라는 이유로 가격을 다르게 매기지 못하게 했다. 이는 서비스 업종에도 똑같이 적용된다. 가령 세탁이나 미용을 할 경우 여성용 또는 여성이라고 해서 더 많은 비용을 부과하면 처벌을 받도록 했다. 핑크 택스 금지를 위반하면 처음엔 250달러, 재차 위반하면 500달러의 벌금을 부과할 수 있게 했다.

캘리포니아주에서도 1995년과 2003년 성차별 가격을 금지하는 법이 잇따라 통과됐다. 하지만 핑크 택스를 금지한 곳은 미국 내에서도 일부 지역에 국한된다. 우리나라를 포함한 대부분의 나라에서는 특별한 조치 없이 방치돼 여전히 핑크 택스가 아무렇지 않게 부과된다.

핑크 택스가 얄팍한 상술인지, 정당한 마케팅인지 유통업계에서는 논란이 끊이지 않는다. 분명한 것은 똑같은 제품에 여성용이라고 색깔만 '핑크'를 칠해놓고 더 비싼 가격을 매기는 데엔 문제의 소지가 있다는 점이다. 미국 등에서 핑크 택스를 불법으로 규정하고 처벌을 시작한 것도 이 때문이다. 국내에서는 아직 금지 입법 움직임이 본격적으로 이뤄지지 않고 있다. 앞으로 관련 논의가 좀 더 빨리, 더 실질적으로 이뤄지길 기대한다.

단지 그대가 여자라는 이유만으로 차별받을 이유는 없지 않은가.

# 2

# 백화점 명절 가격의
# 꼼수

재래시장 하면 흥정, 백화점 하면 정찰제가 떠오른다. 그런데 백화점에서도 시장처럼 말 한두 마디면 흥정이 가능하다. 가격표가 버젓이 붙어 있는데도 어렵잖게 할인받을 수 있다. 특히 추석과 설날 등 명절을 즈음해 출시되는 선물 세트는 가격 흥정이 더 쉽다. 매장 직원에게 가격을 할인해달라고 몇 마디 했을 뿐인데 많게는 4분의 1, 최대 26%까지 가격을 깎아줬다.

명절 대목 서울 시내 대형 백화점의 가격 꼼수 현장을 포착했다. 한두 곳이 아니다. 소비자가 백화점을 찾는 가장 중요한 이유 중 하나는 믿을 수 있는 품질과 가격 정찰제이지만, 명절이면 이런 기대는 곳곳에서 산산이 깨지고 만다.

명절이라고 입구부터 특가 상품 안내 책자를 비치하고 호객 행위를 벌이는 L 백화점. 안내 책자에는 제품 구성부터 할인가격까지 다양한 명절 상품 정보가 빼곡하다. 이 가운데 '가격이 53만 원'이라고 소개된 명품 한우 세트를 찾아 매장으로 향했다.

선홍색 안심육 사이사이 하얀색 마블링이 먹음직스럽게

자리 잡은 한우 안심 세트는 매장 판매대에서도 안내 책자 그대로 53만3,000원 가격표가 붙어 있다. 대목 실적을 올려야 하는 매대 직원이 눈치 빠르게 다가와 한우 선물 세트 칭찬에 열을 올린다.

"어르신 아이 할 것 없이 누구나 좋아해요. 맛이 고소하고 틀림없어서 어디다 선물하셔도 만족하실 거예요."

처음부터 가격 흥정을 시도해본다.

"제품 좋네요. 그런데 좀 싸게 해줄 수 있어요?"

"얼마나?"

"오, 정말 할인해주시는 거예요? 얼마까지 해주실 수 있는데요?"

"잠깐만요."

잠시 계산기를 두드려본 점원이 파격 제한을 해온다.

"45만 원까지 끊어드릴게요."

짧은 흥정으로 단번에 53만3,000원짜리 한우 세트가 45만 원이 됐다. 8만 원 이상 깎아주겠다고 했다. 내친김에 바로 옆에 있는 정찰가 41만 원 한우도 할인되는지 물었더니, 30만 원에 가져가란다.

"30만 원까지 해드릴게요. 시원하게!"

말 한마디에 26%, 11만 원을 할인받았다. 한우 선물 세트 가격에 얼마나 거품이 많이 끼어 있기에 이렇게 쉽게 깎아주는 건지 놀라울 뿐이다.

점원과 가격 흥정을 하는 동안 명절 선물을 고르는 중년 고객이 옆으로 다가온다. 우리 대화를 듣지 못했던지, 41만 원 한우 선물 세트를 잠시 이리저리 살펴본 뒤 그대로 집어 카트에 담는다. 직원과 흥정을 시도하지 않은 이 손님은 30만 원이 아닌 41만 원을 다 지불했을 것이다.

같은 백화점 다른 명절 선물 세트도 할인이 가능한지 알아봤다. 이번엔 상대적으로 저렴해 찾는 사람이 많은 과일 세트다. 8만 5,000원짜리 애플망고 세트로 흥정했는데, 단박에 6% 할인해 8만 원에 주겠다고 했다. 좀 더 깎아줄 수 없냐고 사정하자…….

"8만 원이 서운하시면 귤 한 박스도 같이 드릴게요."

믿었던 백화점 가격 정찰제는 이렇게 쉽게 고객을 배신했다.

그런데 정찰제가 무너진 백화점은 한두 곳이 아니었다. 또 다른 백화점 수산물 판매장에서 명절 상품 할인을 시도해봤다. 이곳에선 살이 통통하게 오른 대형 전복 15미尾를 넣은 활전복 세트를 20만 5,000원에 판매하고 있었다. 가격 흥정을 시작했지만 직원은 단호한 모습이었다.

"저희는 정찰제라 깎아드릴 수가 없습니다."

다시 한번 얘기해봐도, 할인해줄 수 없다는 답변이 돌아왔다. 실망한 표정을 지어 보이며 돌아서려 하자 직원이 슬며시 팔소매를 붙잡는다.

"잠깐만요. 그러면 15미에 2미를 더해 17미를 드릴게요. 이렇게 하면 300g이 넘죠?"

이 매장에서는 가격을 깎아주는 대신 전복 2미, 그러니까 2만 7,000원어치를 덤으로 주겠다고 했다. 할인해줄 수는 없지만 대신 덤을 주겠다는 백화점. 가격 정찰제가 지켜진 것으로 봐야 할까.

서울 시내 백화점을 돌며 한우와 과일, 견과류 등 추석 선물 세트 9개에 대해 가격 할인을 시도해봤는데, 단 한 곳도 빠짐없이 모두 할인받을 수 있었다. 할인 폭은 제각각이어서 적게는 5%에서 많게는 26%까지 가능했고, 전복 선물 세트와 같이 덤으로 더 주는 곳도 있었다.

그런데 누구에게나 다 할인해주는 건 아니다. 깎아달라고 요구하는 고객만 상대로 은밀하게 할인이 이뤄진다. 흥정하는 동안 직원들은 주변의 다른 고객이 들을까 주의하는 모습도 보였다.

"조용히 말씀하세요. 옆에서 듣잖아요."

다른 백화점 직원은 "원래 할인 안 해드려요. 요즘에 가격 정찰제 단속을 많이 해서."라고 했지만, 어김없이 흥정에 응했고 가격 할인도 성사됐다.

그동안 백화점에서 물건을 살 때 단 한 번도 가격을 깎아본 적 없다는 한 소비자에게 이 같은 사실을 알리고, 함께 가격 흥정을 시도해봤다. 건강식품 매장에서 판매하는 정가 15만 원 홍삼 선물 세트였다. 쭈뼛대는 고객에게 처음엔 "정찰제라 할인이 안 된다"며 잘라 말하던 종업원은 두어 번 더 조르자 못 이기는 척하며 10% 할인을 제안했다.

"회사에 물어봐야 하는데 팔고 욕먹어야죠, 뭐. 15만 원에서 1만5,000원 빼드릴게요."

흥정에 초보인 고객도 말 몇 마디에 10% 할인을 받았다. **216**

백화점 고급 상품을 난생처음 저렴하게 구매해 받아든 소비자는 없던 자신감마저 생겨났다.

"진짜로 깎을 수 있을 거란 생각을 아예 안 했는데, 생각보다 너무 쉽게 깎아줘 놀랐어요. 이것보다 더 깎을 수도 있을 것 같았어요. 하하하!"

이 정도라면 결국 백화점 명절 선물 세트를 제값 치르고 산 소비자만 손해 보는 셈이다.

백화점 측에 명절 상품 가격 정찰제가 어겨지는 실태를 알고 있는지, 왜 제대로 지켜지지 않는지 확인해봤다.

S 백화점 관계자는 "저희는 소비자가 사전 예약판매로 구매할 경우에만 할인을 해드리고 그 외에는 정상가로 판매합니다."라고 했다. 하지만 백화점 내 여러 매장에서 다양한 상품을 할인받았다고 밝히고 직접 실험한 내용을 확인시켜주자 슬쩍 꼬리를 내렸다.

"정찰제를 시행하고 적발도 하지만 일부 매장에서 이를 어길 경우 100% 다 잡을 수 있지는 않아요. 그런 건 사실상 쉽지 않은 부분이긴 해요."

가격 표시제, 가격 정찰제를 위반하는 것은 엄연한 불법이다. 이은희 인하대 소비자학과 교수는 "소비자에게 사전적으로 판매 가격을 파악할 수 있게 하는 것을 '가격 표시제'라고 하는데 그걸 지키지 않은 것은 법률 위반"이라고 지적했다.

소비자 분통을 터뜨리게 하는 백화점과 유통업체의 명절 꼼수는 이뿐이 아니다. 일부 매장에서 기존 판매 상품을 포장만 다시 해 비싸게 받거나 명절 대목 전 슬쩍 가격을 올려 할인해주는 것처럼 눈속임하기도 한다. 백화점과 대형마트를 돌며 선물 세트 가격을 조금만 체크해보면 얼마나 허술하게 소비자를 속이는지 알 수 있다.

포장된 참기름 선물 세트를 뜯어보면 한지로 뚜껑을 고급스럽게 동여맨 참기름 두 병이 들어 있는데 6만2,000원에 판매한다. 그런데 이 참기름은 낱개로 사면 한 병에 2만5,000원, 두 병에 5만 원이다. 심지어 '한 병 2만5,000원'이라고 가격표를 붙인 참기름은 멀지 않은 곳에 진열까지 돼 있다. 혹시나 해서 직원에게 물었다.

"세트에 들어 있는 제품은 낱개로 2만5,000원에 파는 상품이랑 똑같은 거예요?"

"네, 똑같은 겁니다."

"근데 이게 훨씬 비싼 것 같은데 가격 맞아요?"

"이건 명절 포장 박스가 있어서요."

상자와 포장 값으로만 1만 원 이상을 더 받는 셈이다.

이런 식으로 포장만 달리해 값비싸게 판매되는 명절 선물 세트는 세제에서 젓갈류까지, 한둘이 아니다. 명절 선물 세트와 동일한 구성의 낱개 상품을 구매해 가격 차이가 얼마나 나는지 비교해보니 햄·식용유 선물 세트는 세트 구매가 28% 비쌌다. 간장 세트도 28%, 참치·햄 세트는 15%, 세제 세트도 15%가 각각 더 높은 가격에 판매되고 있었다.

특히 명절에 인기인 햄·식용유 선물 세트의 경우 포장 거품이 상당히 심했다.

햄 캔 13개와 올리브유 2병, 참기름 한 캔으로 구성된 선물 세트는 가격이 7만4,800원인데, 이를 같은 매장에서 각각 단품으로 구매하면 5만1,900원이다. 단품 구매가 2만 원 이상 저렴한 건데, 매장 직원 논리대로라면 이 제품의 경우 포장 비용이 전체 가격의 약 30%에 해당한다. 포장이라고 해봐야 종이상자와 얇은 플라스틱 고정 틀이 전부인데도 말이다.

같은 식으로 한 병에 1만1,780원인 고급 소주는 두 병을 잔 네 개와 함께 넣고 포장해 3만1,000원을 받고, 두 포대에 3만5,000원인 쌀은 미니 솥과 함께 세트로 구성돼 가격이 12만 원으로 훌쩍 뛰기도 했다.

또 다른 명절 상품 꼼수는 할인가격에도 숨어 있다. 대형 마트들은 명절 특가라며 제휴 카드로 결제 시 30~40% 할인해준다고 광고한다. 그런데 세트로 묶인 구성 상품을 나열해놓고 하나씩 개별 가격을 확인해 각각 더해보니, 카드 결제 시 할인해준다는 가격과 거의 일치했다.

가령 햄과 올리브유 혼합 세트로 구성한 상품의 경우 가격이 3만7,800원인데 제휴 카드로 결제 시 30% 할인을 받으면 2만6,500원에 구매할 수 있다. 그런데 이 가격은 해당 제품을 단품으로 개별 구매했을 때 2만8,000원과 크게 차이가 나지 않는다. 정가 3만3,000원 선물용 커피믹스 세트도 카드 할인 10%를 받으면 2만9,700원인데 단품 구매 가격은 2만9,200원으로 오히려 저렴하다. 결국 세트 가격을 미리 올리고 제휴 카드 결제 시 할인해주는 척 생색만 내는 것이다.

명절 상품에 대한 과대 포장, 꼼수 포장도 업계에서 좀처럼 사라지지 않는 관행이다.

햄 종합선물 세트의 경우 상자 틀에 포장된 상태 그대로 보면 모두 같은 크기 햄처럼 보이지만, 틀에서 하나씩 꺼내보면 용량에 차이가 난다. 포장 틀에 측면이 보이게 끼어진 것은 200g짜리지만 뚜껑이 보이도록 끼어진 것은 120g짜리로 용량이 40% 적다. 보기엔 똑같은 캔 같지만 막상 꺼내보면 캔 깊이가 현저하게 낮은 제품임을 확인할 수 있다. 작은 상품을 교묘하게 틀에 끼워 풍성하게 보이도록 한 것이다.

더욱이 "이처럼 작은 크기 제품은 평상시에는 제조해 판매하지도 않고 명절 세트용으로 따로 만든다"고 매장 직원은 귀띔했다.

선물 세트 구성품이 빈약하다 보니 상자 속에 고정 틀을 넣고 포장하지 않으면 안 되는 경우도 있다. 햄 선물 세트의 경우 틀을 제거하고 상자에 구성품을 다시 넣으면 거의 절반이 비는 걸 볼 수 있다. 키위 등 과일 세트는 물론 화장품 세트도 견본과 포장 틀을 빼면 50% 이상이 빈 공간으로 남는다. 소담하게 쌓여 보였던 견과류 선물 세트는 포장 용기 깊이가 채 1cm도 안 됐다. 역시 보기에는 풍성하게, 실제는 조금만, 교묘하게 포장한 것을 알 수 있었다.

현행법상 선물 세트 포장재는 전체 부피의 25%를 넘을 수 없도록 규정돼 있다. 하지만 이를 어겨도 과태료 최대 300만 원의 처벌에 그치다 보니 잘 지켜지지 않는 경우가 많다. 설, 추석 명절 과태료 부과 건수는 한 해 100여 건 수준에 그치고 있다.

명절 선물은 구매자와 소비자가 다르다. 사는 사람이 따로 있고 소비하는 사람이 따로 있는 경우가 대부분이다. 구매자는 자신이 직접 소비할 상품이 아니다 보니 내용물에 상대적으로 덜 신경 쓰게 되고 소비자는 보내준 사람의 성의를 생각해서 내용물에 크게 시비를 걸지 않는다. 백화점 등 유통업체도 이를 알고 악용하는 건 아닌지…… 근절되지 않는 일부 유통업체 명절 꼼수는 매년 소비자의 눈살을 찌푸리게 만든다.

# 3

# 무당은 어떻게
# 작두를 타는가

그동안 당신의 삶은 순탄치 않았고 힘든 일도 많았다. 쳇바퀴 돌아가듯 매일매일이 비슷하다. 간섭을 싫어하고 인정해주면 열심히 일한다. 놀 때는 잘 논다. 이성 문제가 마음대로 잘 안 된다.

전부 내 얘기이고 당신 얘기다. 우리 모두의 얘기다. 이런 말들은 사주나 점을 보러 가면 단골로 듣는 얘기다. 조금씩 바꿔서 말할 뿐 내용은 대동소이하다. 너무도 뻔한 말인데 내 얘기고 잘도 들어맞는다. 마치 그동안 내 삶을 지켜봐온 것처럼 속속들이 알고 있는 것 같다. 감추고 싶었던 비밀도 알고 심지어 최근 있었던 일도 언급한다. 어떻게 된 걸까. 결국 신통하다며 복채, 돈을 쥐어주고 나온다. 왜? 무속인이 말하면 그럴듯하게 들리니까.

20대 여성 곽재희(가명) 씨는 헤어진 남자친구와 다시 만나고 싶어 무속인을 찾았다. 너무나 많이 남은 미련이, 재회를 바라는 간절한 마음이 그를 용하다는 점집으로 이끌었다. 이 무속인은 이별한 연인을 다시 엮어준다는 소위 '재회점', '재회 상담'으로 유명한 인물이었다. 사연을 듣고 무속인은 많은 조언을 해주었다. "살을 빼라, 야한 옷을 입어라." 심지어 "헤어진 남자친구를 찾아가 잠자리를 같이하라"고 도 했다.

간절한 마음에 시키는 대로 이것저것 해보았지만 효험은 나타나지 않았다. 상대 남성은 속도 몰라준 채 여전히 냉랭하기만 했고, 그러는 동안 복채는 계속 쌓여갔다. 부적을 써야 한다기에 따랐고, 굿을 해야 한다고 해서 그렇게도 했다. 그래도 남자친구는 돌아오지 않았다. 무속인에게 "왜 소용이 없느냐"고 따져봐도, 믿음과 성의가 부족하다는 타박만 돌아왔다.

이렇게 재회 점을 하느라 1년여 동안 2,300만 원을 날렸다. 결국 남자친구 마음은 돌리지 못했고, "재회가 안 된 건 모두 네 탓"이란 무속인의 차가운 비난이 가슴에 비수처럼 꽂혔다. 실연당한 여성의 마음엔 더 큰 상처가 생겼다.

하는 일마다 풀리는 게 없어 무당을 찾아갔다는 한 중년 여성도 비슷한 피해를 봤다. 무당은 원하는 일이 잘되려면 내림굿이나 신굿을 해야 한다고 했다. 당장 몸에 지니고 다니면 모든 게 잘 풀릴 거라며 1,000만 원이 넘는 부적을 권했다. 종잇조각 한 장에 거액을 내려니 망설여졌다.

눈치 빠른 무당이 재빨리 끼어들었다.

"돈을 내고 부적을 쓰지 않으면 이혼하게 될 거야. 주변 사람 중 누군가 죽을 수도 있어!"

거짓말이라 생각하고 믿지 않으려고 했다. 하지만 누가 죽을 거란 말은, 한번 들은 이상 찝찝함이 가시지 않았다. **224**

'코끼리를 생각하지 말라'고 하면 그때부터 머릿속에서 코끼리 생각이 떠나지 않는 것처럼.

가족이나 주변 사람한테 변고가 생긴다는데 못 들은 척하기는 쉽지 않았다. 결국 1,000만 원짜리 부적을 받아 들고 몸에 지니고 다녔다. 목돈이 들어갔지만, 마음은 편해졌다.

그런데 얼마 지나지 않아 무당은 "자꾸 액운이 든다"며 다른 부적이 더 필요하다고 했다. 또 다른 변고 가능성을 언급하며 겁을 줬고, 다시 부적을 사 지갑에 넣었다.

그렇게 받아든 부적이 한두 장이 아니었다. 굿과 부적, 그리고 상담에 들어간 돈만 1억6,000만 원에 달했다. 딱히 나쁜 일이 생기진 않았지만 그렇다고 좋은 일이 생긴 것도 아니었다. 무당을 만나기 전과 비교하면 바뀐 것도 더 나아진 것도 없었다. 잘 안 되면 모두 자신의 탓이고 조금이라도 나아지면 모두 무당의 덕이었다.

그동안 들인 돈이 아까워서라도 믿고 싶었다. 무당의 말만 잘 들으면 그동안 들어간 돈이 헛되지 않을 것 같았다. 그런데 나중에 알고 보니, 용하다고 믿었던 이 무당은 사기꾼이었다. 이미 같은 수법으로 부적과 굿을 팔아 먹어 처벌받은 적이 있는 사기 전과자였던 것이다.

무당과 무속인의 신통력은 얼마나 믿을 수 있는 것일까.

용하기로 소문난 역술인 둘을 찾아가 확인해봤다. 사주를 보면 살아온 과거 궤적은 물론, 앞날까지 훤히 내다본다고 해 방송에도 여러 번 소개된 점쟁이들이었다. 들고 간 생년월일은 유명인의 것이었다.

먼저 1971년생 김정남의 사주를 물었다. 북한 김정은의 이복형으로 2017년 말레이시아 공항에서 암살된 인물이다. 한 점쟁이는 그에게 관재수가 있다고 했다. 재판이나 소송에 걸리기 쉽고 관공서와의 문제가 생길 수 있다는 것이다. 몸이 다칠 수 있다고 덧붙였다. 또 다른 점쟁이는 "몸이 안 좋아. 아랫배가 나쁘네."라고 사주를 풀이했다. 맞는 것 같기도 하고 틀린 것 같기도 한 사주풀이가 쏟아졌다.

1982년생 살인범 이영학의 사주는 어떨까. '어금니 아빠'로 알려진 이영학은 딸의 친구를 살해하고 유기한 혐의로 재판에 넘겨져 유죄를 받고 복역 중이다. 역술인들은 "잘 풀리는 사주는 아니다. 변태 사주랄까. 집착하는 편이고 일이 잘 안 돌아간다. 문장력은 있네." 등의 풀이를 내놨다.

1960년생 한 유명 방송인에 대한 풀이는 "외로운 사주이다. 기복이 심하다. 일부종사 못 한다. 대운이 찾아올 것 같다." 등이 나왔다. 1950년생 유명 정치인에 대해서는 "일부종사 못 한다. 외로운 사주다. 엉뚱한 짓을 잘한다"고 했다.

이들 역술인이 내놓은 사주풀이를 보면 맞는 것도 있고 틀린 것도 있다. 의뢰인의 현 상황을 아는 상태에서 의뢰했기 때문에 맞고 틀림을 구별할 수 있다. 그런데 확인하기 힘든 풀이도 많다. 외롭다, 기복이 심하다, 앞으로 대운이 찾아온다, 이런 것은 대부분 객관적으로 확인할 길이 없다. 애매모호하고 확인 못 할 풀이가 많다. 그중에서도 김정남 사주를 보고 말한 '아랫배가 나쁘다'는 풀이는 도대체 뭘 근거로 어떻게 나온 건지……

　어쨌든 이들 유명 역술인과 무속인의 말을 분석해보면 묘하게 겹치는 부분이 적지 않다. 당신은 머리는 좋은 사람이다, 이성을 마음대로 못 하는 사주다, 그동안 힘들게 살아왔다, 욕먹을 일 하지 마라, 기복이 심하다, 엉뚱한 짓을 잘한다, 하는 일이 잘 안 돌아간다, 재주 있고 인정 많다, 권위적이지만 착하다, 외로운 사주다 등등.

　대체로 반은 길<sub>吉</sub>하고 반응 흉<sub>凶</sub>하다. 듣기에 따라 누구나 할 수 있고 너무나 뻔한 얘기다. 누구에게나 해당되는 얘기 같기도 하고 틀린 것 같기도 한 말들이다.

　중요한 건 마지막은 '겁주기'로 마무리하는 경우가 많다는 것. 사주가 안 좋다. 궁합이 서로 안 맞는다. 살들이 많다. 독수공방 살이 있다.

　그래도 흔들리지 않으면 강도를 높인다.

　"아! 이거 말해도 되나 모르겠네. 말해줘? 진짜로 알고 싶어? 곤란한데……"

　결국은 말한다. 그렇게 상대가 겁을 먹었다 싶으면, 액땜할 부적을 쓰거나 굿, 살풀이를 해야 한다고 권한다. 굿을 하는 데 드는 비용은 수백만 원에서 수천만 원을 호가한다.

　의뢰인이 망설이는 눈치를 보이면 다시 협박 아닌 협박이 이어진다. 안 하면 안 좋다. 가족이 다친다. 부부가 헤어진다. 연인과 결별한다. 건강을 해친다. 주변에 누가 죽을 수 있다는 말까지 듣는 경우, 무시하고 넘어가기란 쉽지 않다. 결국 의뢰인의 지갑이 열린다.

　역술인, 무속인이 말하는 것을 듣고 있자면 내 얘기 같고용하게 잘 맞힌다는 생각이 드는 덴 이유가 있다. 그들의 말이 그럴싸해 들리는 건 포러 효과(Forer Effect) 때문이다. 보편적으로 적용되는 성격의 특성을 자신의 성격과 일치한다고 믿으려는 현상이다. 일반적이고 모호해서 누구에게나 적용될 수 있는 것일 뿐인데, 자신에게 꼭 맞는다고 받아들이는 경향이다. 역술인이 뻔한 말을 하는데도 사람들은 자신의 처지와 심리 상태를 꿰고 있다고 생각한다는 것이다.

이를 실험을 통해 입증한 미국의 심리학자 버트럼 포러 Bertram Forer의 이름을 따 포러 효과라고 부른다. 포러는 학생들에게 성격 검사를 한다며 질문지에 답을 하도록 했다. 그런 다음 피실험자의 답변을 토대로 성격 검사가 나왔다며 결과지를 나눠줬다. 그런데 이들이 받아본 성격 평가 결과지 내용은 모두 같았다. 실험 참여자가 어떤 답을 했든 상관없이 같은 내용, 하나의 결과지를 복사해 나눠준 것이다.

그런데도 실험 참가자 80% 이상이 '검사 결과가 실제 자신의 성격과 일치한다'고 평가했다. 결과지에는 '당신은 자기 비판적 성향이다', '당신의 목표 가운데 일부는 비현실적이다', '타인의 언행을 곰곰이 생각하는 경향이 있다' 등 일반인의 보편적 성격을 적어놨을 뿐이다.

포러에 앞서 19세기 마케팅-쇼 전문가 바넘 Barnum도 이런 인간의 심리 상태를 이용해 미국 전역을 돌며 사람 마을을 읽는 쇼를 벌여 크게 성공했다. 그 때문에 '바넘 효과'라고도 부른다. 포러는 1940년대 바넘 효과를 대중을 상대로 확인한 것이었다.

**228**

실제로 바넘-포러 효과가 얼마나 효력을 발휘하는지 역술인을 섭외해 사주 카페에서 실험했다. 카페 역술인에게, 사주를 보러 찾아오는 손님을 상대로 미리 정한 보편적인 풀이만 해줄 것을 부탁했다. '욕심은 많은데 돈을 잘 못 모은다. 인정해주면 잘한다. 남의 간섭을 받는 걸 싫어한다. 이성 보는 눈이 까다롭다' 등 뻔한 내용이었다.

역술인은 찾아온 대학생들에게 사전 약속한 대로 사주를 말했다.

"내성적인 것 같지만 노는 데서는 잘 놀아요. 자신을 인정해주면 열심히 하죠?"

학생들은 깜짝 놀란다.

"와, 잘 맞히시네요. 생일만 보고 어떻게 이런 걸 맞히지?"

이어 역술인을 대단히 영험하게 보는 눈빛으로 이것저것 물어본다.

실험이 끝나고 학생들에게 사실을 밝혔다. 역술인은 우리가 주문한 대로 말한 것이라고. 학생들은 깜짝 놀랐다. 자신들의 성격을 너무나 잘 파악해 섬뜩할 정도였다고 했다. 하지만 역술인이 풀어준 사주는 미리 준비한 보편적인 성격일 뿐이었다.

재미있는 건 우리가 섭외한 역술가의 말이다.

"사실은 말이죠. 아까 저한테 말해달라고 주문했던 풀이들 있죠? 그건 실제로 제가 사주를 봐줄 때 의뢰인들에게 많이 쓰는 말들입니다."

많은 무속인이 다양한 장치를 곁들여 바넘 효과를 극대화시킨다. 굿을 하고 작두를 타고 삼지창도 세운다. 때때로 위험해 보이고 기괴한 모습까지 연출하면서 접신한 모습, 신 또는 영적인 존재와 연결된 듯한 모습을 보여준다. 진짜로 영적인 존재와 만나서 만들어지는 장면들일까.

이런 쇼의 실체를 알려주겠다는 한 무당을 만날 수 있었다. 대전 계룡산에 근거를 두고 25년 동안 전국 굿판을 돌아다녔다는 무속인 '태극도령'이다. 그는 무속인이 '신이 내렸다', '조상이 찾아왔다'며 보여주는 것들, 신기神氣를 과시하려고 보여주는 행동은 대부분 요령을 알고 연습하면 누구나 할 수 있는 것이라고 했다.

"굿을 한다고 모든 무당에게 다 신이 내리는 것은 아니에요. 그렇다고 '아이고, 신이 안 내려왔네', '신기운이 안 사네' 이렇게 말할 수도 없어요. 거액의 돈을 이미 받았기 때문에 중간에 그만둘 수도 없어요. 이건 공연이에요. 한번 시작하면 끝까지 갈 수밖에 없는 거죠."

그러면서 공연의 기술을 하나씩 시연해 보인다.

먼저 평평한 접시 위에 숟가락 세우기. 접시 바닥에 한 줌 찹쌀을 깔고 그 위에 숟가락을 세운다는 것이다. 숟가락을 집어 머리를 아래로 손잡이를 위로 향하게 곧추선 모양으로 접시 위에 놓는다. 서너 번 좌우로 흔들어 중심을 잡는가 싶더니 잠시 정적, 그리고 조심스레 손을 떼는데, 숟가락이 똑바로 서 있다. 신기하다. 접시 바닥에 깔린 건 쌀 몇 톨뿐인데 그 위에 숟가락이 곧추서 있다니.

그때 미몽을 깨우는 태극도령의 한마디.

"신기하죠? 하지만 조금만 연습하면 세울 수 있어요. 바닥에 깔린 한 줌 쌀을 숟가락 등 쪽에 쓸어 모으고 숟가락을 살짝 기대는 겁니다. 앞에서 보면 아무것도 없이 홀로 서 있는 것처럼 보이니 다들 신기해합니다."

다음으로 매끈한 징 표면에 쌀알 붙이기가 이어진다. 놋쇠 징을 한 손에 들더니 행주로 표면을 깨끗이 닦는다.

"자, 보세요. 아무것도 없죠?"

행주에도 징 표면에도 아무것도 없다. 한 손에 징을 든 채 다른 한 손으로 생쌀 한 움큼을 쥔다. 그런 다음 가벼운 주문이 이어진다.

"신령님, 아기 동자님, 저에게 좋은 점괘 하나 보여주시옵소서!"

주문을 끝내고 손에 쥔 쌀을 징 표면에 힘껏 내던진다. "촤악!"하는 소리와 함께 쌀알이 튕겨 나간다. 그런데 일부는 징에 그대로 붙어 있다. 징에 붙은 쌀알 일부는 기묘한 모양까지 만들어낸다. 마치 신령님이 메시지라도 전하는 것처럼. 분명 징 표면엔 아무것도 없었는데 어떻게 된 걸까.

비밀은 처음에 징을 닦았던 행주에 있다. 행주는 물에 살짝 적셔놓은 상태여서 징 표면을 닦는 척하며 물기를 묻힌 것이다. 젖은 표면에 쌀을 던지니 달라붙는 간단한 원리인데도 처음 보는 사람 눈엔 신기하다. 더욱이 쌀은 붙어도 그만 안 붙어도 그만이다. 안 붙으면 치성이 부족한 것 같다고 하고, 의뢰인에게 성의를 더 보이라고 다그치면 그만이다.

다음으로 보여준 쇼는 삼지창 위에 통돼지를 꽂아 세우기다. 통돼지는 70~80㎏에 달하는 압도적 크기 때문에 신통력 없이는 세우는 게 불가능해 보인다. 어른 두 명이 힘겹게 돼지를 들어 돼지의 배를 삼지창에 푸욱 쑤셔 넣는다. 그런 다음 돼지를 꿴 삼지창 반대쪽 끝을 바닥에 세운다. 쉽게 설 리가 없다. 역정이 나는 듯 버럭 소리를 친다.

"정성이 없으니 신령님이 내려오겠나! 정성이 부족하니 돼지가 제대로 서겠나! 당연히 쓰러지지!"

돈을 내란 얘기다. 의뢰인이 돼지 코에 지폐를 쑤셔 넣고 돈다발을 내놓으면 돼지 세우기가 재개된다. 돼지 등에 두 손을 대고 한참을 씨름하다 무표정한 얼굴을 한 채 손을 하늘로 뻗어 올린다. 그러자 통돼지 한 마리가 삼지창에 찔린 채 허공에 떠 있다. 감탄이 절로 난다. 태극도령은 "중심만 잘 잡으면 된다"고 얘기하지만, 알고 봐도 놀라운 광경이다.

술잔 위에 다른 술잔을 세우는 묘기도, 삼지창을 세우는 묘기도 보여줬는데, 모두 같은 원리다. 중심 잡기 연습을 얼마나 많이 하느냐에 성패가 달린 것이다.

뭐니 뭐니 해도 굿판의 백미는 작두타기다. 시퍼렇게 날이 선 작두 위에 무당이 맨발로 올라서 신도 부르고 굿도 한다. 태백도령이 넓은 마당으로 안내한다. 마당 한가운데 어른 키 두 배는 됨직해 보이는 대나무 기둥 두 개가 우뚝 서 있고, 바로 아래 허리 높이 단상이, 그 단상 위엔 서슬 퍼런 작두날 두 개가 나란히 세워져 있다. 작두날에 사과를 대자 "서걱" 소리와 함께 반이 베어져 바닥에 떨어진다. 작두날의 위

력을 보여준 태극도령은 이제 작두를 탈 태세다.

"자! 이제 작두 위에 올라서 보겠습니다."

단상에 올라선 뒤 작두에 맨발을 갖다 댄다. 보기만 해도 오금이 저린다. 옆에 세워진 기둥을 움켜잡고 한 발씩 조심스레 작두 위에 올라선다. 두 발이 다 올라간 뒤 기둥을 잡았던 손을 놓는다.

"괴애앵~! 괴애앵!"

징 소리가 울리며 굿판 분위기가 고조된다.

구경꾼은 숨도 못 쉴 판. 미간을 잔뜩 찌푸리고는 작두 위 무당의 발과 얼굴을 번갈아 살핀다.

'아니 어떻게 저게 가능하지?'

분위기가 한껏 달아오르면 무속인은 작두 위에 선 채 점괘 깃발을 뽑아 흔든다. 굿판은 절정에 달한다.

"괴애앵~ 괴애앵!"

마지막으로 깃발을 홱, 하고 펼쳐 의뢰인에게 보여주며 점괘를 설명한다.

233

"보라! 이것이 당신의 운명이다!"

작두 위 신들린 무당의 말은, 안 믿으려야 안 믿기 힘든 상황이 연출된다. 날 선 작두 위 조금만 삐끗하면 칼날이 발바닥 살점을 베어낼 것 같다. 하지만 그럴 일은 없다. 작두에서 내려선 태극도령이 발바닥을 들어 보여준다. 발꿈치에서 발가락까지 길게 작두날 자국이 깊게 파였다. 하지만 핏자국은커녕 상처 하나 없이 깨끗한 상태다.

"자! 보세요. 아무 상처도 없습니다. 작두 위에 올라서면 아픕니다, 아프죠. 하지만 못 참을 정도는 아닙니다. 작두날이 보이는 것처럼 날카롭지 않아요. 과일 같은 것을 자를 정도는 되지만 사람 피부를 베고 들어갈 만큼 예리하진 않아요. 날이 70~80% 정도만 벼려진 상태여서 발바닥이 베일 염려는 없습니다. 아프지만 참는 거죠. 그 정도는 해야 사람들이 믿지 않겠어요?"

태극도령이 직접 한번 해보라고 권한다. "사실 이건 그야말로 아무나 할 수 있는 거예요. 접신하지 않아도 가능한 일입니다. 자, 한번 해보실래요?" 절대로 다치지 않는다고, 안전하다고 안심을 시켰지만 그래도 불안하고 무섭다. 아무나 할 수 있다고 했지만 감히 맨발을 작두 위에 올리기는 쉽지 않은 일이다.

현장 취재진이 용기를 내 작두 위에 올라섰다. 먼저 두 팔로 지지대를 잡고 한 발씩 차례로 작두 위에 올렸다. 발아래 작두날이 서늘하게 느껴진다. 매우 날카롭다. 날이 서지 않았다더니, 거짓말! 두 발을 모두 작두 위에 올리자 기둥을 잡

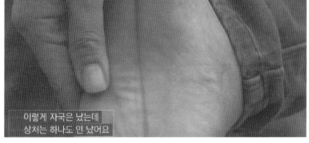

이렇게 자국은 났는데
상처는 하나도 안 났어요

은 손에 잔뜩 힘이 들어간다. 손을 놓을 수 없었다. 작두날이 발바닥을 파고드는 것 같다.

태극도령이 소리친다. "손을 놓으세요!" 두 눈을 질끈 감고 손을 놓았다. 이제 작두날 위엔 두 발만 놓였다. 발바닥에 뜨거운 고통이 전해지고 입에선 짧은 신음이 터져 나온다.

"악!"

하지만 그게 전부였다. 작두날은 발바닥을 강하게 자극했지만 다치게 하진 못했다. 발바닥이 베일 듯 아팠지만 견딜 만했다. 조심스레 작두에서 내려와 땅에 선다. 발바닥을 들어보니 길고 선명한 작두날 자국이 훈장처럼 보인다.

작두는 아무나 탈 수 있는 것이었다. 고통만 참을 수 있다면…….

태극도령이 덧붙인다.

"이게 모두 신이 왔다, 조상이 내려왔다, 하는 것처럼 보여주기 위한 쇼일 뿐입니다. 어차피 중심 잡기이고 연습만 많이 하면 누구나 할 수 있는 거죠. 방송 출연 등으로 유명해진 무속인들도 결국 이렇게 연습해서 하는 겁니다. 이걸 모르면, 사람들은 돈만 더 많이 내고 굿을 하는 거예요. 그들이 얼마나 영험한지는 잘 판단해보세요. 저는 그런 분들한테 안 가는 게 좋다고 생각합니다."

이 모든 게 방송을 통해 공개됐다. 일반인을 상대로 한 바넘 효과 실험과 접시 바닥에 숟가락 세우기, 징에 쌀 붙이기, 떡시루 삼지창 세우기, 맨발로 작두타기, 그리고 태극도령의 실험과 폭로가 이어졌다.

심지어 필자는 삼지창에 떡시루 세우기를 직접 시험해 보았다. 쌀부대 위에 1미터 길이 삼지창을 세우고 그 위에 무거운 떡시루를 올렸다. 단번에 되진 않았지만 서너 번 만에 무게 중심이 잡히고 삼지창 위 떡시루가 떡하니 섰다. 피디와 카메라 감독, 작가가 모두 놀랐다.

"이야아! 진짜로 세웠어!"

방송이 나간 이튿날부터 사무실 전화기에 불이 났다. 전국 각지의 무속인 전화가 빗발쳤다. 제보용 전화기는 말 그대로 불이 난 것처럼 벨이 울려댔다. 수화기를 내려놓기 무섭게 바로 다음 전화가 이어졌다.

전화를 건 무속인은 하나같이 격앙돼 있었다. "당장 공개 사과하라. 방송을 내려라. 재방송하지 마라. 엉터리 무속인 말만 인터뷰해 그대로 방송해서 전체 무속인들 명예를 훼손했다." 등등 불만과 항의가 이어졌다. 도저히 업무를 할 수 없는 상황이었다.

특단의 조치가 필요했다. 사무실 스태프에게 앞으로 무속인 항의 전화가 오면 "방송국으로 찾아와 신통력을 보여달라"고 답하도록 지시했다. 우리가 시연한 것이 모두 엉터리라고 주장하려면 근거를 대라고 했다.

어떤 영험한 모습이라도 좋으니 우리 앞에서 직접 시연해 보인다면 정정이든 사과든 하겠다고 했다. 생방송이든 녹화방송이든. 시간과 방법에 구애 없이 원하는 대로 기회를 마련해주겠다고 했다. 검증단 앞에서 신통력을 보여준다면 특집 방송까지 편성해줄 용의가 있으니, 보여만 달라고 했다. 걸려오는 무속인 항의 전화마다 그렇게 답했다.

이 제안을 받아들인 무속인은 단 한 명도 없었다. 카메라 앞에서 신내림과 영험함을 직접 시연해 보여주겠다는 무속인은 나타나지 않았다. 무슨 무속인 협회 간부라는 사람조차 제안에 응하지 않았다. 그리고 항의 전화도 서서히 잦아들었다.

무속인의 신통력을 믿고 안 믿고는 개인의 선택이다. 효험을 봤다는 이도, 그렇지 않은 이도 있다. 일단 믿었다면 본인 책임이다. 부적을 쓰거나 굿을 했지만 효험을 보지 못했다 해도 무속인을 탓하기 힘들다. 법적으로 처벌하는 것도 쉬운 일이 아니다.

실제 판례를 보면, 2016년 법원은 굿을 통해 의뢰인이 원하는 결과를 얻지 못했다고 하더라도 무속인을 처벌할 수 없다고 판결했다. A씨는 무속인 B씨를 찾아가 굿을 해달라며 2억여 원을 건넸는데 바뀐 것이 없다며 검찰에 고발했다. 검찰은 "효험이 없는 굿을 효험이 있는 것처럼 피해자를 속였다"며 사기 혐의를 적용해 재판에 넘겼다.

하지만 재판부는 "굿은 논리의 범주에 있다고 하기보다는 영혼과 귀신 등 정신적이고 신비적인 세계를 전제로 성립된다"며 "의뢰인은 결과 달성을 요구하기보다 마음의 위안이나 평정을 목적으로 하는 게 대부분"이라 하여 무죄를 선고했다. 어떤 목적 달성을 비는 마음에 무속 행위를 했다면 설령 그게 이루어지지 않았다 해도, 그것만으로 '속였다'고 볼 수는 없다고 지적했다.

다만 무속인이 진실로 무속 행위를 할 의사가 없고 자신도 믿지 않으면서 효과가 있는 것처럼 속인 경우는 사기죄가 성립될 수 있다고 설명했다. 재산상 이익만을 목적으로 무속 행위를 가장해 속인 경우도 마찬가지라고 했다.

문제는 무속인이 그렇게 속이려고 했는지를 밝혀내는 게 쉽지 않다는 것이다. 취재 과정에서 만난 무속인 사기 피해자 가운데 36년 경력의 전직 검찰 수사관이 있었다. 그동안 수많은 사기꾼을 추적해 검거하고 단죄한 베테랑 수사관이었다.

그는 지난 몇 년 동안 하는 일마다 너무 안 풀려 답답한 마음에 무당을 찾아갔다. 무당은 굿을 하면 가족도 일도, 모든 게 나아질 거라고 했다. 200만 원 들여 굿판을 벌였다. 그런데 시간이 지나도 변하는 건 없었다.

돈을 돌려달라고 했지만 듣지 않았다. "효험이 없었던 건 당신이 믿음이 없었기 때문이지 굿이 잘못된 게 아니다"라고만 했다. 모든 게 네 탓이라는 거였다.

결국 자신이 일했던 검찰청에 무당을 고소했다. 답답한 마음을 풀어보려 했는데 오히려 더 심란해졌다. 그동안 많은 사기 범죄자를 검거해왔던 검찰 수사관은 자신이 속아 넘어갈 줄 몰랐다고 했다.

"나도 당할 줄이야 몰랐죠. 무당은 '쇼트 머리를 한 여자가 찾아오면 일이 다 잘 풀릴 것'이라며 기다리라고 했어요. 쇼트 머리는 무슨 쇼트 머리가 찾아온다는 거야! 이런 젠장!"

인간이 고대로부터 미래를 내다보기 위해 어떠한 노력을 해왔는가를 연구한 마틴 반 크레벨드Martin van Creveld는 그의 저서 『예측의 역사』에서 인류 역사상 가장 유명한 예언가 가운데 한 명으로 꼽히는 노스트라다무스에 대해 이렇게 평가했다.

"노스트라다무스의 저서 『예언』은 4행시 942편으로 이뤄져 있는데, 그의 4행시는 대개 시적이고 애매모호하다. 그 덕분에 거의 모든 상황에 적용될 수 있었다. 또 그 덕분에 많은 실수를 했음에도 명성을 이어갈 수 있었을 것이다."

실제로 영험한 무속인도 있을 수 있고, 미래를 내다보는 사람도 있을 수 있다. 정말로 신통한 점쟁이와 무당, 예언가 등이 어딘가에 존재할 가능성도 있다. 하지만 누가 그 사람인지 판단하고 그들이 하는 말을 얼마나 믿고 의지할 것인지는 각자의 몫일 수밖에 없다.

항의 전화를 하던 그 많은 무속인, 역술인 가운데 단 한 명도 카메라 앞에 나서지 않은 게 못내 아쉽다. 뭔가 보여줬다면 당장 나부터 믿었을 텐데.

# 4

# 도대체 뭐가
# 할인된 건데?

한 대형마트 진열대 위 놓인 유명 브랜드 500㎖ 올리브유에 '행사상품'이란 안내가 붙어 있다. 가지런히 줄지어 놓인 올리브유 병이 황금빛 자태를 뽐내며 손님을 유혹한다. 맛도 좋고 건강에도 좋고, 게다가 가격까지 할인해준다니 금상첨화다. 같은 물건을 보다 싸게 살 수 있다는 건 누구에게나 기분 좋은 일이니까.

올리브유 행사 가격은 7,980원이었다. 원가격이 얼마고 얼마나 할인해주는 건지 궁금하다. 노란색 행사 가격표 아래 흰색으로 된 이전 가격표가 조금 삐져나와 있는 게 보인다. 슬쩍 행사 가격표를 빼보니 이전 가격표가 그대로 남아 있다. 원래 얼마였던 거야?

그런데 어떻게 된 일인지, 이전 가격표에 지금 행사 가격과 똑같은 7,980원이 적혀 있다. 두 가격표는 색깔만 다를 뿐 사실 같은 것이었다. 행사상품이라더니 이전 가격 그대로 판매하는 것이다. 엉터리였다.

그런데 멀지 않은 곳에 진열된 또 다른 행사상품도 마찬가지였다. 또렷한 글씨로 '할인중'이라고 표시된 100g 치즈

스틱은 가격이 2,730원으로 돼 있는데, 행사 가격표 아래 이전 가격표를 보니 역시 2,730원이 적혀 있다. 어떻게 된 일인지 영문을 알 수 없었다.

'행사중'이라고 홍보하는 상품들을 찾아내 이전 가격표를 확인한 결과, 곳곳에서 엉터리 할인가격이 발견됐다. 행사 가격이 5,960원인 450g 쿠킹 버터는 안내문에 '정상가 8,380원짜리를 30% 할인한다'고 표시까지 해뒀지만, 이전 가격표에는 8,380원이 아닌 5,960원이 찍혀 있었다. 8,380원짜리 버터를 할인해 5,960원에 주는 게 아니라 원래 5,960원이었던 것이다.

다른 대형마트를 둘러봐도 상황이 크게 다르지 않다. '금주 특별상품'이라고 적어놓은 2,980원 과자 팩은, 숨겨진 이전 가격표에도 똑같이 2,980원이 적혀 있는 등 엉터리 행사 상품을 찾는 건 어려운 일이 아니다.

물론 모든 행사상품이 다 그런 건 아니다. 하지만 매장 측은 적잖은 행사상품을 이전 가격 그대로 판매하면서 버젓이 '행사' 표시를 내걸고 있다. 한두 매장, 한두 상품이 아니다. 이 정도면 명백히 소비자를 속이는 행위다. 근처에서 진열대를 정리하고 있던 현장 직원을 붙잡고 따져 물었다.

"이거 좀 보세요. 행사 가격표 아래에 이전 가격표가 있는데 둘이 가격이 똑같아요. 뭐가 할인됐다는 거예요?"

직원은 화들짝 놀라는 표정을 지어 보인다.

"어? 그러네. 같은 가격표가 왜 두 개 꽂혔는지 모르겠네요. 착오가 있었던 것 같아요."

서둘러 가격표를 빼더니 어디론가 사라진다.

또 다른 직원에게 물었더니 담담한 대답이 돌아온다.

"그냥 이번 주 행사하라고 위에서 지침이 내려온 거예요. 그래서 행사라고 붙였어요. 행사라는 게 꼭 가격 할인행사만 의미하는 건 아니잖아요."

행사라고 하면 신제품 판촉이나 묶음 판매 등도 포함되는 것으로, 반드시 '할인행사'를 하는 건 아니라는 얘기다. 기막힌 해명이다. 해명을 듣고 다시 둘러보니, 과연 가격표에 '행사'라고만 돼 있지 '할인행사'라고 적어놓지 않은 게 많다.

어떻게 이런 일이 벌어지는지 마트 본사의 설명을 들어봤다. 가격을 싸게 하지 않더라도 행사만 하면 행사상품이라고 붙이진 않는다고 했다. 기본적으로 가격에 혜택이 있어야 '행사상품'이 맞는 거라고 답했다. 그런데 행사 전 가격표에 찍혀 있는 가격도 할인된 가격이라는 이상한 답변이 돌아왔다.

"행사 가격표 아래 붙어 있는 가격표에 적힌 것도 할인된 가격이 맞습니다. 행사상품은 가격 할인행사를 하는 게 맞고 이전 가격표도 할인된 가격을 적어놓은 것입니다."

이해가 되지 않았다. 행사 가격표와 이전 가격표 가격이 똑같은데 모두 '할인가격'이라니.

업체 측 설명은 이랬다. 원래 가격이 1,000원인 A라는 상품을 10% 가격 할인행사를 통해 900원에 판매한 적이 있다면, 그 가격표가 현재 '행사' 가격표 뒤에 그대로 남아 있을 수 있다는 것이다. 이후 A 상품으로 다시 '행사'를 하면 900원 가격표를 붙이는데, 이 경우 가격이 전과 같이 900원일지라도 이미 정상 가격 1,000원보다는 100원이 저렴한 상태이므로 '할인된 가격'이 맞는다는 주장이다.

소비자의 관점에서 볼 때는 셈법이 다르다. 이전 1차 할인행사 가격이 900원이라면 마트 측이 2차 할인행사를 한다고 할 때 900원에서 추가 할인을 기대한다. 10% 할인행사라고 가정하면 2차 할인행사 가격표에는 900원의 10%인 90원이 할인된 '810원'이 적혀 있어야 할 것이다.

하지만 업체 측은 특정 상품으로 장기간 행사를 진행하며 첫 1차 할인행사 가격을 계속 붙이고 소비자를 꼬드기는 것이다. 사실상 억지이자, 꼼수 할인이다.

법적으로도 소비자의 셈법이 옳다. 관련 법에 따르면 할인행사는 최장 3주 동안만 할 수 있다. 한 상품을 3주 이상 할인행사로 판촉하려면 앞서 1차로 할인된 가격에서 2차로 추가 할인해야 '할인행사'라는 표현을 쓸 수 있다.

앞서 얘기한 1,000원짜리 A 상품을 10% 할인 행사해 900
원에 판다면 이 가격의 할인행사는 3주 동안만 유효하고, 3
주 뒤 다시 '할인행사'를 하려면 900원에서 단 몇 퍼센트라
도 추가 할인을 해야 '할인행사'라고 광고할 수 있는 것이
다. 즉 3주 뒤 '10%' 재할인 행사를 한다면 900원인 A 상품을
810원에 판매해야 한다. 그렇지 않고 할인행사를 한다고 하
면 위법이다.

하지만 '할인행사'가 아니라 그냥 '행사상품'이라고 하면
얘기가 다르다. 할인하는 행사가 아니라 여러 의미에서 '행
사'하는 상품이기 때문이다. 재고 처리 등을 위해 1차 할인
행사를 한 상품을 3주 뒤 다시 '행사'만 한다면 3주 이후라도
추가 할인은 안 해도 된다. 1차 행사로 제품 가격이 원래보다
싸졌기 때문에 엄밀하게 말하면 할인된 가격은 맞는다는 논
리다. 다만 첫 3주까지는 할인행사라고 쓸 수 있지만 이후로
는 '할인'을 빼고 그냥 '행사'라고만 표시해야 한다.

업체는, 행사 가격과 같은 이전 가격표가 꽂힌 건 할인 행
사상품을 다시 행사하는 제품이므로 문제가 없다는 입장이
다. 가격표만 서로 같을 뿐 가격은 정상가보다 할인된 것이
니 소비자 손해도, 마트가 속인 것도 없다는 논리다.

"어쨌든 행사상품 가격은 얼마라도 할인이 된 만큼 소비
자를 속이거나 하는 일은 아닙니다."

기실 소비자만 잘 모를 뿐, 그동안 대형마트 등 유명 매장
에서는 이와 같은 꼼수 행사상품이 끊임없이 쏟아져 나왔
다.

2020년 한국소비자연맹이 3개월 동안 대형마트 3사를 상대로 행사상품 가격을 조사한 결과 '가격할인', '특별상품', '행사상품' 등의 표현이 가격 할인과 상관없는 경우가 많았다. 이들 매장에서 각종 행사를 한다고 표시한 상품 가격을 이전과 비교해보니 이전과 같거나 할인 수준이 미미한 경우가 수두룩했다.

　　이마트는 행사상품 9개 중 2개 가격이 이전과 똑같았고 롯데마트는 11개 행사 품목 중 2개가 그대로였다. 홈플러스도 15개 중 4개가 가격 변동 없이 행사상품이라고 이름을 올렸다.

　　특정 상품별로도 엉터리 할인행사가 많았다. A사 만두 제품 가격 추이를 8회에 걸쳐 조사해봤더니, 이마트에선 8회 중 5회를 행사상품으로 판매했는데 실제로 가격이 인하된 건 8,480원에서 7,480원으로 처음 단 한 번뿐이고 나머지 4회는 1차 할인가격 그대로 계속 행사라며 판매했다. 롯데마트도 A사 만두를 8회 중 6회 '특별상품'이라고 표시했지만, 가격 할인은 8,480원에서 8,180원으로 한 차례고 이후는 계속 같은 가격을 유지했다. 홈플러스에선 8회 중 4회 '행사상품'으로 표시했고, 그마저 판매 가격은 8,480원으로 한 번도 내린 적이 없었다.

　　유통업계에서는 해당 조사 결과에 대해 불법이나 꼼수는 없고 혜택은 소비자에게 돌아갔다고 해명했다. '특별상품'과 '행사상품' 등으로 표기해 판매하는 경우는 "해당 제품의 내용물 용량, 즉 중량을 늘리거나 증정품을 주는 등 추가 혜택이 있을 때만 해당 문구를 사용했다"고 주장했다.

그런데 현장을 확인해보니, 업계에서 '소비자에게 혜택을 준다'는 추가 증정 상품에서도 꼼수가 동원되는 걸 볼 수 있었다.

일반 소비자는 소위 '원 플러스 원'과 같은 묶음 상품을 구매할 때도 가격 인하 효과를 기대한다. 직접 상품 가격을 할인받는 건 아니지만, 한 개 가격만 지불하면 추가로 하나를, 때로는 두 개 이상을 더 주니 할인 효과가 있다고 믿는다. 하지만 실제로는 두세 개를 묶어 파는 행사상품은 이를 하나씩 낱개로 살 때보다 더 비싼 경우가 적지 않다.

한 유명 마트에서는 남녀노소 좋아하는 유명 제과 회사의 파이를 1+1 행사로 두 상자를 3,840원에 판매하고 있었다. 그런데 행사 전 가격을 찾아보니 한 상자에 1,920원이다. 1+1으로 묶인 두 상자를 한 상자에 1,920원씩 해서 3,840원, 제값 그대로 두 개를 사는 셈이다. 어린이 캐러멜은 세 개를 묶어 1,920원에 행사 판매하고 있었는데, 근처 다른 진열대에서는 이 캐러멜 한 개를 560원에 팔고 있었다. 낱개로 세 개를 사면 1,680원으로 오히려 240원이 더 저렴하다.

행사상품을 사면 소비자에겐 더 손해라니, 누구를 위한 행사인지 납득이 안 된다.

더욱 어처구니가 없었던 건, 이유를 캐물었을 때 한 대형 마트 직원이 보인 반응이었다.

"이 캐러멜은 1+1 묶음 행사상품보다 한 개씩 사는 게 더 싼데 왜 그런 거죠?"

"그럼 낱개로 세 개 가져와서 계산하세요. 왜 그렇게 된 건지는 확인해볼게요."

1+1 상품과 관련해서 흥미로운 판결이 있다. 대부분 소비자는 1+1 행사상품을 구매할 때 하나 가격으로 두 개를 사는 것으로 생각한다. 하지만 법적 판단은 좀 다르다.

2016년 공정거래위원회는 "소비자가 1+1 상품을 살 때 50% 할인으로 생각한다"면서 "대형마트가 1+1 행사를 하면서 제품 하나의 가격을 올려 두 개를 산 것과 비슷한 가격에 판매하는 것은 거짓 과장 광고"라며 시정을 요구했다. 이에 대해 마트 측은 "1+1 행사는 두 개를 한꺼번에 구입할 경우 제품을 하나 더 주는 증정의 개념으로, 할인과는 다르다"며 시정 요구를 받아들일 수 없다고 소송을 냈다.

법원은 대형마트 측 손을 들어줬다.

"1+1 묶음 가격이 낱개 두 개를 사는 것보다 결과적으로 저렴하다면 소비자에게 혜택이 있으므로 문제가 없다."

　할인행사 상품이든 1+1 상품이든 소비자를 현혹하는 마트의 '행사' 기술은 위법성을 피해갈수록 교묘해지고 있다. 최근에는 대형마트와 백화점 등에 ESL(Electric Shelf Label)이라고 불리는 전자식 매대 가격표가 종이 가격표를 속속 대체하고 있다. 간단한 조작으로 상품명과 가격을 입력할 수 있어 직원들이 일일이 가격표를 교체할 필요가 없어졌다. 그만큼 행사 가격을 표시하는 건 수월해졌고 고객이 이전 가격을 비교, 확인하는 건 더 어려워졌다.

　행사 가격에 어떤 꼼수가 숨겨져 있는지 꼼꼼히 알아보고 선택하는 건 오롯이 소비자의 부담으로 남게 됐다. 그렇다고 개별 상품 가격을 다 외울 수도 없고…… 결국은 마트 측의 양심적 판매를 기대할 수밖에 없는 셈이다.

# 백화점 아웃렛의
# '공공연한 비밀'

곳곳에 백화점, 명품 아웃렛 매장이 우후죽순 생겨난다. 전국에 있는 아웃렛 매장은 110곳이 넘는다. 이 가운데 롯데와 현대 등 대기업이 직영하는 아웃렛만 해도 거의 20곳에 달한다. 도대체 얼마나 많은 명품이 생산되기에 이 많은 아웃렛을 가득 채울 수 있는 걸까.

아웃렛도 많고 아웃렛을 찾는 소비자도 많다. 유명 고급 상표 제품을 선호하지만 주머니 사정이 넉넉하지 않은 사람, 또는 유행은 조금 지났지만 가치가 크게 떨어지지 않았다고 생각해 실속 구매를 하려는 사람 등 많은 이가 아웃렛을 방문한다. 백화점 입장에서는 아웃렛을 통해 재고를 소진할 수 있어 좋고, 소비자는 고가의 질 좋은 상품을 큰 부담 없이 살 수 있으니 서로 이득이 되는 거래가 아닐 수 없다.

그런데 여기에는 많은 소비자가 잘 모르는 꼼수가 작용한다. 사실 아웃렛 상품 상당수는 백화점이나 명품매장에는 들어가본 적도 없는 제품이다. 물론 소비자의 기대처럼 백화점에서 실제 판매되고 남은 재고품이 아웃렛으로 넘어와 팔리는 것이 있지만, 아예 아웃렛 전용으로 따로 만들어 그대로 전시, 판매되는 제품도 적지 않다. '백화점 아웃렛'에는 정작 백화점에서는 팔지 않는, 소위 백화점 근처에도 안 가 본 상품이 많다는 얘기다.

수도권의 백화점 아웃렛을 둘러보면 백화점 매장에서 본 듯한 수많은 제품이 전시돼 있다. 분명히 이 중 일부는 실제 백화점 이월상품이지만 많은 제품이 아웃렛 전용 상품이다. 문제는 어떤 게 백화점 이월상품이고 어떤 게 아웃렛 전용 상품인지 알 수 없다는 것이다. '아웃렛 전용'이라고 표시해 놓은 상품을 찾아보기 힘들기 때문이다. 매장 직원에게 물어봐도 마찬가지.

"백화점에서 팔지 않은 물건도 매장에 있나요?"

"백화점에서 판매된 적이 없는 제품을 내놓는 매장도 곳곳에 있습니다. 따로 만드는 거예요. 아웃렛용으로. 많아요, 그런 브랜드. 대기업들은 그렇게 해요."

아웃렛에서 판매되는 상품 가운데는 당연히 백화점 재고가 많이 포함돼 있다. 하지만 아웃렛 매장은 너무 많고 재고는 부족하다 보니 아웃렛 전용 상품을 따로 만들어 공급해야 수요와 공급을 맞출 수 있는 게 현실이다.

그런데 아웃렛은 상시 할인이다. 할인율이 많게는 70~80%에 달하기 때문에 전용 제품을 팔아 수지타산을 맞추려면 백화점에 납품되는 제품보다는 질이 낮은 원료와 기술, 공정을 통해 저렴한 제품을 만들 수밖에 없다. 이렇게 생산된 상품은 말 그대로 아웃렛 전용으로, 백화점에는 납품되지 않는다. 유통업계에선 이를 '기획상품' 또는 '리오더(재

주문) 상품'이라고도 부른다.

　기획상품, 재주문 상품이라고 아무렇게나 만드는 건 아니다. 대부분 실제 백화점이나 명품매장에서 판매됐던 모델과 비슷하게 제작한다. 백화점에서 본 듯한 느낌이 들게 만드는 것이다. 이 때문에 많은 소비자가 백화점 이월인지, 아웃렛 전용인지 구분하기란 쉽지 않다. 물론 매장 직원은 두 제품을 구분할 수 있고 관리도 따로 한다.

　백화점 이월상품과 아웃렛 전용 상품은 제품 가격표나 라벨에서 차이가 난다. 가격표나 라벨에 표시된 제품번호를 서로 다르게 해 관리하기 때문이다. 가령 백화점 이월상품 제품번호가 '1'이나 '0'으로 시작한다면 아웃렛 기획상품은 그 외에 '9' 등 다른 숫자로 표시하는 식이다. 기존 제품번호에 백화점은 'D', 아웃렛 기획은 'W' 등 영문 표기를 달리하는 경우도 있다. 제조 생산국 표시에서 차이가 나기도 한다. 백화점 상품의 경우 '한국(Korea)'이라고 표기돼 있다면 기

획상품은 거의 비슷한 디자인이라도 제조국이 베트남이나 방글라데시 등 다른 나라로 돼 있는 경우가 많다.

이처럼 미세한 차이와 암호 같은 구별 표시를 통해 따로 관리하기 때문에 소비자는 제품 라벨을 봐도 잘 모른다. 더욱이 가격표는 제조사마다 다르고 상표마다 제각각이어서 전문가가 아닌 이상 구별은 어렵다. 당연히 판매 직원은 자사 제품 가운데 이월상품과 아웃렛 전용 상품을 한눈에 가려낼 수 있다.

아웃렛의 꼼수는 또 있다. 아웃렛 전용 상품은 재료 등 원가가 저렴하고 인건비도 낮다. 가격이 쌀 수밖에 없다. 그런데도 정상 가격을 백화점 이월상품과 비슷한 수준으로 매기거나 오히려 높게 책정한다. 그런 다음 그 가격표 위에 '50~60% 할인' 등으로 표시해 싸게 파는 것처럼 눈속임을 하는 경우도 있다. 업계에서 소위 '업태그Up-tag'라고 불리는 수법이다.

아웃렛에서 50만 원에 판매되는 여성용 핸드백을 예로 들어보자. 백화점에서 원래 100만 원에 판매된 상품이 이월됐다면 재고로 넘어오면서 가격이 절반인 50만 원으로 떨어졌고 아웃렛 구매자는 50% 할인된 가격에 해당 백을 갖게 되는 것이다.

반면 이 제품이 기획상품으로 애초 20만 원에 납품받은 거라면 얘기는 달라진다. 원가 20만 원의 제품을 가격표에는 100만 원에 팔던 것인 양 엉터리로 표시해놓고, 그 위에 '50% 할인'이라 적은 뒤 50만 원에 판매하는 것이다. 그러면 아웃렛에서 50만 원에 구매한 사람은 납품 가격 20만 원보다 30만 원을 더 비싸게 사는 셈이다.

문제는 판매자와 매장 직원들이 아웃렛 전용 상품이라는 사실을 잘 알려주지 않는다는 것이다. 재주문 상품이라고 먼저 말하지 않고 업태그 상품은 더더욱 감춘다. 이런 사실을 모르는 소비자만 덤터기를 쓰는 것이다. 더욱이 백화점에서는 판매한 적도 없는데 '백화점가', '정상가' 등으로 표시하고 소비자를 현혹하기도 한다.

아웃렛 측이 이렇게 재주문 상품을 이월상품과 구분 없이 판매하는 행위는 아무 문제가 없는 것일까. 백화점 이월상품을 싸게 구입할 수 있다 믿고 아웃렛을 찾는 소비자는 이대로 속아 넘어가야만 하는 것일까.

전문가들은 아웃렛의 이런 꼼수에 위법성이 있다고 지적한다. '표시 광고의 공정화에 관한 법률'에 의해 소비자를 기망하는 행위에 해당할 수 있다는 것이다. 이 법에 따르면 판

매자가 소비자에게 상품에 대한 정보를 정확하게 제공하지 않는다면 문제가 될 수 있다. 즉 백화점 이월상품을 기대하고 온 소비자에게 아웃렛 전용 상품을 팔면서 그 차이를 알려주지 않으면 소비자는 '백화점 상품'이라고 오인하고 구매할 수 있기 때문이다.

결과적으로 소비자가 아웃렛 측이 제공한 허위 정보를 가지고 상품을 구매하는 것이어서 형법상 사기 혐의가 적용될 수도 있다. 판매 과정에서 종업원이 소비자를 속이려는 적극 행위는 하지 않았다 하더라도 정확한 정보를 주지 않고 묵시적으로 속이는 것 또한 사기죄가 될 가능성이 있기 때문이다.

이런 식의 판매 행태에 대해 위법성 문제가 꾸준히 제기돼왔다. 또한 최근 일부 소비자가 구매 전 아웃렛 전용인지를 확인하기 시작했다. 때문에 판매자도 이에 대응해 상술을 바꾸고 있다. 아웃렛용 상품을 '기획상품', '재주문' 상품이라고 매장이나 제품에 표시해놓는 곳이 많아졌다. 법적 분쟁 소지를 피하려고 소비자에게 '백화점 이월상품이 아니다'라고 소극적으로 고지하는 것이다.

하지만 대부분 소비자는 '기획상품'이나 '재주문 상품'의 의미조차 잘 모른다. 기획상품이라고 하면 백화점에서 기획한 것이라 생각하기 쉽고, 재주문이라고 하면 재고 물량이 모자라 다시 주문한 것이라고 믿기 쉽다. 아웃렛 측의 이런 고지는 형식적일 뿐이고 법적 문제를 피해 나갈 구멍을 만들어놓으려는 것으로 보인다.

대부분의 아웃렛 매장에서는 백화점 이월상품과 아웃렛 전용 제품을 섞어서 판다. 소비자는 아웃렛용 상품을 백화점 이월상품으로 잘못 알고 사는 경우가 적지 않다. 아웃렛 직원들은 그런 사실을 잘 알려주지 않고 소비자는 잘 구별하지 못한다.

아웃렛 매장 직원이 아웃렛 전용 상품임을 적극적으로 먼저 알려주는 경우는 거의 없다. 단 소비자가 물어보면 대체로 답은 정확하게 해준다. 나중에 법적인 문제가 될 소지를 없애려는 것이다.

아웃렛에서 똑똑한 소비자가 되려면 "이거 백화점 이월상품이가요?" 아니면 "기획상품인가요?"라고 정확하게 물어봐야 한다. 종업원이 대답을 우물쭈물하면 일단 의심하고, "기획상품이에요."라고 답하면 경각심을 갖고 다시 한번 꼼꼼히 따져 구매 여부를 결정해야 한다.

# 6

# '하나 더'
# 제발 좀 달라고요!

한 유명 제약회사가 비타민C 음료 신상품을 출시하여 해외 여행권과 가전제품 등 다양한 경품을 내걸고 판촉 행사를 하고 있었다. 동영상 광고를 통해서도 "따자마자 경품이 쏟아진다"며 소비자를 유혹했다. 해당 음료를 한 번에 몇 개씩 구매해두고 피곤할 때면 하나씩 마신다는 20대 신연원(가명) 씨는 황당한 경험을 했다. 그동안 음료를 마시고 뚜껑을 확인할 때마다 '다음 기회에'였지만, 마지막 하나에 '한 병 더'가 찍혀 있었다. 경품 1~2등에 걸린 해외여행도 김치냉장고도 아니었지만 '꽝'이 아닌 것만으로도 묘하게 기분이 좋았다.

퇴근길에 '한 병 더' 뚜껑을 들고 해당 음료를 취급하는 동네 편의점을 찾아갔다. 그런데 점주 반응은 기대와 달랐다. "경품을 교환해주는 곳이 아니다"라며 한 병을 더 줄 수 없다는 것이었다. "분명 '한 병 더'라고 적혀 있지 않느냐"고 따져 물어봤지만, 소용없었다.

또 다른 가게를 가봐도 마찬가지였다. 세 곳을 돌아다녀봤지만 모두 같은 반응이었다. 한결같이 "경품 교환처가 아

니다"라며 지급해주지 않았다. 한 병이라고 해봤자 얼마 하지도 않는 돈이지만 기분은 몇천 원, 몇만 원을 날린 것처럼 나빴다.

왜 교환을 해주지 않는 건지, 뭐가 잘못됐는지 다시 뚜껑을 살펴봤다. 자세히 보니 뚜껑엔 '경품 교환은 편의점과 대형마트, 약국 등에선 할 수 없고, 일반 슈퍼에서만 가능하다'라고 깨알 같은 글씨가 적혀 있다. 경품행사 상품 구매는 편의점과 마트 등 어디서나 가능하지만, 당첨된 경품 교환은 일반 슈퍼만 가능하도록 제한한 것이다.

"어이없고 화가 났죠. '본인이 샀던 곳에만 가라'고 적힌 것도 없었고, 기업이 소비자들과 한 약속이잖아요."

경품행사 상품 수령을 놓고 실랑이를 벌인 사례는 비단 신 씨뿐만이 아니다.

유통업계 경품 이벤트는 거의 연례행사다. 음료는 물론, 주류와 과자 등 경품행사가 줄줄이 이어진다. 음료의 경우

병뚜껑 안에 '꽝', '다음 기회에' 등이 적혀 있고, 과자류의 경우 봉지 안에 따로 포장해 넣어두기도 한다. 신상품이 출시돼 단시간 인지도를 높여야 하거나 재고가 쌓일 때 등 업체들은 필요에 따라 경품행사로 판촉에 나선다.

당첨 확률은 얼마나 될까. 경품행사 중인 음료 100병을 구입해 얼마나 많이 당첨되는지 직접 확인해봤다. '다음 기회에'가 99병, '한 병 더'가 딱 한 개 나왔다. 전부 '꽝'일 줄 알았는데, 1% 당첨 확률은 나쁘지 않게 느껴질 정도. 비록 1등은 아니지만 당첨된 것만으로도 기분이 유쾌해진다.

그런데 그 즐거움은 경품을 교환하는 과정에서 바로 불쾌함으로 바뀌기 일쑤다. 사례자 신 씨의 얘기대로 당첨된 뚜껑을 가지고 한 병 더 교환하기가 쉽지 않기 때문이다. 편의점과 마트 등 어디서든 해당 음료는 구매할 수 있지만, 경품 안내문에는 '교환은 일반 슈퍼에서만 가능하다'고 적혀 있다. 과거엔 슈퍼가 많았지만 요즘은 거리에서 슈퍼를 보기도 어려울뿐더러 '슈퍼'라는 단어를 입에 올려본 지도 꽤 된 거 같은데, 왜 이렇게 제한을 두는 건지 알 수 없다.

서울 시내 한 동네를 무작위로 찍어 슈퍼를 찾아 나섰다. 해당 지역에 있는 공인중개사의 도움까지 받았는데, 그 동네에는 걸어서 10분 거리 이내 약국이 10군데 있지만 슈퍼는 단 두 곳뿐으로 많지 않았다. 그나마 슈퍼 두 곳 모두 주택가 깊숙이 자리하고 있었다.

물어물어 찾아간 슈퍼에서 해당 음료를 판매하는지 확인했다. 작은 판매 진열장에 음료가 전시된 게 보인다. 다행이다. 주인에게 당첨 뚜껑을 내밀며 교환을 요구했다. 그런데 슈퍼 주인은 교환이 불가능하다고 잘라 말한다.

"그건 교환이 안 돼요."

"왜 안 돼요? 슈퍼에서 된다고 적혀 있는데?"

"저희는 교환 안 해줘요. 약국에 가봐요."

또 다른 슈퍼를 찾아갔지만, 역시 거절당했다. 슈퍼 주인은 이 비타민 음료가 경품행사 중인 줄 몰랐고 이런 게 당첨돼도 자신은 줄 리 없다는 반응이었다. 아예 헛심 쓰지 말라고 충고까지 한다.

"그 음료 갖다 놓은 업체 직원이 '행사한다'는 말도 안 했어요. 그냥 버려. 그런 거 바꾸러 돌아다니지 말고 신발이나 좀 아껴요."

30분 정도 거리를 돌며 슈퍼 두 군데에서 교환을 요구했지만, 모두 경품 교환을 거부했다. 제조사 측이 많지 않은 '슈퍼'로 경품 교환처를 제한한 것도 고약한데, 힘들게 슈퍼를 찾아가도 교환을 거부당하다니 황당하고 불쾌한 일이다.

해당 업체 고객센터를 통해 항의했다.

센터 직원은 "미안하다"며 바로 사과부터 했다. 그러면서 경품 교환처를 '안내받을 수 있는' 연락처를 가르쳐주겠다고 했다. 직접 알려주는 것도 아니고 '알려주는 곳'을 알려주겠다는 건 또 뭔가.

"고객님, 불편을 드려 정말 죄송합니다. 확실하게 교환 가능한 곳을 안내받으실 수 있는 연락처를 안내해드리겠습니다."

　안내받은 곳으로 '안내받기 위해' 연락해보니 해당 제조업체의 한 지역 대리점이다. 소비자가 직접 대리점에 연락해 교환 가능한 '슈퍼'가 어디에 있는지 다시 안내받아야 경품 수령처를 알아낼 수 있는 것이다. 이러니 인터넷 소비자 게시판에 '한 병 더' 경품에 당첨되기보다 당첨된 경품을 받아내는 게 더 힘들다는 불만 글까지 올라올 정도다.

　경품행사를 하면서 교환처를 제한하는 업체는 해당 음료 업체뿐이 아니다. 과자와 커피, 아이스크림 등 여러 업체가 판촉용 경품행사를 하지만, 막상 확인해보니 상당수가 경품 교환처는 특정돼 있고 주변에서 쉽게 찾을 수 있는 할인점과 편의점, 체인슈퍼 등은 제외돼 있었다.

　해당 업체들은 본사 경품행사 참여를 원하는 소매점이 적어 어쩔 수 없다고 해명한다. 편의점 같은 데선 경품 당첨됐다고 가져오는 고객마다 교환해주면 나중에 다시 대리점을 통해 그만큼 물량을 정산받아야 하는 등 일이 번거로워 행사 참여를 꺼린다는 거였다.

"편의점이나 다른 데 같은 경우에는 시스템 환경상 힘들다고 얘기합니다. 그렇다고 본사가 소매점에 행사 참여를 강제할 수도 없잖아요. 결국 참여하겠다는 슈퍼 등 일부 매장에서만 교환이 가능한 겁니다."

본사 경품행사 따로, 소매점 행사 참여 따로, 제각각 진행되는 셈이다. 소비자 입장에선 이처럼 경품 교환을 제한하는 건 꼼수처럼 느껴질 수밖에 없다. 소위 '하나 더' 경품행사 제품은 보통 1천 원 안팎에서 비싸 봐야 몇천 원 제품이 대부분이어서 당첨이 안 돼도 그만이라며 넘어가는 소비자가 많다. 하지만 정작 당첨이 됐는데 경품을 받지 못한다는 건 다른 얘기다. 경품행사로 소비자를 꼬드겨 매출과 인지도는 올리고 교환은 나 몰라라 하는 건 소비자 기만에 해당될 수 있다.

전문가들은 업체들이 허울 좋은 경품행사로 자신들 잇속만 챙길 게 아니라 소비자 관리도 철저히 해야 한다고 지적한다. 한상린 한양대 경영학과 교수는 이런 경품행사에 대해 "집객 효과를 노리는 마케팅의 목적이 있습니다. 다만, 경품 관리까지 철저히 하도록 노력할 필요가 있습니다."라고 꼬집었다.

업체들은 경품행사를 하면 판촉 효과는 확실히 볼 수 있다고 한다. 경품행사에 현혹된 많은 소비자가 안 사려던 상품까지 사기 때문이다. 업체들 실속 챙기기 경품행사에 언제까지 소비자 지갑만 열게 할 셈인가.

# 이탈리아 장인의
# '저렴한' 수제구두

유명 백화점의 화려한 조명 아래 줄지어 전시된 이탈리아 명품구두. 형형색색의 다른 모양과 재질의 구두들이 짙은 가죽 냄새를 풍기며 소비자를 유혹한다. 우아하고 세련된 모습에 평소 구두를 잘 신지 않는 사람이라도 저절로 한 번은 눈길이 간다.

나도 이탈리아 명품 수제화의 주인이 될 수 있을까. 점원에게 조심스럽게 가격을 물어본다.

"얼마예요?"

"70만 원입니다."

놀란 표정을 감추고 다시 물어본다.

"그 옆에 건?"

"밑창이 가죽으로 돼 있어서 100만 원이 좀 넘어요."

다른 이탈리아 구두 판매점을 돌아봐도 마찬가지다. 브랜드에 따라 다르긴 하지만, 이탈리아 수제구두는 대부분 70만 원을 훌쩍 넘기고 120~140만 원대도 즐비하다.

소위 이탈리아 명품구두는 왜 이렇게 비싼 걸까.

매장 직원은 이렇게 설명한다.

"안에 있는 내피부터 송아지 가죽보다 더 좋은 염소 가죽을 쓰기 때문에 그렇습니다. 발도 숨을 쉬잖아요. 이탈리아 장인들은 최고급 가죽을 한 땀 한 땀 손으로 가공해 구두도 숨을 쉬게 만듭니다."

이탈리아 장인이 만든 구두는 질이 좋기로 유명하지만, 너무 비싸다. 60~70만 원대 이하는 찾아보기 힘들 정도다. 누구나 한 켤레쯤 갖고 싶어도 수십만에서 수백만 원짜리를 발 아래 밟고 다니려면 일반인으로선 적잖은 용기가 필요하다.

그런데 이탈리아에서 만든 구두를 20만 원대에 판매하는 곳이 있다고 해서 찾아갔다. 서울 강남에 본사가 있는 중소기업 A사다. 이탈리아 수제구두 장인이 만든 구두를 수입해 파는데, 일반 매장에서는 상상하기 힘든 가격으로 판매하는 것이다. 실제로 구두가 이탈리아에선 온 제품인지 이탈리아 현지 수입필증도 확인했다. 틀림없었다. 구두 공장이 있는 곳은 몬테그라나로, 이탈리아 수제구두 업체가 밀집한 곳이다.

현지 공장도 직접 찾아가봤다. 해당 공장 대표 프랑크 씨는 아버지에 이어 2대째 구두 공장을 운영하고 있었다.

"1930년 스무 살도 안 된 아버지가 동료 두 명과 함께 신발을 만들기 시작했습니다. 조그맣고 가족 친화적인 회사였어요. 회사 이름은 '3C'였습니다. 창업자 세 명 모두 성의 첫 글자에 C가 포함돼 있어 만든 이름입니다."

공장 내부를 둘러보니 곳곳에 대를 이은 장인의 숨결이 느껴진다. 가죽을 자르는 칼을 날카롭게 벼르는 숫돌은 30년째 쓰고 있었고, 다른 기구도 수십 년 묵은 손때가 켜켜이

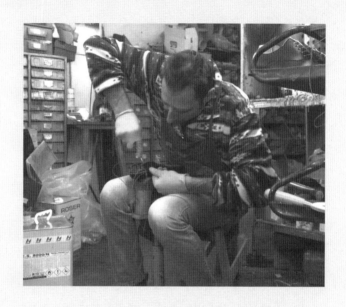

쌓인 상태였다. 최고급 가죽을 선별하는 것부터 절단, 접착, 봉제 등 모든 공정은 수작업으로 이뤄진다. 전통 방식 그대로 하나하나 손으로 만들다 보니 하루에 100켤레 이상 만들지 못한다고 했다. 한구석에서 구두를 제작하던 장인들은 잠시 얘기를 나눌 수 있냐고 묻자, "하던 작업을 먼저 마쳐야 한다"며 손사래를 친다.

이곳 장인들이 국내 A사에 구두를 만들어 납품한다.

100년 가까운 역사를 가진 이 공장에서는 이름만 대면 알 만한 명품 브랜드 구두를 주문 생산해왔다. 가수 앨튼 존 결혼식 구두는 물론, 영화배우 톰 크루즈, 아널드 슈워제네거, 축구선수 크리스티아누 호날두 같은 유명인들도 고객 명단에 올라 있다고 했다.

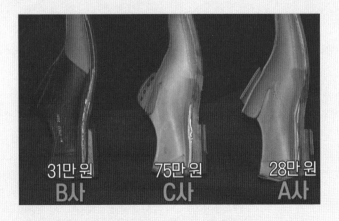

31만 원 B사    75만 원 C사    28만 원 A사

　이 수제 공장 구두 품질은 어느 정도인지, 패션의 본고장 밀라노의 명품 구두매장을 찾아가 평가를 부탁했다. 매장 직원은 "송아지 가죽으로 무두질된 좋은 구두라며 디자인 도 좋고 잘 만들어진 구두"라고 칭찬을 아끼지 않았다.

　국내 전문가의 평가도 궁금했다. 해당 공장에서 수입한 A 사 28만 원짜리 제품과 B사의 31만 원대 국산 구두, 이탈리 아에서 수입한 C사의 75만 원대 수제구두 제품을 비교했다. 각 제품을 세로로 잘라 내피와 깔창 등까지 볼 수 있게 한 다 음 정밀 비교를 했다. 잘린 구두 단면에는 내피와 깔창, 굽 등 소재와 구조가 한눈에 드러난다.

　국내 최고 구두 장인으로 꼽히는 서울시 '수제구두 명인 1 호' 유홍식 명장을 찾아갔다.

　31만 원대 국내 B사 구두는 안감을 소가죽으로 사용하지 않고 합성피혁으로 마감했다. 하지만 전반적으로 품질이 괜

찹다는 평가가 나왔다. 다음으로 A사의 20만 원대 수제구두와 또 다른 이탈리아 수입 C사 구두를 유심히 비교한 명장은 두 개의 제품에 들어간 부품이 똑같고 질의 차이가 거의 없다고 평가했다.

"구두는 안감이 제일 중요해요. 그런데 이런 가죽 안감이 들어 있으면 아주 좋은 신발이라고 봐도 됩니다."

두 구두 모두 안감이 송아지 가죽으로 처리돼 있었다. 유명장에게 두 제품의 가격을 공개했다. 먼저 이탈리아 브랜드 C사 제품을 75만 원이라고 했더니, "그 정도 할 겁니다."라는 반응이 돌아왔다. 다음으로 국내 A사의 이탈리아 수제구두를 25만 원에 샀다고 하자 놀란 표정을 지어 보였다.

"이걸 25만 원에 샀다면 굉장히 잘 산 겁니다. 75만 원짜리 구두하고 부품이 똑같거든요. 아마 국내 25만 원대 구두 가운데 최고 제품일 거예요. 첫 번째로 튼튼합니다. 이런 방식으로 제작된 신발은 굉장히 튼튼합니다. 나무랄 데 없는 최고의 신발입니다. 25만 원이라면 나도 사서 신을 구두입니다."

A사가 수입해 판매하는 25만 원 상당의 이탈리아 장인 수제구두가 70만 원이 넘는 이탈리아 명품과 비교해도 손색이 없다는 것이다. 가격 70만 원대 이탈리아 수제구두를 25만 원이면 살 수 있다는 건 그동안 국내 소비자에게 이탈리아 구두가 너무 비싸게 공급됐다는 의미이기도 하다.

이처럼 A사가 이탈리아 수제구두를 싸게 공급할 수 있는 건 직수입으로 유통 구조를 단순화했기 때문이다. A사는 70

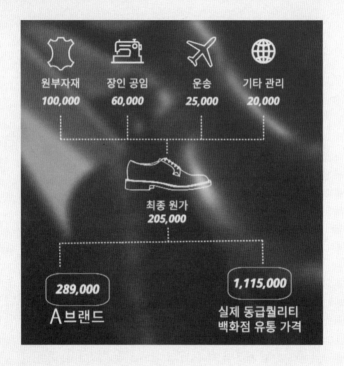

원부자재
100,000

장인 공임
60,000

운송
25,000

기타 관리
20,000

최종 원가
205,000

289,000
A브랜드

1,115,000
실제 동급퀄리티
백화점 유통 가격

만 원대 구두를 어떻게 20만 원대에 판매할 수 있는지 유통
구조를 홈페이지에 공개하고 있다. A사 최고급 구두의 경우
켤레당 원·부자재 원가는 10만 원이다. 이탈리아 장인 공임
6만 원에 운송비 2만5,000원을 더하고 기타 관리비 2만 원
까지 포함하면 최종 원가가 20만5,000원 수준이다. 여기에
국내 광고, 유통비용과 마진을 포함해 28만9,000원에 판매
할 수 있다는 것이다.

반면 거의 비슷한 재질과 공정으로 만들어진 이탈리아 명
품 수제구두는 국내 판매 가격이 70만 원에서 110만 원을 훌

쩍 넘긴다. 구두 명장이 사실상 품질의 차이가 거의 없다고 밝힌 그 이탈리아 수제구두들의 엇갈린 가격표이다.

인터넷 홈페이지를 통해 주로 판매하던 A사 제품은 이제 오프라인 매장에서도 판매된다. 한번 구매한 고객이 다시 찾으면서 입소문도 많이 퍼지고 있다. A사 대표의 목표는 한 가지. 이탈리아 명품 수제구두를 국내에 싸게 공급해 더 많은 소비자가 신을 수 있도록 하는 것이다.

"저희 비용을 줄여서 고객한테 가치를 더 돌려준다는 마음을 훼손하지 않을 겁니다. 이 가격을 유지하고 이런 제품을 만드는 이탈리아 현지 공장과의 관계도 그대로 유지할 계획입니다."

A사는 이탈리아 명품 수제구두 판매 가격을 7년 가까이 거의 그대로 유지하고 있다.

# 5

현명한
소비자의
현명한 선택

# 1

# 호텔에서 팁 안 주면
# 벌어지는 일

"봉사료, 팁을 내고 싶지 않아요."

"네? 음식이 마음에 안 드셨나요?"

"아니요."

"그럼, 저희가 뭐 불편하게 해드린 거라도?"

"그게 아니라, 봉사료를 왜 내야 하는지 모르겠어요. 종업원이 물 한 잔 갖다준 게 전부인데. 무슨 근거로 봉사료를 10% 추가해 계산서에 넣은 거예요? 봉사료는 따로 내고 싶지 않습니다."

"아, 그러십니까? 잠시만 기다려주세요. 제가 좀 알아보고 오겠습니다."

당황한 종업원이 계산서를 들고 사라진다.

서울 도심의 5성급 호텔 레스토랑에서 에스프레소 커피 한 잔과 버섯 수프 1인분을 시켜 먹은 뒤 계산하려던 참이었다. 음식은 맛깔스러웠다. 커피도 수프도 모두 일품이었다. 은은히 들려오는 모던클래식 음악과도 잘 어울렸다. 향이 짙은 에스프레소를 음미하며 즐긴 늦은 점심은 모든 것이 완벽해 보였다. 계산서를 받아들기 전까지는.

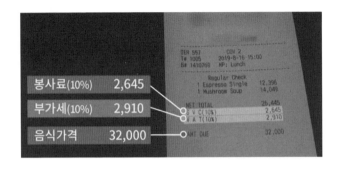

| 봉사료(10%) | 2,645 |
|---|---|
| 부가세(10%) | 2,910 |
| 음식가격 | 32,000 |

계산서엔 3만2,000원이 찍혀 있었다. 자세히 보니 커피가 1만2,396원에 수프 1만4,049원으로, 음식 가격은 모두 2만6,445원이었다. 여기에 10% 봉사료(SVC) 2,645원과 10% 부가가치세(VAT) 2,910원을 더해 총액 3만2,000원이 나왔다. 부가가치세는 그렇다 치더라도 서비스받은 거라고는 물 한 잔뿐인데, 봉사료 10%가 청구돼 있었다. 어떻게 이런 계산이 나온 건지, 왜 봉사료를 청구한 건지 종업원에게 따져 묻던 참이었다.

봉사료를 내지 않겠다는 말에 당황한 종업원은 매니저를 찾아가 상의한 뒤 돌아왔다. 그리고 다시 상냥한 미소를 얼굴에 가득 머금은 채 말했다.

"봉사료를 계산에서 빼드리겠습니다. 계산서상으로는 뺄 수가 없고 대신 10%를 할인해드리겠습니다."

안 내도 된다는 것이었다. 봉사료를 주고 싶지 않다고 한 마디 했을 뿐인데, 갑자기 계산서에서 사라져버렸다. 그렇다면 낼 필요가 없다. 계산서에서 봉사료 2,645원을 뺀 나머

지만 계산하고 가벼운 발걸음으로 커피숍을 나섰다.

또 다른 호텔 커피숍에서도 비슷한 일이 벌어진다. 커피와 녹차를 각각 한 잔씩 시켰더니 계산서에 3만6,000원이 찍혔는데 여기에도 봉사료 10%가 포함돼 있다. 이번에도 종업원을 불러 "특별히 서비스받은 게 없으니 봉사료를 내지 않겠다"고 했다.

마찬가지였다. 잠시 관리자와 얘기를 나눈 종업원은 "고객님, 봉사료를 내지 않으셔도 됩니다. 저희가 그만큼 할인해드리겠습니다."라고 한다. 다시 가져온 계산서에는 봉사료가 빠진 3만2,400원이 청구됐고, 영수증에는 '10% 할인 -3,600원'이라고 적혀 있다.

봉사료 액수가 몇천 원이라서 이렇게 쉽게 빼주는 걸까.

다른 호텔에서는 주문 액수를 좀 높여 실험해봤다. 주문 액수가 커지면 봉사료도 더 많이 나올 텐데, 여전히 안 내도 되는지 알아보려는 것이었다.

5성급 호텔 레스토랑에 들어가 한 끼 식사를 주문했다. 햄

버거 2인분에 후식용 치즈케이크까지 먹었더니 모두 8만 3,000원이 나왔다. 계산서에는 봉사료 10%가 어김없이 포함돼 있었다. 이번에는 봉사료가 1만 원 가까이 나왔다. 이곳 식당은 식사를 주문했기 때문에 종업원이 물뿐만 아니라 음식과 냅킨, 반찬 등도 여러 번 가져왔다. 이 정도면 제법 봉사를 받은 느낌도 있었다. 그럼에도 봉사료 1만 원은 많다는 느낌이 들었다. 종업원을 불러 "봉사료를 내고 싶지 않다"고 했다. 종업원은 난처한 표정을 지어 보였지만, 곧 계산대로 돌아가 봉사료를 삭감한 새 계산서를 가지고 왔다.

"봉사료 10%는 내지 않으셔도 됩니다. 저희가 그만큼 할인해드렸습니다. 불편하셨다면 죄송합니다."

특급호텔 세 곳을 이용하며 확인한 결과, 이들 장소에서 요구한 봉사료는 모두 안 내도 되는 것이었다. 어느 곳도 봉사료를 강요하지 않았다. 시비하는 곳도 없었다. "내고 싶지 않다"고 단 한 마디 했을 뿐인데, 모두 순순히 받아들이고 삭감해줬다. 그런 봉사료를 우리는 그동안 당연한 듯이 내온 것이다.

왜 이런 일이 벌어지게 된 걸까.

국내 호텔들은 1980년대부터 '10% 정률' 봉사료를 물리기 시작했다는 게 업계 정설이다. 당시는 호텔 이용자 가운데 외국인 관광객 비중이 갑자기 크게 늘기 시작하던 때였다. 그런데 벨보이와 도어맨 등 종업원에게 자연스럽게 팁을 주는 서양과 달리 우리에겐 팁 문화가 낯설었다. 외국인 투숙객이 팁을 주기 시작하자 맛이 든 국내 호텔 종업원들이 제멋대로 이용객에게 팁을 요구하는 일이 잦아졌다. 일부 호텔에서는 외국인 관광객에게 통상의 수준인 10~20%보다 훨씬 많은 팁을 요구해 문제가 생기기도 했다. 더 나아가 외국인은 물론 내국인 투숙객에게까지 과도한 팁을 요구하는 사례가 빈발했고, 호텔 이용자 사이에 불만이 커졌다.

그러자 정부가 나섰다. 호텔 업계에 10% 정률 봉사료를 권장했다. 말 그대로 권고였다. 호텔 관광 업계도 이를 수용했다. 대부분 호텔이 10% 봉사료를 부과했고, 과도한 봉사료 시비는 점차 사라졌다. 이때 이후로 국내 호텔 전반에 '10% 봉사료' 문화가 자리 잡게 됐다고 한다.

그런데 처음에 시장 질서를 잡으려고 시작한 '10% 봉사료'가 시간이 지나면서 호텔 측의 정당한 권리인 양 변질됐다. 특별히 서비스한 것도 없으면서 당연한 듯이 10% 봉사료를 챙기게 된 것이다.

관행적으로 봉사료 지불을 강요당하자 불만이 쌓일 수밖에 없다. 소비자 단체는 '반강제' 봉사료를 없애야 한다고 목소리를 높였다. 2000년대 들어 외국인 관광객이 폭증하고 관련 불만과 민원이 커지자, 정부는 호텔 업계에 자발적으로 봉사료를 폐지하라고 권고했다.

일부 호텔은 정부 권고를 따랐지만, 아직도 그렇게 하지 않는 곳이 많다. 특이한 점은 국내에 들어와 있는 외국계 체인 호텔은 10% 봉사료를 받지 않는 경우가 대부분인데, 국내 토종 호텔 가운데는 여전히 봉사료를 받는 곳이 많다는 것이다.

10% 봉사료를 고수하는 호텔 커피숍을 찾아가 이용객이 봉사료를 추가로 내야 하는 근거를 물었다. 커피숍 측은 "고객이 테이블 등 시설을 이용하는 비용이 모두 봉사료에 포함되는 것"이라고 했다. 그래서 커피를 테이크아웃으로 주문해봤지만, 역시 봉사료 10%를 요구했다. 커피를 받자마자 들고 밖으로 나왔는데도 '시설 이용료' 명목인 봉사료를 내라는 것이었다. 앞뒤가 맞지 않는 해명이다.

또 다른 호텔에서는 통상 팁 개념으로 봉사료를 받는다고 했다. 하지만 이곳의 해명도 엉터리였다. 외국인 이용객을 섭외해 실험해봤더니, 이 호텔의 꼼수가 적나라하게 드러났다. 외국인은 커피를 시킨 뒤 종업원에게 현금 팁을 주었다. 그런데 팁을 받은 이 종업원이 가지고 온 계산서에는 봉사료 10%가 또 청구돼 있었다. 팁으로 봉사료를 받는다더니, 팁은 팁대로 받고 추가로 봉사료 10%를 내라는 것이다.

외국인 이용객과 함께 어떻게 된 일인지 항의하자, 그제야 호텔 직원은 "착오가 있었던 거 같다. 잘못했다"며 봉사료 10%를 돌려주었다. 외국인 관광객이 많이 찾는 서울 도심의 특급호텔이었는데, 명성을 부끄럽게 만드는 한 단면을 보이고 말았다. 그것도 외국인 앞에서.

팁 문화가 우리보다 널리 퍼진 해외에서는 어떨까. 팁은 서구 노예제도와 연관된 것으로 전해진다. 17세기 아프리카 노예가 수출된 영국 등 유럽 국가의 귀족들이 노예에겐 임금을 줄 수 없다며 노동의 대가로 임금 대신 팁을 주던 게 오늘날까지 이어졌다고 한다. 인종차별 문화의 산물인 셈인데,

노예제도가 없어지면서 유럽에선 팁 문화가 많이 희석됐다. 좋은 서비스를 받았을 때 자발적으로 주는 문화로 자리 잡으면서, 팁은 말 그대로 주면 고맙고 안 줘도 그만인 가욋돈인 셈이다.

하지만 유독 미국에서는 19세기 노예해방 이후로도 계속 이어져 호텔과 식당, 기차역 짐꾼들에게 팁 문화가 살아남았다. 인종차별적인 백인이 계속 흑인에게 임금 지불을 꺼리고 팁으로 보상하려 했기 때문이다. 그런저런 영향으로 아직도 미국은 식당과 술집, 호텔 등에서 팁 문화가 유지되고 있다. 이발소와 택시, 음식 배달원에게도 팁을 준다.

호텔과 요식업, 서비스업에서는 팁이 노동자의 임금 일부로 받아들여진다. 미국 공정노동법이 정한 연방 계약직 근로자의 시간당 최저임금은 2024년 현재 15달러이다. 하지만 많은 주에선 식당과 술집, 커피숍 등 종업원 최저 시급이 2009년 이후 7.25달러로 절반 수준이다. 고객에게 팁을 받아 일반 근로자 기준에 모자라는 부분을 상쇄할 수 있다고 보기 때문이다.

주마다 규정이 달라 상당수 주에서는 최저임금이 더 낮은 곳도 있다. 물론 이런 지역에선 고용주가 떠안아야 할 종업원 임금 부담을 고객에게 전가한다는 비판도 나온다.

팁이 임금의 일부로 간주되다 보니 팁과 관련해 갈등과 시비도 많다. 우선 원칙적으로 고용주는 팁에 손을 대선 안 되기 때문에 주인이 팁을 가져갔다가는 종업원으로부터 소송당할 수 있다. 또 팁의 액수를 놓고 손님과 종업원 사이 갈

등이 생기거나 어떻게 나눌지를 두고 종업원 사이에도 싸움이 벌어진다.

이 때문에 미국에서도 팁을 얼마로 해야 할지 고민하는 소비자가 적지 않다. 제공된 음식이나 서비스 가격의 몇 퍼센트를 팁으로 줘야 한다고 일률적으로 정해진 건 없지만, 통상 미용실이나 택시 등은 10%, 식당은 15% 정도 팁을 내고, 서비스 만족도에 따라 5% 안팎에서 더 준다. 많게는 25~30%를 팁으로 얹어주기도 한다.

이 정도면 소비자 입장에선 부담이 안 될 수가 없다. 최근 미국인 1,000여 명을 대상으로 한 설문조사에서 5명에 1명은 팁을 15%보다 적게 주는 것으로 나타났다. 3명 가운데 한 명은 호텔이나 주점에서 팁을 주지 않는다고도 답했다.

미국에서도 팁 문화가 갈등을 일으키다 보니, 이를 없애려는 시도도 종종 있었다. 소위 노팁no-tip 실험이다. 일부 프랜차이즈 식당과 개인 레스토랑, 술집 등이 아시아 대부분 국가에서처럼 서비스 요금을 음식값에 아예 포함시켜 고객과 종업원, 고용주 간 갈등을 없애려고 해봤다.

하지만 대부분의 시도는 일 년을 넘기지 못하고 다시 원상태로 돌아갔다. 팁을 많이 받아온 베테랑 홀 서빙 직원들이 팁이 없어지자 팁을 주는 곳으로 옮겨가면서 많게는 30~40%에 달하는 직원이 그만둔 곳도 생겼다. 유능한 종업원의 서비스 때문에 찾아오던 고객까지 덩달아 발길을 끊자 업소들은 노팁 실험을 견딜 수가 없게 됐다.

노팁을 고수한 업소는 유능한 종업원을 붙잡아두기 위해

가격을 올려야 했다. 모든 메뉴가 많게는 20%까지 비싸지고 손님 불만도 커졌다. 가격이 오르자 매출이 쪼그라들었다. 가격만 오르고 서비스 질은 낮아졌다는 불만이 폭주하자, 결국 대부분 업소가 견디지 못하고 다시 팁을 받는 방침으로 회귀했다.

최근 식당과 술집 가운데 노팁으로 운영하는 곳이 계속 생기지만, 아직 미국 사회에 노팁 문화가 정착됐다는 소식은 들리지 않는다. 여전히 미국에서 팁을 받아 생계를 유지하는 노동자는 약 600만 명에 달한다. 이 가운데 60% 이상이 여성으로 추산된다.

반면 국내 호텔은 어떤가. 국내 일부 호텔이 고집하는 팁은 종업원의 임금을 보전해주기 위한 게 아니고 모두 종업원이 갖는 것도 아니다. 업소 측에서 일방적으로 정률 10% 봉사료를 청구하고 정작 봉사한 직원이 아니라 업주가 챙기는 경우가 대부분이다. '팁의 나라' 미국에서도 찾아보기 힘든 변칙적인 팁 문화일 뿐이다.

호텔 봉사료 10%는 40여 년 전 혼탁해진 업계의 질서를 바로잡으려고 정부가 권고하면서 시작된 것이다. 정부는 이미 2006년 호텔 봉사료가 법적 근거가 없다며 단계적 폐지를 유도하겠단 계획을 밝혔다. 이에 따라 일부 호텔은 자발적으로 봉사료를 폐지했지만, 여전히 유지하는 곳도 많다. 2023년 문화체육관광부 조사 결과 국내 5성급 호텔 72곳 가운데 3분의 1인 24곳이 여전히 10% 봉사료를 받는 것으로 나타났다.

국내에서 봉사료를 놓고 호텔과 분쟁이 벌어지면 어떻게 될까. 취재한 곳 가운데 봉사료를 내지 않겠다고 했을 때 지급을 강요하는 곳은 없었다. 하지만 이는 액수가 크지 않았기 때문에 그랬을 수 있다. 계산 단위가 수십만 원에서 백만 원대로 높아지고 봉사료도 몇만 원 단위 이상 커진다면 소비자와 호텔 사이 분쟁이 발생할 수 있다.

그럼에도 소송까지 가면 소비자에게 유리한 판단이 나올 가능성이 높다고 전문가들은 진단했다. 소비자 관련 소송을 해온 장진영 변호사는 "손님이 봉사료를 줄지 말지 결정할 수 있는 선택권이 있어야 맞는다. 중요한 부분 즉, 봉사료를 부과한다는 사실을 미리 설명하지 않은 약관은 무효가 된다"며 고객이 유리할 것이라고 전망했다.

여러 호텔을 상대로 실험한 결과, "주고 싶지 않다"고 말 한마디만 하면 내지 않아도 되는 게 호텔 10% 봉사료였다. 자, 호텔을 이용할 때 봉사료를 낼 것인가 말 것인가. 당신의 선택은?

2

# 대륙의 실수
# '차이슨'

지금은 진공청소기의 표준이 되다시피 했지만, 무선청소기가 처음 나왔을 때만 해도 혁신적이었다. 커다란 바퀴가 달린 청소기 몸통을 뒤엉킨 전깃줄과 함께 끌고 다니며 청소하던 시대가 막을 내리기 시작했음을 알리는 신호탄이었다. 그리고 무선청소기 시대를 본격적으로 연 건 영국 다이슨사의 V 시리즈 무선청소기 제품이다.

전깃줄이 없다는 사실뿐만 아니라 디자인 자체도 획기적이어서 많은 가정주부에게 선망의 대상이었다. 편리성은 기본이었다. 어디든 쉽게 들고 다닐 수 있고 사용 후 걸어두면 저절로 충전까지 됐다. 필요할 때만 사용하고 그 외에는 베란다나 창고에 숨겨두던 청소기는 이제 거실 한쪽에 자랑하듯 걸어놓는 소품이 됐다.

20~30만 원대면 구입하던 기존 청소기와 달리 다이슨 제품은 가격이 100만 원에 육박했지만 선풍적이었다. 주부들 사이에 인기가 높았고 많은 남편이 지갑을 열었다. 특히 신혼부부 사이에는 다이슨 청소기가 필수 혼수품처럼 유행할 정도였다.

청소기뿐만이 아니었다. 강력한 헤어드라이어와 날개 없는 선풍기 등 다이슨은 '세상에 없던' 제품을 쏟아내며 전 세계 고급 가전 시장에 돌풍을 일으켰다. 소위 가전제품에도 본격 프리미엄 시대가 개막한 것이었다.

그런 다이슨이 도전을 맞이했다. 중국 가전 업체들이 다이슨을 모방한 제품, 소위 '차이슨'을 쏟아내기 시작했다. 모양도 기능도 비슷한 진공청소기와 헤어드라이어, 선풍기, 공기청정기 등이 다이슨의 5분의 1, 10분의 1 가격에 물밀듯이 시장에 밀려들어왔다.

차이슨은 중국의 어느 한 특정 회사 제품이 아니다. 다이슨과 같은 유명 전자제품을 모방한 중국 제조업체 제품을 통칭하는데, 특히 다이슨 제품의 모양과 성능을 모방해 만든 것이 많아 '차이나'와 '다이슨'을 합쳐 차이슨이라고 부르기 시작했다.

차이슨 제품은 아마존과 알리 등 세계적인 온라인 시장을 통해 급속도로 퍼져나갔다. 가격 대비 성능, 즉 가성비가 좋은 차이슨 제품이 너무 많이 쏟아져 나왔다. 사람들은 차이슨을 대륙의 실수라고도 불렀다. 가전 명품과 비교할 수 없는 저렴한 가격에 성능이 뛰어난 제품을 만들어내자, 이는 '실수'가 아니면 설명하기 힘들다는 의미에서였다.

중국 제품이라면 색안경을 끼고 보던 국내 소비자 사이에도 차이슨 제품이 입소문을 타고 퍼지기 시작했다.

"가격 대비 성능이 괜찮다던데?"

차이슨이 국내에서도 신드롬을 일으키며 한참 퍼지기 시 **284**

작할 무렵, 다이슨 등 오리지널 제품과 가격, 성능을 비교 실험해봤다. 정말 실수인지 실력인지 비교해보려는 것이었다. 다양한 제품을 다각적으로 테스트했다.

먼저 비교 실험을 한 건 헤어드라이어였다. 다이슨 헤어드라이어는 매장에서 55만 원을 주고 직접 구매한 수퍼소닉 제품이었다. 여기에 필적할 차이슨 드라이어는 F150으로 3만5,000원에 인터넷을 통해 구매했다.

다이슨 헤어드라이어는 전력 1,600W에 무게가 0.6kg이고 차이슨은 1,600~1,800W에 무게는 절반 정도인 0.3kg이었다. 바람 세기를 비교하기 위해 드라이기 송풍구를 위로 향하게 바닥에 고정해 작동시키고 송풍구 바람 위에 무게 2.7g의 탁구공을 띄웠다.

입구에 놓자마자 탁구공은 공중부양을 한다. 두 제품 모두 탁구공을 60~70cm 정도 가볍게 밀어 올렸다. 다이슨이 차이슨보다 평균 10~30cm 정도 더 높이 탁구공을 올렸지만 크게 우열을 가릴 만한 정도는 아니었다.

탁구공보다 16배 무거운 45g 골프공으로 재대결. 드라이기 송풍구에 길이 2m 아크릴 관을 설치하고 작동시켰다. 다이슨 바람은 골프공을 2m 높이 관 끝까지 밀어 올린 건 물론, 그 자리에 계속 머물게 할 정도로 강력했다. 하지만 차이슨도 비슷했다. 골프공은 2m 관 꼭대기에서 5cm도 내려오지 않고 그대로 끝에 떠 있었다. 역시 막상막하였다. 바람 세기만 놓고 볼 때 어느 것이 더 뛰어나다고 잘라 말하긴 쉽지 않은 상황이었다.

헤어드라이어의 성능을 좌우하는 건 결국 건조 능력이다. 겹겹이 젖은 휴지 뭉치를 10분 동안 말려봤다. 다이슨과 차이슨 모두 휴지 겉은 바싹 건조됐다. 하지만 다이슨은 휴지 뭉치 내부까지 완전히 말라 과자처럼 딱딱하게 건조시킨 반면 차이슨 쪽 휴지는 겉은 마른 것처럼 보이지만 안쪽에는 수분이 남아 다소 꿉꿉한 상태였다.

사람 머리카락을 대상으로 실제 건조 실험도 진행했다. 머리카락이 어깨 아래로 내려온 여성 피실험자가 머리를 감은 직후 미용사에게 건조와 스타일링을 주문했다.

다이슨은 머리를 건조하고 손질하는 데 3분 10초가 걸린 반면, 차이슨은 5분 50초가량 소요됐다. 젖은 머리를 건조하고 비슷한 머리 모양을 만드는 데 차이슨은 두 배 가까운 시간이 걸렸다. 피실험자는 다이슨이 바람의 세기도 좋고 피부에 닿는 열감도 적다고 소감을 밝혔다.

테스트 결과 다이슨과 차이슨 헤어드라이어의 바람 세기는 크게 차이가 없었다. 하지만 건조 능력은 확실히 다이슨 제품이 뛰어났다. 그럼에도 차이슨 가격이 다이슨의 15분의 1 정도임을 감안하면 차이슨의 성능도 그렇게 떨어져 보이지는 않는다는 평가가 나왔다.

다음 대결은 무선청소기. 다이슨 무선청소기는 매장에서 85만 원에 구입한 V8 모델이었고 이에 대적하는 차이슨 디베아(C17)는 인터넷 구입 가격 13만9,000원의 제품이었다. 차이슨 제품은 외양이 한눈에 봐도 다이슨을 모방해 만든 것임을 알 수 있었다.

청소기의 생명은 흡입력이다. 먼저 폭이 1m, 길이 2m인 아크릴판 위에 밀가루를 뿌려놓고 흡입 테스트를 진행했다. 다이슨은 단 한 번 청소기 헤드가 지나갔을 뿐인데 바닥이 깨끗해진다. 지나간 흔적만 미세하게 남을 뿐이다. 차이슨의 성능도 크게 뒤지지 않는다.

크기가 큰 입자로 실험하자 흡입 성능에 다소 차이가 드러난다. 콩알만 한 장난감 총알 BB탄을 같은 크기 공간에 부은 다음 한 알도 빠짐없이 모두 흡수하는 데 걸리는 시간을 측정해보니, 다이슨이 약 2분, 차이슨은 4분 정도 걸렸다.

청소기 헤드를 빼고 완드(청소기 헤드가 달린 막대기) 흡입력만 단순 비교도 해봤다. 청소기 흡입구에 헤드 대신 흡착기를 부착한 다음 3.6kg 볼링공을 빨아올리게 했더니 다이슨은 들지 못했다. 조금 들어올리는가 싶더니 이내 툭 하고 공을 떨어뜨리고 만다. 몇 번을 시도해봐도 같은 결과다. 잠깐 들어올리는 듯싶지만 이내 떨어뜨리거나 작동을 멈췄다.

반면 차이슨은 강력한 흡입력으로 단번에 볼링공을 테이블에서 50cm 이상 들어올렸다. 좌우로 흔들어도 떨어지지 않을 정도다. 흡입력 자체만 놓고 볼 때, 반전 결과다.

고가의 다이슨 청소기 흡입력이 더 약한 것일까. 전문가에게 문의했더니, 다이슨 제품은 볼링공 등 이물질 등으로 흡입구가 막히면 모터에 과부하가 걸리는 걸 막기 위해 저절로 전류를 차단하는 장치가 돼 있다고 설명했다. 모터와 회로 과열 화재 방지 장치가 설치된 것이다.

많은 전자제품이 그렇지만, 한 번 충전에 얼마나 오래 사용할 수 있는지도 소비자의 관심사다. 청소기를 완전충전한 후 작동 시간을 비교했다. 앞선 실험에서 다이슨은 모두 '최대출력(Max)' 모드로 했고, 그런 기능이 없는 차이슨은 '일반' 출력으로 진행했기 때문에 배터리 지속 실험도 같은 조건으로 했다.

완충한 뒤 작동을 시작시키자 두 청소기 모두 맹렬하게 움직인다. 그런데 8분을 지나 9분이 넘어가자 다이슨 청소기 움직임이 약해지더니 얼마 안 가 작동을 멈췄다. 그런데 차이슨은 이후에도 27분을 더 작동한 뒤 배터리가 모두 방전됐다.

테스트 결과를 요약하면, 다이슨과 차이슨은 청소 능력에 현격한 차이가 있다고 말하긴 어렵다. 흡입력에선 차이슨이 더 강력하게 빨아들이는 것으로 나타났지만 이는 다이슨의 과부하 방지 시스템으로 고출력이 제한됨에 따른 것으로, 절대 비교는 불가했다. 다만 충전 배터리 효율은 차이슨 제품이 더 좋은 것으로 파악됐다.

마지막으로 공기청정기 제품도 차이슨이 도전장을 내밀었다. 이번엔 다이슨이 아니라 뛰어난 디자인과 성능으로 인기를 끈, 소위 공기청정기 업계의 명품 발뮤다 제품과 차이슨을 대표해 샤오미 제품이 격돌했다.

발뮤다 에어엔진은 구매가가 72만 원, 샤오미는 Mi Air2 제품이 11만 원이었다. 두 제품은 성능과 디자인이 유사해 발뮤다 기술자가 샤오미로 옮겨가 엔진 등 구조 설계를 그대로 복사해 만든 게 아니냐는 의혹이 제기될 정도였다.

먼저 소음도를 측정해 비교했다. 온종일 틀어놓는 공기청정기는 정숙도가 중요하다. 평상시 작동 소음을 측정했더니, 두 제품 모두 '일상생활 소음' 30~40dB보다 약간 높은 수준인 40~50dB를 기록했다. 그런데 최대출력으로 가동하고 소음을 비교해봤더니, 차이슨은 63dB로 큰 소리로 대화하는 수준이다. 그런데 발뮤다는 71dB로 오히려 차이슨보다도 더 시끄러운 소음을 만들어냈다.

청정 기능도 비교했다. 18평형 모델인 두 제품을 아크릴판으로 만든 높이 약 1.2m의 직육면체 방에 각각 집어넣은 다음, 방송 특수효과용 연기를 가득 채웠다. '일반 출력' 상태로 작동시키자 발뮤다 공기청정기는 1분 만에 아크릴 방공기를 깨끗이 정화하고 그 모습을 드러냈다. 반면 샤오미 공기청정기는 1분여가 지난 뒤에도 여전히 희뿌연 연기가 남아 있었고 본체 모습도 잘 드러나지 않았다. 샤오미 방은 3분이 넘어서야 완전히 연기가 사라졌다.

일반 출력에서는 청정 기능에 이렇게 상당한 차이를 드러냈다. 하지만 '최대출력'으로 한 실험에서는 두 제품 모두 20초 만에 연기를 말끔히 정화시켜 큰 차이가 없었다.

연기가 아니라 실제 공기 속 부유 미세먼지를 정화하는 능력은 어떤 차이가 날까. 한양대학교 대기오염연구소를 통해 미세먼지 정화 능력과 발암물질 제거 능력을 비교 실험했다.

먼저 실험 전 밀폐된 실험실 내 오염도를 측정했더니, 미세먼지 농도는 42mg/㎥, 포름알데히드 농도는 56.1mg/㎥이었다. 실내 공기 질 허용 기준은 미세먼지는 100~200mg/㎥,

포름알데히드는 100㎎/㎥으로, 모두 기준치 이내였다.

실험실 공기를 페인트와 시너, 모기향 등을 이용해 10분 동안 오염시켰다. 시너는 발암물질 포름알데히드를 방출하고 모기향은 연소하면서 미세먼지를 발생시킨다. 통 페인트는 뚜껑을 활짝 열어 개봉해뒀다. 미세먼지 오염도는 약 2000㎎/㎥로 이전보다 500배 가까이 증가했고 포름알데히드 농도는 약 100㎎/㎥로 두 배 높아졌다.

발뮤다 제품을 10분 동안 가동한 결과 실험실 공기 속 미세먼지는 90.2%가량 줄어들었다. 차이슨 공기청정기는 88.1% 감소했다. 발암물질 포름알데히드 제거율은 발뮤다가 33.8%인 반면 차이슨은 이보다 높은 55.5%를 기록해, 오히려 더 뛰어난 정화 능력을 보여줬다.

가격이 훨씬 저렴한 차이슨 청정기가 발뮤다보다 더 뛰어난 공기정화 기능을 보여준 건데, 실험을 도와준 김기현 교수도 흥미롭다는 평가를 내렸다.

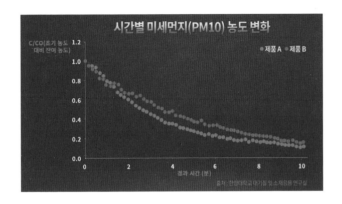

"공기 중 포름알데히드 같은 가스 물질을 제거하는 데 있어, 차이슨 제품이 수치적으로는 성능이 더 높은 것으로 나타났어요. 실질적인 공기 청정 만족도까지 감안할 때는 두 제품 모두 좀 부족하지만, 그럼에도 이번 실험 조건에 국한해서 보면 오히려 가격이 싼 차이슨 제품이 더 성능이 좋다고 얘기할 수 있습니다."

무선청소기와, 헤어드라이어, 공기청정기 등 성능을 다각적으로 비교해본 결론은, 차이슨과 다이슨 그 어느 쪽도 성능이 확연하게 뛰어나다고 단정하긴 힘들었다는 것이다. 차이슨이 더 뛰어난 점도 있고 다이슨이 나은 점도 있다. 가격은 차이슨이 확실히 저렴하지만 고장 시 부품 교체 용이성과 사후관리(AS) 등에 있어서는 아무래도 불편이 적지 않다. 하지만 그런 제반 사항을 다 제쳐놓고 가성비만 따져본다면 왜 많은 소비자가 차이슨 제품을 선택하는지 충분히 이해할 만한 결과다.

다이슨과 차이슨의 성능 대결 결과가 방송으로 공개되자 실시간 반응이 뜨거웠다. 우선 차이슨의 성능이 놀랍다는 댓글이 많았다. 가성비 문제가 아니라 중국산 차이슨이 다이슨의 10분의 1도 안 되는 저렴한 가격에 성능까지 거의 따라잡은 제품을 내놨다는 사실에 충격받았다는 것이다. 방송에서는 제품 실명을 공개하지 않았기 때문에 '차이슨 제품 이름을 알려달라'는 문의도 빗발쳤다. 이 정도 성능이라면 차이슨을 구매하지 않을 이유가 없다는 것이었다.

네이버 등 포털 사이트에는 이틀 내내 실시간 검색어 상위 순위에서 '차이슨'이 내려오지 않았다. 방송이 나간 이후 해당 차이슨 제품 매출이 폭증했다는 소식이 업계에서 전해져 왔다.

다이슨을 모방하던 차이슨 무선청소기의 선전은 중국산 가전제품의 대공세를 알리는 서막일 뿐이었다. 차이슨-다이슨 대결은 차이슨이 막 부상하던 시기에 이뤄졌다. 이때만 해도 차이슨의 가성비가 워낙 좋다 보니, 제품을 쓰다 고장이 나면 또 사더라도 차이슨을 사는 게 고가 프리미엄 제품을 구매하는 것보다 이득이라는 소비자 인식이 많았다.

이제 차이슨은 뛰어난 가성비에 어느새 선진국 제품을 턱밑까지 따라잡은 기술력으로 소비자를 매료시키고 있다. 최근 몇 년 새 중국산 전자제품은 국내 시장뿐 아니라 전 세계 시장에 해일처럼 몰려오고 있다. 여전히 저가에 가성비를 앞세워 공략하는 제품이 적지 않지만 기술력으로 공략하는 중국 업체도 많다. 일부 제품은 국내 업체 제품보다 앞선 기술과 상품성으로 한국 소비자를 사로잡는 수준에 이르렀다.

거실 바닥에 놓으면 필요할 때 저절로 알아서 청소하는 로봇청소기의 경우 국내 시장 점유율 1위가 중국 업체 로보락이다. 2024년 현재 점유율이 35%를 넘기며 LG와 삼성전자를 눌렀다.

로보락은 물걸레 청소 기능이 특화된 상품으로, 먼지를 흡입한 다음 물걸레로 닦고 다시 걸레는 빨아 말리는 올인원 기술을 적용했다. 심지어 물이 부족하면 자동으로 채워주고 오염된 물은 자동 배출하는 등 첨단 편의성으로 무장해 소비자를 공략하고 있다. 가격도 더는 싸구려가 아니다. 로보락 제품은 사양에 따라 가격이 150만 원에 육박하는데, 국내 150만 원 이상 고가 로봇청소기 시장의 80%를 석권하고 있다.

국내 로봇청소기 시장 점유율 2위도 에코백스라는 중국 기업이다. 1, 2위가 모두 중국 업체이다 보니, 국내 전체 로봇청소기 시장의 절반가량을 중국 제품이 장악하고 있는 셈이다. 삼성과 LG 등 국내 업체도 로봇청소기 생산을 하지만 이미 중국산에 1위 자리를 내준 지 오래다.

소비자 사이에서도 '로봇청소기는 무조건 중국제'라는 인식이 퍼져 최근 필수 신혼 가전으로 꼽힐 정도다. 다이슨의 10분의 1, 20분의 1 가격을 생산하던 중국 청소기 업체의 비약적인 발전이 아닐 수 없다.

특히 주목할 점은 가전업계에 새로 등장한 먹거리 중 하나로 꼽히는 로봇청소기 시장을 중국 제품이 사실상 선점했다는 것이다. 이전에 중국 업체들은 다이슨과 같은 외국기업이 시장을 선도하면 이를 복사해 만들며 따라갔지만 이제 신사업 초기부터 기술력을 바탕으로 먼저 시장을 점하는 수준에 다다른 것이다.

이런 추세는 로봇청소기뿐 아니라 TV와 냉장고, 에어컨 등의 시장에서도 나타난다. TV 시장의 경우 중국 업체 TCL과 하이센스 등 제품이, 중저가에서 프리미엄까지 국내 시작을 잠식하고 있다. TCL은 2023년 말 서울에 한국 법인을 세워 본격 공략에 나섰고, 쿠팡 등 국내 주요 전자상거래 시장에도 입점해 적극 판촉 활동도 한다. 국내 소비자 반응도 뜨거워 TCL의 TV 'C845' 시리즈의 경우 쿠팡 첫 출시 당시 55인치부터 85인치까지 전 제품이 품절되는 일도 벌어졌다.

TCL 성장세는 해외시장에서 더 무섭다. 2023년 세계 TV 시장에서 삼성에 이어 점유율 2위를 차지하며 삼성, LG로 대변되는 한국 TV의 아성을 위협하고 있다. TCL 제품이 아직 프리미엄급 기술에서는 삼성, LG에 못 미친다고 하지만 중소형 시장은 이미 빠르게 잠식하고 있다. 더욱이 각국 유통업계와 손잡고 AS 등을 강화하면서 국내 업체엔 위협적인 경쟁자로 부상했다.

중국 가전 제조업체들은 소구력이 높아지자 공격적인 마케팅에 나서고 있다. 하이얼과 샤오미 등도 국내 전자상거래 시장 쿠팡 등에 TV, 세탁기, 건조기, 냉장고, 에어컨 등을 잇따라 입점시키고 국내 유통망과 연계하여 AS도 제공하기로 했다.

　　중국 가전의 공세가 매섭다 보니, 국내 기업도 대비책 마련에 잰걸음을 옮기고 있다. 최근 새로운 트렌드가 된 인공지능 AI 기능 고도화와 제품 간 연결성 등을 통해 중국산 가전제품과의 차별화, 고급화 전략으로 맞서고 있다. 하지만 이미 해외 프리미엄 제품 성능의 100%, 아니 그 이상을 자랑하는 제품까지 선보인 중국 업체와의 경쟁은 쉽지 않다. 시장 수성은커녕, 오히려 버겁게 따라가야 할 날이 머지않았다는 전망까지 나온다.

　　비슷한 일이 이미 세계 곳곳에서 현실화되고 있다. 차이슨이 모방하던 다이슨은 2024년 영국 현지 직원의 약 3분의 1에 해당하는 1,000명을 감축하기로 했다. 더 나아가 전 세계 다이슨 인력 1만5,000명을 대상으로 추가 구조조정을 진행하고 있다.

　　외신들은 다이슨을 모방해오던 차이슨이 세계 시장을 잠식하면서 다이슨을 위기로 몰아넣었다는 분석을 내놓고 있다. 다이슨의 가장 큰 시장은 아시아였는데, 다이슨이 제품을 내놓는 족족 차이슨 등 현지 업체들이 비슷한 성능의 제품을 저가에 생산하면서 고전을 면치 못하고 있다는 것이다. 전 세계 가전 업체가 말 그대로 차이슨의 공습에 비상이 걸린 판이다.

　　이 정도면 '차이슨'은 이제 대륙의 실수가 아니라 대륙의 실력이다.

# 3

# 못 믿을
# 게르마늄 제품들

팔찌든 목걸이든 게르마늄 제품 하나쯤은 어느 집에나 서랍 속에 굴러다닌다. 여행지에서 사기도 하고 친구나 지인의 권유로 구매하기도 한다. 물론 건강에 좋다니 구입한 사람이 적지 않다. 정확히 몸 어디에 어떻게 좋은지는 잘 모르지만, 너도나도 한 번쯤은 착용하고 다녀도 봤다. 게르마늄 제품은 얼마나 효과가 있는 것일까.

게르마늄은 첨단 반도체 소재다. 그런데 귀금속 판매점과 고속도로 휴게소, 상품 판촉 매장에만 가도 게르마늄 제품을 쉽게 만날 수 있다. 팔찌와 목걸이가 대표적이지만, 게르마늄 성분을 넣었다는 화장품과 속옷, 매트, 베개 등 다양한 상품이 소비자를 유혹한다.

이들 제품은 하나같이 혈액순환에 좋고 통증을 완화해준다고 광고한다. 제품에서 음이온과 원적외선이 발생해 착용만 해도 치료 효과가 있다는 것이다.

게르마늄 제품을 판매하는 직원 역시 "원적외선과 음이온이 우리 몸에 산소를 공급하고 활성화를 시켜준다"며 소비자를 꼬드긴다.

게르마늄 제품이 발산한다는 원적외선은 빛 에너지 가운데 가장 파장이 긴 전자파다. 붉은빛을 띠며 열작용이 높은 게 특징이다. 상명대학 화학과 강상욱 교수는 "원적외선은 적외선 가운데서도 파장의 길이가 긴 전자기파를 말한다"며 "원적외선은 열작용과 관련돼 있어 신체가 원적외선에 노출되면 몸을 따뜻하게 해주는 효과를 볼 수 있다"고 설명했다.

게르마늄 제품에서 실제로 원적외선이 나온다면 이를 착용한 부위 체온이 올라갈 수 있다는 얘기다.

게르마늄 제품 설명서에 거의 빠지지 않는 또 다른 효능은 음이온 효과다. 대부분 원자와 분자는 적당한 수의 전자를 갖고 있어 중성의 성질을 띤다. 그런데 이 균형이 깨지는 걸 이온이라 하고, 이때 전자가 너무 많아 음(-)전하를 띠면 음이온이라고 한다. 그런데 음이온이 어떤 의학적 효과를 갖고 있는지에 대해선 갑론을박이 벌어진다. 전문가 가운데는 "사실상 의학적으로 음이온 효과는 없다"고 주장하는 이도 있다.

게르마늄 제조업체 측은 무엇을 근거로 게르마늄 제품 원적외선과 음이온이 건강에 도움이 된다고 주장하는 걸까. 한 유명 게르마늄 제품 직원은 "제품 효능은 걱정하지 말라"며 효능을 입증해 정리해놓은 국제 학술논문까지 있다고 했다.

해당 업자가 주장하는 게르마늄 효능 논문을 찾아봤다. 세계약학연구저널(World Journal of Pharmaceutical Research)

이란 국제 학술지에 게재됐다는 논문은 루카스 폰 박사가 쓴 「완벽한 건강법The Perfect Health Solution」이다.

저자는 논문에서 A사라는 특정 업체를 거론하며 "가장 효과가 좋은 게르마늄 액세서리를 만드는 가장 인기 있는 제조사이다. 이 업체 제품을 착용하면 면역 증진과 집중력 향상, 통증 완화, 피부 미용, 운동 능력 개선에 도움을 준다"고 설명하고 있다. 하지만 주장을 뒷받침할 만한 객관적인 실험 자료는 제시하지 않았다. 뚜렷한 근거도 없이 특정 업체와 제품만 홍보하는 꼴이다.

한양대학교 화학과 최종훈 교수에게 해당 논문의 검증을 부탁했다. 우선 해당 게르마늄 논문이 등재된 세계약학연구저널이 신뢰할 만한 학술기관에서 발행하는 것인지부터 살펴봤다. 홈페이지를 살펴보니, 논문 편집 구성원으로 올라온 학자들 국적이 대부분 카메룬과 인도, 파키스탄, 불가리아, 이집트, 이라크, 예멘 등이고 특히 인도 출신 학자 이름이 많이 기재돼 있었다.

최 교수는 "논문은 형식부터 이렇게 쓰지 않는다. 해당 논문은 실험 방법이나 데이터가 없다. 저자는 '게르마늄이 효과가 있다'라는 식으로 썼지만, 논문 자체를 믿을 수가 없다. 권위 있는 잡지는 이런 식으로 논문을 만들지 않는다"라고 지적했다.

학술지 홈페이지에는 저자인 폰 박사 소속 기관이 독일의 성요셉병원(St. Joseph Hospital) 게르마늄 연구소라고 돼 있었다. 구글을 검색해봤더니 독일 전역에 성 요셉 병원으로 연락처가 돼 있는 곳은 50여 곳이었다. 하지만 직접 전화해 확인해본 결과, 게르마늄 연구소가 있다는 곳은 단 한 군데도 없었다. 저자의 실재 여부를 확인하려고 독일의사협회에도 연락해봤지만, 등록된 의사 가운데 '루카스 폰'이란 이름은 찾을 수 없다는 답변만 돌아왔다.

결국 폰 박사도, 그가 소속돼 있다는 병원과 연구소도 정체불명이었다. 심지어 폰 박사라는 사람이 의사인지도 믿기 힘든 상황이었다.

이 정도면 유령 논문에 가까운 상황이었다. 그런데도 게르마늄 판매업자는 이 정체불명 의사의 석연찮은 논문을 앞세워 제품을 광고하고 판매한다.

광고가 과장됐더라도 효과만 확실하면 그만이다. 게르마늄 제품이 광고처럼 실제 효능이 있는지 직접 실험해봤다. 팔찌와 목걸이 등 게르마늄 제품 10여 개를 구매해 음이온과 원적외선이 얼마나 방사되는지를 테스트했다.

먼저 게르마늄에서 나온다는 음이온이 얼마나 되는지 보기 위해 팔찌와 목걸이 등 게르마늄 4개를 측정기에 넣은 다음 공기를 차단했다. 그렇게 한 뒤 공기 1cc당 음이온 몇 개가 배출되는지를 측정했다. 시료 한 개당 5회씩 측정해 평균값을 냈다.

실험 결과, 게르마늄 팔찌와 목걸이에서 나온 음이온 배출량은 116~120개였다. 그런데 게르마늄 시료를 아무것도 넣지 않은 상태에서 측정한 음이온 값도 110으로, 큰 차이가 없었다.

| 측정 대상 | 음이온 배출량 |
|---|---|
| 게르마늄 팔찌① | 116 |
| 게르마늄 팔찌② | 118 |
| 게르마늄 목걸이① | 122 |
| 게르마늄 목걸이② | 120 |

단위 : (공기 1cc/개)

한국원적외선협회 서승원 분석팀장은 4개 제품 실험 결과에 대해 "일반 대기 상태와 비교해서 게르마늄 제품 주변 공기 1cc당 음이온 개수는 많이 늘어나지 않은 것"이라고 설명했다.

다음으로 게르마늄 제품의 원적외선 방사량도 측정했다. 우선 10여 개 제품에 부착된 게르마늄을 분리해 녹였다. 그랬더니 어른 엄지손가락 한 마디 크기의 게르마늄 덩어리가 만들어졌다.

이 게르마늄 시료에 37도 열을 가하고 여기에서 방사되는 파장과 에너지를 측정하는 방식으로 얼마나 많은 원적외선이 나오는지 측정했다. 모두 32회 반복하여 측정해 평균값을 계산했더니, 해당 게르마늄 시료의 원적외선 방사율 값은 0.921 즉, 92.1%로 측정됐다.

일반 돌과 섬유 원단을 같은 기기로 동일 조건 아래 실험한 결과, 일반 돌에서 나온 원적외선 방사율은 93%, 섬유 원단은 90%이었다. 게르마늄 시료와 방사율이 큰 차이가 없다.

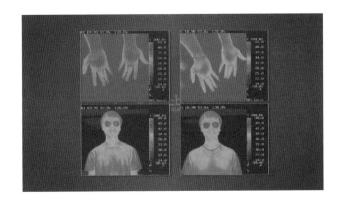

제품 10개에서 모은 게르마늄의 원적외선 방사 효과는 일
반 돌이나 천 조각과 비슷한 수준으로, 이들 게르마늄 제품
의 원적외선 방사 효과는 사실상 없는 것으로 나타났다.

전문기관을 통해 실험한 결과, 시중에서 판매되는 게르마
늄 제품에서 발산된다는 음이온도 원적외선도 사실상 미미
한 수준이었다. 결국 음이온과 원적외선 치료 효과도 기대
하기 어렵다는 뜻이었다.

이 정도면 게르마늄 판매업자들이 강조하는 혈액순환 효
능도 의심스러울 수밖에 없다. 업자들은 게르마늄 제품을
몸에 착용만 해도 혈액순환이 원활하게 이뤄지고 이 때문에
몸에 열이 올라온다고 주장한다. 하지만 열화상 카메라를
이용해 게르마늄 장신구 착용 전후 신체 변화를 지켜보니,
이마저 큰 차이가 없었다. 20대 남녀에게 팔찌와 목걸이를
10분 동안 착용하도록 하고 체온을 측정했지만 의미 있는 변

화는 관측되지 않았다.

최종훈 교수는 실험 결과에 대해 이렇게 설명했다.

"피실험자의 신체에 변화가 없는 것은 당연하죠. 어떤 물질이든 스스로 에너지를 내기 위해서는, 자기가 스스로 에너지를 낸다고 하면, 예를 들어 석탄이 탄다고 하면 화학반응이 일어나는 것이지만 그렇지 않은 물질의 경우 스스로 에너지를 내는 것은 없습니다."

게르마늄 제품을 실제 착용해본 소비자 반응은 엇갈린다. 해외여행을 갔다 게르마늄 팔찌와 목걸이를 구매했다는 한 70대 주부는 "운동 후 관절이나 근육 피로 해소에 효과가 좋다고 해서 샀지만 아무 효험을 보지 못해 화장대 서랍에 처박아뒀다"고 했다.

하지만 또 다른 50대 남성 이용자는 게르마늄 목걸이를 5개월 정도 착용한 뒤 어깨 통증이 사라져 매일 하고 다닌다고 주장했다. 손에 뭔가를 쥐고 있기도 힘들 정도로 만성 손목 통증에 시달렸다는 어느 40대 주부도 친정어머니가 해외에서 사온 게르마늄 팔찌를 한 뒤 이삼일 만에 통증 완화 효과를 봤다고 했다.

허위 광고에 제품 효능도 의심스러운데, 분명 게르마늄 효과를 봤다는 사람도 적지 않다. 전문가들은 위약(플라세보) 효과 때문일 수 있다고 지적한다. 플라세보 효과란 환자에게 가짜 약을 투여했을 때도 환자가 진짜 효과가 있다고 믿음으로써 몸에 치유 효과가 나타나는 것을 말한다.

강동성심병원 마취통증의학과 홍성준 교수는 게르마늄 제품의 통증 완화 효과에 회의적이었다.

302

"임상적으로 전혀 증명되지 않았고 의사 대부분이 통증 치료에 게르마늄 제품을 사용하지 않습니다. 아마도 위약 효과를 노린 게 아닐까 생각됩니다."

정부는 게르마늄 제품 효능이 아직 과학적으로 증명된 게 없다는 입장이다. 식품의약품안전처 관계자도 "게르마늄 자체는 자석의 성질을 갖고 있지 않고 의학적 효능 효과를 검증한 바가 없다. 게르마늄 효능을 인정해 의료기기로 인증된 사례는 한 건도 없다"고 강조했다.

그럼에도 여전히 전국 곳곳 고속도로 휴게소나 관광지에 가면 게르마늄 제품이 넘쳐난다. 여전히 효험을 봤다는 사람도 많고 호기심에 제품을 구매하는 이도 적지 않다. 효능이 과학적으로 검증이 됐든 아니든 게르마늄 제품을 착용해 몸이 좋아졌다면 그만이라는 사람도 많다.

게르마늄 효능 검증 취재를 도와준 홍 교수는, 아직도 게르마늄 제품이 곳곳에서 많이 팔리는 건 의료계도 책임이 있는 듯하다며 씁쓸한 표정을 지어 보였다.

"이게 다 저 같은 의사 잘못이죠. 저희가 통증 치료를 잘못 해드려서 이런 걸 쓰는 게 아니겠어요?"

# 4

# 던져지는 당신의
# 소중한 택배

한 거대한 택배 화물 집하장. 바쁘게 돌아가는 컨베이어 벨트 위에 놓였던 대형 LED 모니터 상자가 "쿵" 하고 땅바닥에 떨어진다. 주변의 누구도 개의치 않는다. 손에 잡히는 상자는 그냥 던져지고 가벼운 상자는 발로 차고 또 민다. 집하장에서 택배 상자를 지역별로 분류할 때도, 상자를 택배 트럭에 실을 때도 험하게 다뤄진다. 택배 상자가 고객의 집 앞에서 배송되는 단계도 마찬가지다. 적잖은 상자가 발로 차이고 던져진다. 택배 상자를 마치 축구공 차듯이 문 앞까지 뻥 차서 날리기도 한다.

인터넷과 유튜브를 조금만 검색해보면 '설마 택배 상자가 이렇게까지 취급되는 걸까' 의구심이 드는 국내외 택배 동영상이 넘쳐난다. 배송지에 도달한 택배가 포장이 찢어지고 터져 내용물이 못쓰게 됐다는 소비자 불만 글도 줄을 잇는다. 비록 택배 상자가 내 것이 아니라 할지라도 절로 분노가 끓게 만드는 영상과 사연들이다.

실제로 이런 일이 국내에서 벌어지는 건지, 직접 택배 회사의 작업 현장을 찾아가봤다.

택배 회사 일용직 아르바이트 자리를 구하기는 어렵지 않았다. 팔다리가 떨어지고 허리가 끊어질 듯 힘들기로 악명 높기에 단기 아르바이트 자리는 넉넉했다. 여름철 알바 가운데 최악으로 꼽힐 정도니 13~15만 원의 적잖은 일당에도 일손은 부족하고, 알바 모집공고도 매일 끊이지 않는다.

택배 상하차 일용직 노동자는 저녁 시간 서울 모처에 모여 한꺼번에 전세버스를 타고 이동했다. 버스는 한 시간 정도 달려 경기도 이천과 광주 등에 있는 택배 회사 집하장 물류창고에 사람들을 내려줬다. 간단한 신원 확인을 거치면 작업장에 배정된다. 커다란 창고 안에는 이중, 삼중으로 컨베이어벨트가 설치돼 있고, 벨트 위에는 크고 작은 택배 상자가 쉴 없이 옮겨진다.

수많은 택배 상자와 바쁘게 돌아가는 컨베이어벨트 소음이 흡사 전쟁터 같다. 그만큼 상하차 근로자의 손길도 바쁘고 거칠다. 웬만한 상자는 던진다. 크든 작든 상관없다. 상자가 거칠게 바닥에 내동댕이쳐지는 소리가 여기저기서 쿵, 쿵 들린다. 상자 안에 뭐가 들었는지 확인하지 않는다. 아니 할 수가 없다는 표현이 더 어울릴 정도다. 처리해야 할 상자가 너무 많고 컨베이어벨트의 이동 속도는 너무 빠르다. 이렇게 마구 던지다가는 성한 상품이 없을 것 같다.

한쪽 구석에서 하얀 상자가 줄줄이 던져지는 현장을 포착했다. 한두 개가 아니고 같은 색상과 모양의 상자 전부를 던진다. 뭐가 잘못된 건지 모르지만, 수십 개가 줄줄이 내동댕이쳐진다. 상자 표면에는 '절대 던지지 마시오!'라고 경고 문

구가 인쇄돼 있지만 아랑곳하지 않는다. 컨베이어벨트 오른
편에 서 있는 작업자는 상자를 집어 건너편으로 내던졌다.

왜 그러는지 물었다.

"왜 그렇게 던지세요?"

"왜, 라뇨? 상품 배송지 쪽으로 분류하는 거예요. 내가 택
배 분류 작업을 7년 했는데, 계속 던져왔어요."

"다른 곳에서도 그러나요?"

"똑같아요. 다들 던져요. 웬만한 데는 다 가봤는데, 다 똑
같아요."

던져진 상자를 보낸 주소와 연락처를 적어둔 뒤 나중에
확인을 해봤다. 백화점 화장품매장에서 주문받은 물품을 고
객에게 택배 발송한 것이었다.

백화점 직원에게 던져진 상자 사진과 영상을 보여주자 직원은 아연실색했다. 자기들이 보내는 택배는 대부분 화장품이어서 던지거나 떨어뜨리면 케이스가 분리되고 깨져 내용물이 새어 나올 수 있다며 절대로 던져서는 안 된다고 했다. 그렇게 마구 던져진 배송 상자 속 화장품은 무사히 고객의 손에 도착할 수 있었을지 의구심이 들었다.

경기도의 또 다른 택배 물류센터를 찾아가 확인한 실태도 비슷했다. 근로자 대기실은 남녀노소 가리지 않고 일용직 노동자가 꽉 차 있었다. 다른 점은, 신원 확인을 할 때 지문까지 등록하도록 돼 있다는 것이었다. 벽에는 커다랗게 '규칙 준수 사항'이 붙어 있다.

'상품 취급 시 파손 또는 멸실, 훼손되지 않도록 각별히 유의한다. 고객의 화물은 곧 내가 이곳에서 근무하는 이유임을 분명히 인식한다.'

고객의 화물은 곧 내가 근무하는 이유라는, 다소 비장하게 들리기까지 하는 근무 수칙이다. 이 정도 각오로 일하는 곳이라면 택배 집하–분류–배송에는 아무런 문제가 없을 것 같다. 과연 잘 지켜지고 있을까.

이곳에선 분류가 끝난 택배 상자를 트럭에 올리는 상차 작업에 투입됐다.

한 택배 기사가 소위 '탑차(지붕이 있는 트럭)' 짐칸에 택배 상자를 쌓고 있었다. 우선 사람들 눈에 띄는 쪽부터 상자를 차곡차곡 쌓아 올렸다. 금세 상자로 쌓은 벽이 완성되고 그 다음엔 상자 벽 너머로 다른 상자를 마구 던지기 시작한다.

역시 상자 내용물이 무엇인지는 신경 쓰지 않았다. 깨지든 쏟아지든 상관없었다. 고객의 화물은 그저 고객의 화물일 뿐이었다.

이렇게 내동댕이쳐진 상자들이 성할 리가 없다. 벽 뒤를 보니 상자가 엉망진창 뒤엉켜 쌓여가고 일부는 이미 모서리 등이 구겨지고 파손됐다. 상자 한쪽 면에 주먹만 한 구멍이 뚫린 것도 있다. 자세히 살펴보니 컴퓨터 프린터다. 상자 한쪽엔 '취급 주의: 절대 던지지 마시오'라고 적혀 있다. 상자가 이렇게 심하게 파손될 정도면 안에 든 프린터가 성할 성싶지 않았다.

그 상자를 작업반장에게 들고 가 "어떻게 해야 하느냐"고 물었다. 작업반장은 대수롭지 않다는 듯 말한다.

"택배 도착지에 가기 전에 다 보수해요. 가서 내리다 보면 상자는 엄청 많이 찢어져 있어. 요즘 상품이 잘 나와서 아무리 던져도 안 깨져. 발로 밟아도 안 깨져. 모니터 같은 것도……"

세 번째로 방문한 다른 물류센터에서도 고객의 '소중한' 택배는 마구 다뤄졌다. 해당 물류센터서 하는 일은 지역에서 트럭에 싣고 온 상자를 집하장 컨베이어벨트로 내리는 작업이었다.

작업자들은 수많은 상자를 여지없이 던졌다. 위쪽에 쌓인 상자는 한 손으로 잡아 끌어내렸다. 그렇게 내려진 상자 일부는 충격을 못 이기고 여기저기 훼손되는데도 근무자 가운데 놀라는 이도 관심을 두는 이도 없다.

잠시 쉬는 시간. 택배 상하차를 노련하게 하는 한 작업자에게 말을 걸었다.

"제가 처음이라 힘든데 요령 같은 게 있을까요?"

돌아온 대답은 간단했다.

"던지는 게 제일 쉬워요. 그냥 던져요."

"그냥 던져요? 그럼 안 깨져요?"

"깨지는 제품은 따로 분류해 갖다 놓기는 하는데, 거의 다 던져요."

"그래도 깨지면 어떻게 해요?"

"물통이나 물, 음료수 같은 거는 터지면 그냥 꺼내서 먹어도 돼요. 상차는 쌓아야 해서 던지는 게 아닌데, 하차 같은 경우는 빨리빨리 빼야 해서 던질 수밖에 없어요."

기가 찰 노릇이었지만, 이게 직접 방문해 살펴본 택배 물류센터의 실태였다.

물론 모든 택배 업체에서 이런 일이 벌어지는 것은 아니다. 하지만 적잖은 현장에서 택배 물품이 이렇게 다뤄지다 보니 당연히 파손되는 사례가 곳곳에서 속출하고 화주와의 분쟁도 끊이지 않는다.

택배 물건이 파손되면 원칙적으로 택배사가 책임을 져야 한다. 한 대형 택배 회사 이용약관에는 '사업자는 운송물의 수탁 후부터 인도 전까지 전부 멸실을 발견한 때에는 지체 없이 그 사실을 고객에게 통지한다'고 돼 있다. 사업자의 책임과 관련해서는 '운송물의 멸실, 훼손 또는 연착에 관한 사업자의 책임은 운송물을 고객으로부터 수탁한 때로부터 시작된다'고 명시하고 있다.

약관대로라면 고객은 걱정할 게 없다. 택배 물건 훼손이나 분실에 대한 책임은, 택배 회사가 고객으로부터 물건을 수탁한 직후 시작된다고 스스로 규정하고 있기 때문이다. 그대로만 된다면 훼손과 분실에 따른 분쟁도 없어야 한다.

하지만 현실은 다르다.

직접 택배 상자를 보내 파손 시 어떻게 처리되는지 알아봤다. 우선 중고 LCD 모니터를 사서 한 편의점 택배로 접수했다. 택배는 무인접수대를 이용하도록 돼 있다. 무게를 달고 배송지를 입력하면 배송비가 결정된다. 그다음 절차로 '파손면책 동의'를 해야 한다. 파손 우려 상품이 포함된 만큼, 충분한 포장용 완충제를 상자에 채워 넣을 것과 함께 '파손면책에 동의할 것'을 요구한다. 파손면책이 무엇인지는 작은 글씨로 적혀 있다.

'운송과정에서 변질, 파손 가능성이 높아 취급이 곤란함을 알렸음에도 불구하고 택배를 의뢰한 경우 운송 중 제품 파손이나 품질 변형을 초래하더라도 택배 회사에 책임을 지우지 않는다고 고객이 합의하는 것을 의미한다.'

배송 중 파손돼도 회사는 책임지지 않겠다는 건데, 위탁자 입장에선 잠시 고민될 수밖에 없는 조항이지만 동의하지 않을 방법도 없다. '비동의' 메뉴를 선택하면 택배 접수가 불가능하기 때문이다. 결국 파손면책 특약에 '동의'를 선택한 뒤에야 택배 접수를 마칠 수 있었다.

접수 시 면책 동의를 요구하는 건 국가 기간 물류망을 이용하는 우체국 택배도 마찬가지였다. 우체국 직원에게 택배를 맡기자 접수 모니터를 보여주며 파손면책에 '동의' 버튼을 누르라고 한다. 안 그러면 접수가 안 된다는 친절한 설명도 곁들인다.

"파손되지 않도록 택배 의뢰 고객이 포장을 잘 하는 수밖에 없어요. 파손면책에 동의를 하셨기 때문에 깨지더라도 보상은 받을 수가 없습니다."

택배 회사는 약관에 고객의 택배 의뢰 물품이 접수된 직후부터 훼손과 분실 등 책임은 택배 회사가 진다고 명시해놓고도, 정작 접수할 때는 '책임을 묻지 않는다'는 파손면책에 동의할 것을 요구하는 것이다. 파손에 대한 귀책 사유를 모두 고객에게 떠넘기는, 참으로 간단한 방법이다.

훼손 시 보상 규정이 어떻게 되는지 국토교통부 담당자를 찾아가 문의했다. 우선 물류센터에서 마구 던져지는 상자를 찍은 현장 영상을 보여주자, 담당자는 이런 현장 실태는 처음 봤다는 표정을 지어 보였다.

"음…… 택배 회사에서 일을 서둘러 하다 보면 상자를 던지거나 하는 일이 발생할 수도 있겠죠. 저걸 어떻게 해결해야 하나요?"

문제를 어떻게 해결할지 대책을 물어보러 갔는데, 오히려 어떻게 하면 좋겠냐고 되묻는 어색한 상황이 연출된다.

택배 회사가 고객의 택배를 접수하기 전 사실상 강요하는 '파손면책' 동의 조항이 화물운송법상에 어떻게 규정돼 있는지 물었다.

"화물·자동차 운수 사업법상에는 파손면책 조항이 언급
돼 있지 않습니다."

그러면서도 접수할 때 소비자로부터 파손면책 동의를 받
는 게 불법성이나 위법성은 없어 보인다고 덧붙였다.

"소비자와 택배 회사 간의 운송 계약을 통해서 파손면책
이라는 제도를 운용하고 있으므로 국가에서 위법이라고 말
할 입장은 안 됩니다. 보완 방안을 검토해볼 필요는 있어 보
입니다."

파손 시 누가 책임이라는 건지 어떻게 배상이 이뤄지는 건
지, 딱 부러지는 대답은 나오지 않았다. 파손면책은 운송과
정에서 파손이나 변질될 가능성이 높아 택배 회사가 취급이
곤란함을 알렸음에도 고객이 택배를 의뢰한 경우, 운송 중
제품 파손이나 품질 변형을 초래해도 택배 회사는 책임을 지
지 않는다고 고객과 협의하는 것을 의미한다. 따라서 면책
확약서에 서명한 경우 택배 회사는 파손 시 면책받을 수 있
다. 깨지고 상하는 물건을 택배로 보내려면 고객이 위험과
책임을 떠안겠다고 사전 약속을 하는 것이기 때문이다.

다행히 고객이 면책에 동의했다 하더라도 택배 회사에 무
조건 책임이 없어지는 건 아니다. 고객의 파손면책 동의는
법적 효력이 없기 때문이다. 한국소비자원은 엄밀하게 따지
면 운송 계약 시 면책 조항을 넣는 것은 사인 간 합의할 수 있
는 영역이 아니어서 약관규제법 위반이라는 입장이다.

화물자동차법과 상법상으로도 택배 회사는 위탁 화물이
손상됐을 경우 운송과정에서 주의를 게을리하지 않았음을

312

증명해야 배상 책임을 면할 수 있다. 택배 표준약관 제22조에는 사업자는 자기 또는 운송위탁을 받은 자가 운송물의 수탁, 인도, 운송 등에 주의를 태만하지 않았음을 증명하지 못하면 운송물의 멸실, 훼손으로 인한 손해를 고객에게 배상하도록 규정하고 있다.

따라서 택배를 의뢰한 물건에 파손이 생긴 경우 일차적으로 택배 회사에 연락해 협의를 통해 피해 구제를 시도할 수 있다. 소위 자율적 분쟁 해결인데, 이렇게 해도 안 되면 공정거래위원회 소비자 상담센터에 문의하고 한국소비자원을 통해 피해 구제 절차를 진행하면 된다.

소비자기본법에는 한국소비자원에 피해 구제 상담을 신청하면 사실 조사와 전문가 자문 등을 거쳐서 당사자에게 원만한 합의를 권고하도록 규정돼 있다. 피해 구제 신청일로부터 30일 이내 합의가 안 되면 소비자 분쟁조정위원회에 조정을 신청할 수 있다. 한국소비자원을 통해서도 분쟁 해결이 안 되면 결국 소송으로 갈 수밖에 없다. 법원에서는 소액 사건 민사소송을 통해 피해를 배상받아야 한다.

그런데 소비자가 파손 배상을 받으려면 몇 가지 꼭 해야 할 일이 있다. 우선 택배의 경우 운송물의 품명과 중량·수량, 물품 가격 등을 운송장에 정확히 기재해야 한다. 운송장에 물품 가격이 기재되지 않은 경우 손해배상 한도액은 50만 원으로 제한된다. 따라서 50만 원 이상의 고가 운송물은 사전 고지하고 추가 요금을 지불하거나 보험에 가입하는 게 좋다.

또 택배를 보낼 때 포장 상태를 사진이나 동영상으로 찍어두면 유용하다. 이러면 물품이 훼손돼 도착한 경우 원래 포장 상태와 비교할 수 있어 택배사의 취급 과정에서 문제가 있었음을 간접 입증하는 자료가 될 수 있다.

하지만 어떤 경우이든 택배 회사는 면책 특약 동의를 근거로 파손 책임 상당 부분을 위탁자에게 전가할 수 있어 소비자에게 불리하게 작용할 수 있다. 결국 파손 책임도 택배 회사와 소비자가 나눠 가질 가능성이 높다.

적잖은 택배가 던져지고 발로 차이는데도 택배 회사는 모르는 체하고 당국은 뚜렷한 개선 대책도 없는 게 현실이다. 결국 소중한 고객의 택배는 고객에게만 소중할 뿐인 것인가.

# 5

# '전기 먹는 하마'
# 빌트인

요즘 아파트나 오피스텔에 냉장고와 식기세척기 같은 가전제품이 붙박이 형식으로 돼 있는 경우가 많다. 원목 가구처럼 고급스러운 문을 열면 냉장고가 들어 있고 식기세척기와 전기오븐도 설치돼 있다. 천장엔 동그랗고 네모난 첨단 에어컨이 멋들어지게 붙어 있다. 이제 어디가 가구이고 어디가 가전인지 구분하기도 힘들 정도. 이른바 빌트인 붙박이 가전이다. 보기에 깔끔하고 공간 이용도 효율적이어서 인기다.

그런데 생각지 않았던 문제가 속속 드러나고 있다. 그중 하나가 전기요금이다. 얼마 전 빌트인 가전이 설치된 신축 아파트에 입주한 한 주민은 이사 전과 비교하면 전기요금이 거의 절반 가까이 더 많이 나온다고 불만을 토로했다.

"고지서를 받고 깜짝 놀랐어요. 기존 전기요금보다 한 40% 정도 더 많이 나왔어요."

집만 옮겼을 뿐 세간은 그대로였다. 추가로 구매한 가전제품도 없었다. 바뀐 것이라고는 새로 이사 온 아파트에 옵션으로 빌트인 냉장고가 설치돼 있다는 것뿐이었다. 기존 냉장고는 전에 살던 곳에서 폐기하고 왔기 때문에 사실 가전

제품 가짓수로 보면 똑같은 상황이다.

그런데도 요금이 너무 많다 싶어 꼼꼼히 살펴봤더니, 문제는 새집에 있는 빌트인 냉장고였다. 에너지효율등급이 5등급으로 가장 나쁜 수준이었다.

"빌트인 냉장고가 대기업 제품이기도 해서 당연히 1, 2등급 정도는 될 거라고 생각했는데 5등급이더라고요. 이 아파트에 빌트인 전기요금 때문에 부담이라는 가정이 한둘이 아닙니다."

사례자의 경우처럼 빌트인 제품 상당수는 에너지 등급이 나빠 전기요금이 많이 나올 수 있다.

실제로 아파트 견본주택과 빌트인 가전 설치 가정을 돌아보며 실태를 확인했다. 일단 빌트인 가전은 에너지효율등급 표시를 찾아보는 것부터 힘든 경우가 많다. 거실 벽장이나 싱크대 내부 같은 데 설치되기 때문에 미관상 이유 등으로 등급 표시를 외부에 붙여놓지 않는다. 가구 안에 설치된 제품 전면이나 측면에 부착해놓은 건 문과 벽에 가려 잘 안 보이기 일쑤다. 이 때문에 빌트인은 에너지효율등급 표시가 아예 없는 줄 아는 사람도 있다.

힘들게라도 빌트인 에너지효율등급을 찾아 확인해보면 대부분 4~5등급이다. 일반 가전 매장에선 좀처럼 찾기도 힘든 등급의 제품이다. 가전 매장 직원에게 물어보니 같은 대답이다.

"가전 매장에 에너지효율등급 3등급 제품까진 나옵니다. 4등급, 그 이하는 일반 유통매장엔 거의 없어요."

가전제품은 에너지 등급에 따라 전기요금 차이가 크다. 1등급과 5등급을 비교하면 적게는 30%, 많게는 2배까지 차이가 날 수 있다. 한국에너지공단 자료에 따르면 830ℓ 냉장고의 경우, 5등급은 1등급보다 전기요금이 40% 더 나온다. 이때문에 냉장고와 식기세척기, 전기오븐 등 등급이 안 좋은 빌트인 가전 몇 개가 있다면 연간 전기요금은 수십만 원이 더 청구될 수 있다.

이렇다 보니 전기요금 부담으로 빌트인 제품은 전원을 끄고 사용하지 않거나 수납 등 다른 용도로 이용하는 가정도 적지 않다. 식기세척기를 그릇 보관하는 용도로 쓴다는 서울 정릉동의 한 주부는 "식기세척기 등 필요 없는 빌트인을 사용하지 않은 뒤로 전기료가 40% 정도 줄었다"고 했다.

그런데 전원을 꺼도 빌트인은 여전히 전기를 잡아먹는다. 전원을 끈 뒤에도 계속 전선을 따라 흐르는 대기 전력 때문이다. 대기 전력은 가전제품 사용 시 전력 소비량의 약 6%

수준이다. 제품에 따라 대기 전력량은 다른데 시스템 에어 컨이 10W, 가스오븐레인지가 5.8W, 세탁기는 2.5W 수준이 다. 대기 전력을 차단하는 방법은 전기 플러그를 뽑아두는 것이다. 하지만 빌트인 가전은 싱크대와 같은 가구 안에 설 치돼 있어 플러그를 찾아 뽑는 것도 쉽지 않다.

적잖은 빌트인 가전이 이처럼 '전기 먹는 하마'가 된 건 건 설사가 비용을 절감하려고 따로 제작한 빌트인 가전을 대량 납품받기 때문이다. 빌트인 가전을 염두에 두고 설계된 집 도면에 따라 인테리어를 진행하려면 기성 제품은 제한이 많 다. 따라서 에너지효율등급을 무시하더라도 도면과 공간에 맞는 가전제품을 구매하거나 따로 주문해 설치한다.

에너지 등급이 낮은 제품은 가격이 싸다는 것도 건설사 가 기성품보다 빌트인을 선호하는 이유 가운데 하나다. 가 전제품은 비슷한 성능이라면 에너지 등급이 한 단계 올라갈 때마다 가격도 비싸지기 때문이다.

빌트인은 전기요금도 문제지만 일반 가전과 비교해 내구 성과 품질에서도 만족도가 낮다. 실내 인테리어와의 조화에 초점을 맞추다 보니 성능 면에서 여러 가지 문제가 발생한 다. 좁은 공간에 설치되는 빌트인 냉장고는 발열 공간이 부 족해 냉동 냉장 성능이 떨어질 수 있다. 또 과열로 인해 기계 수명이 짧아지거나 화재 발생 위험도 제기된다. 천장에 붙 박이로 설치하는 시스템 에어컨은 배관 확보가 잘 안 되면 누수 문제가 발생해 벽지나 바닥재 등이 손상될 수 있다.

문제가 생겼을 때 수리나 AS 또한 일반 가전보다 번거롭

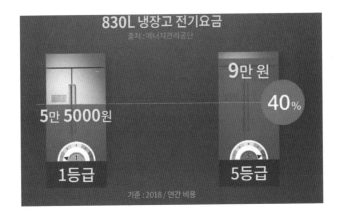

고 비용이 더 든다는 불만도 나온다. 가전 기성품은 제조사 서비스센터 등을 통하면 쉽게 수리받을 수 있지만, 빌트인은 벽장이나 가구에서 문제의 제품을 들어내는 것부터 시작해 과정이 복잡하고 손도 많이 간다. 일부 빌트인은 수리를 위해 아예 가구를 해체하거나 손상해야 할 수도 있다.

2018~2022년 한국소비자원에 접수된 아파트 옵션 관련 피해 유형으로는 옵션 상품의 종류나 시공 상태가 계약 내용과 다르게 이행됐다는 계약의 '내용 불이행'이 절반 이상이었다. 그런데 옵션 품목별로 보면 시스템 에어컨이나 냉장고 같은 빌트인 가전이 43%로 가장 많았다.

빌트인 가전은 전체 가전 시장의 15%를 차지하며 1조 원대 시장을 형성할 정도로 급성장하고 있다. 그만큼 에너지 효율성을 높이고 소비자의 편의를 도모할 수 있도록 관리 감독을 더 면밀히 해야 한다는 지적이 나온다.

홍보물 전단에 냉장고와 에어컨, 식기세척기 등 빌트인 가전이 모두 옵션으로 가능하다고 적어놓은 고급 아파트 견본주택 직원에게 "빌트인 가전을 설치하려는데 어떤 게 좋겠느냐"고 물었다. 뜻밖에 솔직한(?) 대답이 돌아온다.

"빌트인 가전이 보기는 좋아요. 근데 전 개인적으로 추천해드리지는 않아요."

# 자연을 머금은
# 산나물

강원도 홍천 해발 600m 깊은 산속에 흔하지 않은 산나물 밭이 있다. 밭이라고는 하지만 풀과 나무가 온통 뒤덮여 있어 어디가 산이고 어디가 경작지인지 잘 구분되지 않을 정도다. 유심히 들여다보면 곳곳에 다양한 산나물이 자라는 게 보인다.

농부 H씨는 특별한 방법으로 나물 농사를 짓는다. 처음에는 주변 사람들이 비웃었다. 산과 밭 경계 구분이 제대로 안 되고 밭이라는 곳에는 잡초와 나물이 같이 자란다. 잡풀이 너무 많아 한동안 사람 손을 타지 않고 방치된 휴경지처럼 보이기까지 한다.

농부는 말한다.

"다른 농가는 김을 매고 약을 치고 하는데 우리는 약도 안 치고 김도 매지 않습니다. 관행농으로 나물 농사를 하려면 시설을 하고 비료와 영양제를 주고 하지만 우리는 자연 그대로 농사를 짓습니다. 나물을 자연 상태에서 풀하고 같이 기르는데 그게 다시 흙으로 돌아가 퇴비가 되고 그 힘으로 나물이 자라고 하니까, 소비자가 있는 그대로 좋아합니다. 친환경 인증이요? 자연적으로 하는데 무슨 친환경 인증이고 무無농약 인증이고 필요하겠습니까. 그런 거 안 받았습니다."

H씨가 주장하는 산나물 농사법은 유기농 친환경 농법을 넘어 자연 재배 농법이다. 사람의 손을 최대한 배제하고 식물이 그대로 자연 속에서 자생하도록 한다. 키우는 나물들이 자연에서 잡초 등과 치열하게 경쟁하며 먹이활동을 하게 유도함으로써 건강한 식재료를 만들 수 있다는 것이다.

H씨가 만든 산밭 한쪽에 곰취 나물이 자란다. 곰이 좋아한다고 해서 곰취라고 불리는데, 서늘한 고산지대에서 자생하는 대표적인 산나물이다. 알레르기성 염증 완화에도 효과가 있다. 주로 어린잎을 따서 쌈과 무침, 나물 등으로 섭취한다. 이곳 밭에서 나는 곰취는 채취한 그 자리에서 그냥 먹을 수 있다.

"따로 씻지 않고 바로 먹을 수 있습니다. 내가 못 먹는 걸 어떻게 소비자에게 드립니까. 내가 바로 먹고 내 가족이 먹을 수 있는 그런 나물만 따서 드리기 때문에 충분히 먹을 수 있어요."

또 다른 쪽에는 '산마늘' 명이나물밭이 보인다. 춘궁기에 목숨을 이어준다고 해서 '명이'라고 불린다는 이 나물 역시 산비탈에서 잡초와 함께 자란다. 관리라고 해봐야 가을에 묵은 잡초를 한 번씩 잘라주는 게 전부다. 잘라낸 풀도 그 자리 그대로 놓아둔다. 그러면 저절로 거름이 돼 토양에 영양이 보충되기 때문에 따로 관리할 것이 없다. 잡초는 썩어 부엽토가 되고 다시 식물로 돌아가서 영양분이 순환하는 원리다.

　H씨 산자락 밭의 또 다른 주요 산물은 삼잎국화. 참나물 향이 나는 삼잎국화는 칼슘과 칼륨, 철분이 많아 특히 성장기 어린이와 임산부 건강에 도움을 주는 것으로 알려져 있다. 삼잎국화 주변 역시 잡초가 무성하지만 손대지 않고 그대로 둔다. 인간의 손이 닿지 않았으면 이 산밭의 주인이었을 풀들도 같이 자라며 자연의 혜택을 누릴 수 있도록…….

　H씨 밭에서 산나물을 캐던 동네 아낙들은 작업 중 목이 마르거나 입이 심심하면 산나물을 그대로 잘라 입안에 넣는다. 아삭아삭한 식감과 신선한 향이 입안 가득 퍼져 기운을 북돋고 수분이 많아 금세 갈증도 달래준다.

　H씨는 30여 년 동안 산채에 빠져 살았다. 좀 더 젊었을 적, 이 산 저 산을 찾아다니며 별의별 산나물을 다 뜯어 먹어봤다. 깊은 산속 자연에서 자란 나물일수록 신선하고 맛이 좋았다. 깊은 산중 물소리, 새소리를 들으며 산채를 뜯고 씹고 있으면 대자연의 일부가 된 것 같았다. 입맛이 돌고 건강해

지는 느낌도 좋았다. 처음엔 지인 몇 명을 데리고 함께 다니며 자연의 호사를 누렸지만, 차츰 더 많은 사람과 즐거움을 나누고 싶었다.

그렇게 자연 속에서 직접 산나물 재배를 시작했다. 강원도 깊은 산중에 터를 잡고 현장에서 따서 바로 먹을 수 있도록 신선하게 관리했다. 다행히 곰취며 명이며 힘들게 심은 산나물들이 자연 속에서 잘 자라나주었다. 풀과 나무를 훼손하지 않고 조심스레 키웠더니, 깊은 산속을 돌아다니며 뜯어먹던 그 맛 그대로였다.

자연 속에서 다양한 식물, 동물과 함께 자란 산나물을 당일 고객들에게 배송했다. 좋은 건 소비자가 더 잘 안다. 자연의 신선함을 한번 맛본 고객은 대부분 다시 산나물을 찾았다. 단골도 많이 생겼다. 처음엔 무모하다고 했던 이들도 이제 산밭을 인정하고 관심 있게 지켜본다. H씨의 바람은 틀리지 않았다.

　자연 속 산밭이 여기까지 오는 동안 철저하게 지킨 원칙
은 자연 훼손을 최소화한다는 것. H씨는 아예 건드리지 않
는 것이 건강한 산나물 유지의 비법이라고 했다. 산을 개간
해 농지를 따로 만들지 않고 재배도 인간 개입을 최소화해
자연 그대로 자라도록 방치한다는 것이다.

　"자연농법은 산의 형체를 무너뜨리면 안 됩니다. 산에다
둑을 만들고 고랑을 만들고 나무뿌리를 캐낸다든지 하면 안
됩니다. 바위도 나무뿌리도 그대로 두고 필요하면 건너가면
돼요. 그걸 빼고 움직이는 순간 산사태가 나고 자연은 훼손
되는 겁니다."

　가끔 멧돼지가 내려와 밭을 엉망으로 만들어놓기도 한다.
하지만 크게 개의치 않는다. 한쪽 구석에 멧돼지가 만든 굴
도 그대로 두었다. 제집을 오가며 짓밟은 곳은 길이 나고 산
나물도 상했지만 어떻게 하겠는가, 그것도 자연의 일부인
것을.

"어차피 자연은 동물도 공유할 권리가 있기 때문이에요. 그런 점에서 서로 배려의 마음이 생기는 것 같아요. 멧돼지 때문에 영 수확을 못 한다고 하면 모르겠지만 그 정도는 아니잖아요. 괜찮아요."

H씨는 아직도 자연을 머금은 산나물을 더 많은 소비자에게 보내주고 싶다. 고객이 "곰취 먹고 건강해졌다. 산마늘 먹고 기분 좋아졌다." 이런 얘기 한마디만 해주면 그걸로 보람을 느낀다고 한다.

자연과 공생하는 법을 산나물을 통해 배웠다는 자연 농부.

농부는 오늘도 나물을 캔다. (끝)

# 누가 우리를 속이는가
## 위험한 상술과 현명한 소비

초판 1쇄 발행 2024년 10월 18일

지은이  안석호
펴낸이  김요안
편집    강희진
디자인  이명옥
펴낸곳  북레시피

주소    서울시 마포구 신수로 59-1
전화    02-716-1228
팩스    02-6442-9684
이메일    bookrecipe2015@naver.com | esop98@hanmail.net
홈페이지  https://bookrecipe.modoo.at/
등록    2015년 4월 24일(제2015-000141호)
창립    2015년 9월 9일

ISBN   979-11-93551-27-1  03330

종이 **화인페이퍼** | 인쇄 **삼신문화사** | 후가공 **금성LSM** | 제본 **대흥제책**